中華古籍保護計劃

ZHONG HUA GU JI BAO HU JI HUA CHENG GUO

·成果·

（唐）杜甫 撰

宋本杜工部集

第一册

國家圖書館出版社

圖書在版編目(CIP)數據

宋本杜工部集:全五册 / (唐)杜甫撰.—北京:國家圖書館出版社,2019.4(2024.9 重印)
(國學基本典籍叢刊)
ISBN 978-7-5013-6584-5

Ⅰ.①宋… Ⅱ.①杜… Ⅲ.①杜詩-詩集 Ⅳ.①I222.742

中國版本圖書館 CIP 數據核字(2018)第 223850 號

書　　名　宋本杜工部集(全五册)
著　　者　(唐)杜甫　撰
責任編輯　南江濤
重印編輯　黄　鑫
封面設計　徐新狀

出版發行　國家圖書館出版社(北京市西城區文津街 7 號　100034)
(原書目文獻出版社　北京圖書館出版社)
010-66114536　63802249　nlcpress@nlc.cn(郵購)
網　　址　http://www.nlcpress.com
印　　裝　河北三河弘翰印務有限公司
版次印次　2019 年 4 月第 1 版　2024 年 9 月第 2 次印刷

開　　本　880×1230　1/32
印　　張　33.75
書　　號　ISBN 978-7-5013-6584-5
定　　價　100.00 圓

《國學基本典籍叢刊》前言

國家圖書館出版社(原名書目文獻出版社 北京圖書館出版社)成立三十多年來,出版了大量的中國傳統文化典籍。由於這些典籍的出版往往采用叢書的方式或綫裝形式,供公共圖書館和大學圖書館典藏使用,普通讀者因價格較高、部頭較大,不易購買使用。爲弘揚優秀傳統文化,滿足廣大普通讀者的需求,現將經、史、子、集各部的常用典籍,選擇善本,分輯陸續出版單行本。每書之前均加簡要説明,必要者加編目録和索引,總名《國學基本典籍叢刊》。歡迎讀者提出寶貴意見和建議,以使這項工作逐步完善。

國家圖書館出版社

二〇一六年四月

序　言

北宋仁宗寶元二年（一〇三九），翰林學士王洙取秘府舊藏及他人所有之杜集，整理編輯成《杜工部集》二十卷；至嘉祐四年（一〇五九），蘇州郡守王琪將王洙本杜集重新編定，鏤板刊行。後人遂稱此本爲『二王本』，爲所有杜集之祖本，此後補遺、增校、注釋、批點、集注、編年、分體、分類、分韵之作，皆由此本化出。王琪鏤刻之北宋本《杜工部集》已散佚不存，今可見者爲毛氏汲古閣所藏宋本《杜工部集》二十卷、《補遺》一卷，爲潘氏滂喜齋舊藏，現藏於上海圖書館。該本由兩種相儷之南宋刻本配補而成，缺卷缺葉爲清代藏書家毛扆抄補。毛扆《宋本杜工部集跋》云：

先君昔年以一編授扆，曰：『此《杜工部集》乃王原叔洙本也。余借得宋板，命蒼頭劉臣影寫之，其筆畫雖不工，然從宋本抄出者。今世行杜集，不可以計數，要必以此本爲祖也。汝其識之！』扆受書而退，開卷細讀，原叔記云……二十卷末有嘉祐四年四月望日姑蘇郡守王祺（琪）後記，此後又有補遺六葉，其《東西兩川説》僅存六行而缺其後，而第十九卷首缺二葉。扆方知先君所借宋本乃王郡守鏤板於姑蘇郡齋者，深可寶也，謹什襲而藏之。後廿餘年，吴興賈人持宋刻殘本三册來售，第一卷僅存首三葉，十九卷亦缺二葉，『補遺』《東西兩川説》亦止存六行，其行數、字數悉同，乃即先君當年所借原本也。不覺悲喜交集，急購得之，但不得善書者成此美事，且奈何！又廿餘年，有甥王爲玉者教導，其影宋甚精，覓舊紙從抄本影寫而足成之。

一九五七年商務印書館據此本影印出版，列爲《續古逸叢書》第四十七種。其缺葉數處，悉據北京圖書館（今國家圖書館）所藏清錢曾述古堂抄本《杜工部集》配補，學人始得獲見此稀世珍本。全書綫裝六册，共二十卷，其中詩十八卷，卷一至八爲古體詩，卷九至十八爲近體詩，共一千四百一十首；末二卷爲文賦，計二十八篇。前有王洙記，末附元稹《唐故檢校工部員外郎杜君墓志銘》、王琪後記、裴煜補遺九篇、毛扆跋、張元濟跋。張氏跋云：

毛氏汲古閣所藏宋本，遞傳至於潘氏滂喜齋，今歸上海圖書館。相傳爲嘉祐間刊。然以諱字避至完、構觀之，是刻當在南宋初矣。檢校全集，計二十卷、補遺一卷。宋刻兩本相儷，缺卷爲毛氏抄補，亦據兩本。其一存卷一第三、四、五葉，卷十七至二十及補遺。每半葉十行，行十八至二十一字。毛氏抄補自卷一第六葉起至卷九、卷十五、卷十六，每卷先列子目，目後銜接正文。其二爲卷十至十二，每半葉十行，行二十字；毛氏抄補卷十三及十四。每卷先列子目，目後重銜書名、卷次及詩體首數各一行。兩本字體、紙墨均甚相似，驟不易辨。

但從行款、注例審之，顯有不同。……其卷一王記之宋刊，卷十二第廿一後半葉，卷十九第一、二葉及補遺第七、八葉之錢抄，均據北京圖書館藏本照補。

由此可見，若除去配補缺葉所據之錢曾述古堂本，毛氏汲古閣藏《宋本杜工部集》原來主要是由兩種宋本拼合而成。張元濟先生跋中考定結論是：其中第一本（卷一第三、四、五葉，卷十七至二十及『補遺』）即爲『二王本』《杜工部集》之覆刻本、第二本（卷十至十四）爲吴若本《杜工部集》。張元濟判定第一本爲『二王本』的主要依據是該本所附裴煜補遺一卷。裴煜，字如晦，江西臨川人，慶曆六年（一〇四六）進士，嘉祐二年（一〇五七）知吴江縣，任吴江知縣期間曾協助王琪編刊《杜工部集》，并搜集杜甫詩文九篇，作爲『補遺』刊附集後。《直齋書録解題》卷十六載：『《杜工部集》二十卷……王琪君玉嘉祐中刻之姑蘇，且爲後記。……又有遺文九篇，治平中，太守裴集刊附集外。』因毛氏汲古閣所藏宋本附有裴煜補遺一卷，與《直齋書録解題》記載完全一致，故張元濟先生遂據之判斷第一本爲『覆刻君玉之本』。然此本并非王琪嘉祐四年（一〇五九）原刻本，張元濟跋已指出，通過其諱字至『完』『構』，知其爲南宋紹興間刻本；另外，張元濟還指出，第一本之刻工有洪茂、張逢、史彦、張由、余青、吴圭、洪先、張謹、牛實、劉乙、宋道、徐彦、施章、田中、張清、吕堅、王伸、方誠、駱昇、葛從、朱贇、蔡等，皆生活於紹興年間，於浙中刻書。故《宋本杜工部集》中『第一本』可以確定爲紹興初年之浙本，其版本淵源與『二王本』非常密切，應爲『二王本』之翻刻本。此本分體編年排列，係白文本，爲今日傳世杜集之最早者。

對《宋本杜工部集》中『第二本』爲吴若本的判斷，張元濟先生是通過其中异文來源得出的。這裏首先簡單介紹一下吴若本的基本情况。吴若，字季海，一作秀海、幼海，荆溪（今江蘇宜興）人，一説相州（今河南安陽）人，以上舍釋褐，官修職郎，欽宗朝除太學正。南宋渡江之初，任迪功郎，以上言守江之策遷承奉郎，後爲建康府通判。所謂吴若本，即紹興三年（一一三三）六月建康府學校刊的《杜工部集》二十卷，吴若有《杜工部集後記》云：

右杜集，建康府學所刻板也。初教授劉亘常今，當兵火瓦礫之餘，便欲刻印文籍。得府帥端明李公行其言，繼而樞密趙公不廢其説。未幾，趙公移帥江西，常今亦以病丐罷，屬府倅吴公才德充，察推王閭伯言嗣成之。德充、伯言爲求工外邑，付學正張巽、學録李鼎，要以必成。逾半年，教授錢壽朋、耆朋來，乃克成焉。蓋方督府宣司鼎來，百工奔走趨命不暇，刀板在手，奪去者屢矣。一集之微，更歲歷十餘君子始就。嗚呼，事業之難興如此。常今初得李端明本，以爲善，又得撫屬姚寛令威所傳故吏部鮑欽止本，校足之。末得若本，以爲無恨焉。凡稱樊者，樊晃《小集》也；稱晋者，開運二年官書也；稱荆者，王介甫《四選》也；稱宋者，宋景文也；稱陳者，陳無己也；稱刊及一作者，黄魯直、晁以道諸本也。雖然，子美詩如五穀六牲，人皆知味，而鮮不爲异饌所移者，故世之出异意、爲异説以亂杜詩之真者甚多。

此本雖未必皆得其真，然求不爲异者也。他日有加是正者重刻之，此學者之所望也。

然吴若本問世之後，歷代藏家鮮有著録者，直到明末清初錢謙益始稱其絳雲樓藏有此本，洪業在《杜詩引得序》中曾懷疑此本實出於錢氏僞托，後來方發現乃是誤會〔一〕。錢氏認爲吴若本『最爲近古』，遂將其作爲《錢注杜詩》之底本。絳雲樓一炬後，吴若本杜集亦隨之化爲灰燼，幸賴《錢注杜詩》之行世得以續命，《錢注杜詩》遂成爲最接近吴若本原貌之本〔二〕。張元濟將《錢注杜詩》及其所附吴若《後記》，與《宋本杜工部集》第二本相較，以爲『若合符節，是必吴若刊本可無疑義』。吴記作於紹興三年六月，當即刻於是時，兩本雕版，异地同時』。不過後來元方指出，張元濟僅根據《宋本杜工部集》中第二本的异文與吴若《杜工部集後記》提到的體例一致，就確認其爲吴若本，顯得有些草率。他將《宋本杜工部集》全書與錢箋所舉的吴若本對校過一遍後，得出《宋本杜工部集》中第二本不是吴若本的結論〔三〕。日人黑川洋一《關於王洙本〈杜工部集〉的流傳》一文

〔一〕其詳可參孫微、王新芳：《吴若本〈杜工部集〉研究》，《圖書情報知識》二〇一〇年第三期。

〔二〕學界近年於臺灣傅斯年圖書館又發現了《錢注杜詩》稿本一種，比之《錢注杜詩》刻本提供了更多關於吴若本的原始信息，應是考察吴若本的另一可靠文本。其詳可參李爽《『錢牧齋杜注寫本』考》，《〈錢注杜詩〉研究》，上海古籍出版社二〇一六年版，第一六一—一六五頁。

〔三〕元方：《談宋紹興刻王原叔〈杜工部集〉》，《文學遺産增刊》十三輯，中華書局一九六三年版，第九六—一〇四頁。

也對張元濟之《跋》提出了質疑，其在元方考證的基礎上，推測出第二本的刊刻時間約在紹興末年[二]。則此本出現的時間比紹興三年刊刻的吴若本還要晚一些，故并不能完全確定即是吴若本。在對《宋本杜工部集》『第二本』的反復探討中，學界逐漸意識到，除了從异文角度進行比較判斷之外，還應該繼續從『第二本』刻工的考證來判定其産生的時代。第二本的刻工有楊茂、言清、言乂、王祐、熊俊、黄淵、楊詵、鄭珣、翟庠等，張元濟《宋本杜工部集跋》稱這些刻工『尚未見於他書』，然學界通過進一步研討後發現此論并不確切。元方在《談宋紹興刻王原叔〈杜工部集〉》中説：

第二本的刻工有楊茂、張清、黄淵等七人，張（元濟）跋云：『未見於他書。』這點前曾由友人高熙曾同志查出：王祐曾刻《四明續志》，黄淵、楊詵曾刻《青山集》（避『完』『構』字，『慎』字不避），黄淵、鄭珣曾刻《昌黎先生集》（避覯字），其餘四人，尚未發見。而且《青山集》其他刻工陳震、毛用曾刻乾道八年姑蘇郡齋本《兩漢博聞》。聯繫起來，足以證明其刻時刻地。由此可見，第一本確乎是紹興翻刻嘉祐王琪本，第二本也是紹興刻本。

此後，在高熙曾、元方等人的啓發下，岳珍進一步指出，楊茂、言清、言乂、王祐、熊俊、黄淵、楊詵、鄭珣、翟庠等九位刻工中，至少有黄淵、鄭珣、楊詵、楊茂、王祐等五人曾經參與了南宋時期其

[二]［日］黑川洋一：《關於王洙本〈杜工部集〉的流傳》，《杜甫之研究》，《東洋學叢書》東京創文社一九七七年版。

他書籍的刊刻，其中楊茂、王祐二人的活動延至寶慶、開慶年間，上距紹興三年已有九十至一百二十餘年，故他們絶無可能參加紹興三年吴若本的刊刻〔二〕。因此商務印書館影印《宋本杜工部集》中『第二本』不可能是吴若本，充其量是吴若本的翻刻本而已。然而即使如此，從『第二本』异文的體例來看，其與吴若本無疑有着極爲密切的關系，作爲存世不多的宋本杜集，『第二本』仍具有不可替代的文獻價值。

歷代杜詩注家在爲杜詩作注時都儘量選擇一種最接近杜詩創作原貌的宋本作爲底本，然而在究竟該選擇哪家宋本的問題上却見仁見智，莫衷一是。如清初錢謙益《錢注杜詩》便選擇了『最爲近古』的吴若本《杜工部集》爲底本，朱鶴齡《杜工部詩集輯注》則采用了蔡夢弼《杜工部草堂詩箋》，而民國間洪業先生編纂《杜詩引得》時則選擇了郭知達的《九家集注杜詩》。實際上，由於杜集祖本『二王本』《杜工部集》被認爲早已散佚，故杜詩注家衹能於存世的數種宋本杜集中選擇一種，從而導致在選擇時會出現如上差异。直至一九五七年商務印書館《續古逸叢書》之《宋本杜工部集》的影印出版，杜集祖本的『二王本』又重見天日，方使得這一狀况得到徹底改變。如前所述，張元濟先生《宋本杜工部集跋》中的判斷雖并不完全正確，然第一本爲『二王本』覆刻本之判斷却

〔二〕岳珍：《『吴若本』〈杜工部集〉刻工考》，《杜甫研究學刊》一九九九年第四期。

可爲定論。這一發現意味着杜詩學界幾百年來對杜集祖本苦苦追尋終於取得突破性進展。由於此本相對於其他宋本而言無疑更接近杜詩創作的原貌，其中的多種异文情况也保留了杜詩早期流傳的珍貴信息，故對杜詩版本校勘學的發展必將産生深遠的影響。後來蕭滌非先生主編的集大成式的《杜甫全集校注》便將《宋本杜工部集》作爲底本，二〇一五年出版的謝思煒校注《杜甫集校注》也同樣是以《宋本杜工部集》爲底本。可以説『二王本』《杜工部集》的重新被發現改寫了其後杜詩注釋史的基本面貌，并且這一影響還將持續下去。今國家圖書館出版社又一次將上海圖書館所藏宋本《杜工部集》影印出版，將其收入《國學基本典籍叢刊》，必將對促進這一珍稀善本的流傳做出新的貢獻，故不揣譾陋，爲之敬述緣起本末如上，希請讀者批評指正。

孫　微

二〇一八年八月十日

總目録

第一册

第二册

第三册

第四册

第五册

第一册目録

卷二　古詩四十三首

卷三　古詩七十八首

卷四　古詩三十六首

卷五　古詩五十二首

據上海圖書館藏宋刻本影印原
書版框高二十一點七厘米寬十
五點五厘米

宋板杜工部集　王原叔洙編次本

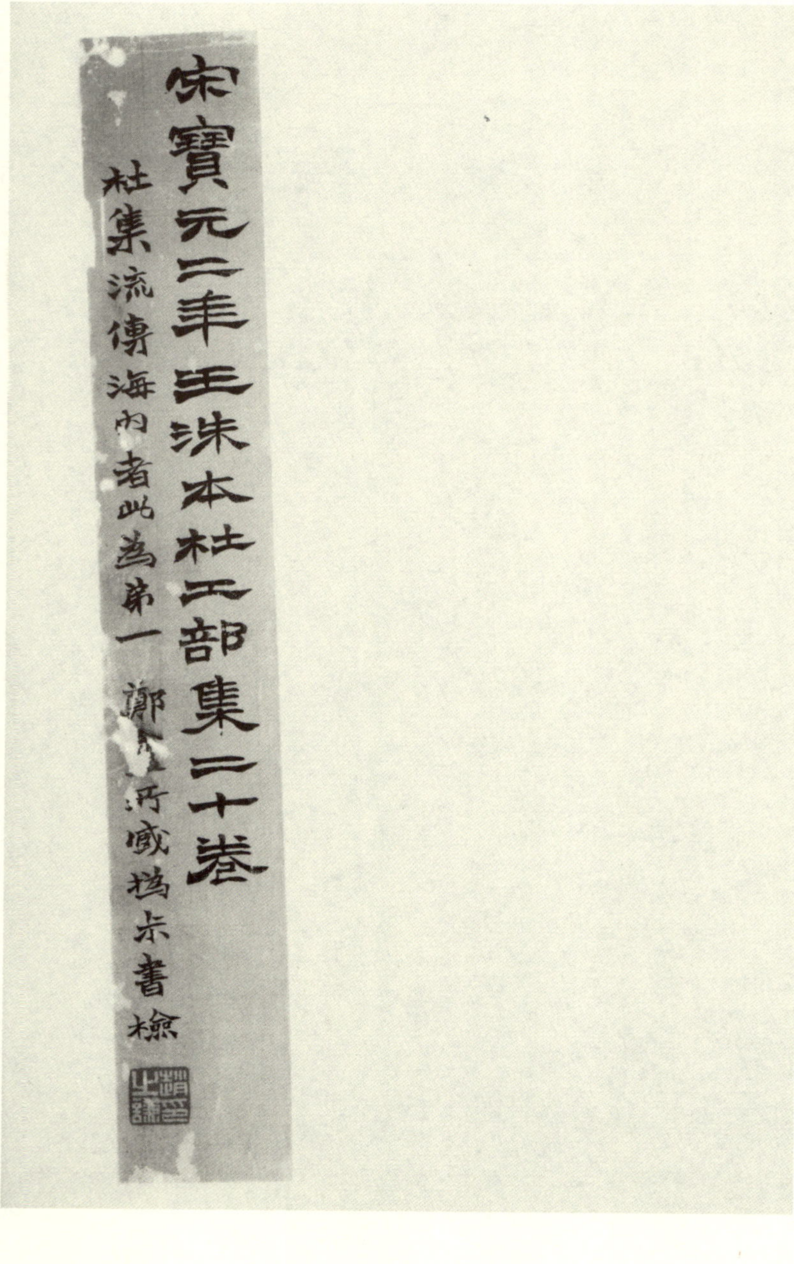
宋寶元二年王洙本杜工部集二十卷
杜集流傳海内者此爲第一

杜工部集記

翰林學士兵部郎中知制誥史館修撰太原王洙撰

杜甫字子美襄陽人徙河南鞏縣曾祖依藝鞏令祖審言膳部員外郎父閑奉天令甫少不羈天寶十三年獻三賦召試文章授河南尉辭不行改右衛率府冑曹天寶末以家避亂鄜州獨轉陷賊中至德二載竄歸鳳翔謁肅宗授左拾遺詔許至鄜迎家明年收京扈從還長安房琯罷相甫上疏論琯有才不宜廢免肅宗怒貶琯邠州刺史出甫爲華州司功屬關輔亂弃官之秦州又居成州同谷自採梠

不給遂入蜀卜居成都浣花里復適東川乂之召補
京兆府功曹以道阻不赴欲如荆楚上元二年聞嚴
武鎮成都自閬州挈家往依焉武歸朝廷甫浮遊左蜀
諸郡往來非一武再鎮兩川奏爲節度參謀檢校
工部員外郎賜緋永泰元年夏武卒郭英乂代武崔
旰殺英乂楊子琳栢正節舉兵攻旰蜀中大亂甫逃
至梓州亂定歸成都無所依乃泛江遊嘉戎次雲安
移居夔州大歷三年春下峽至荆南又次公安入湖南
泝沿湘流遊衡山寓居耒陽嘗至嶽廟阻暴水旬日
不得食耒陽聶令知之自具舟迎還五年夏一夕

醉飽卒年五十九覿甫詩與唐實録猶槩見事迹比新書列傳彼爲躇駁傳云召試授京兆府兵曹而集有官定後戲贈詩注云初授河西尉辭改右衛率府胄曹傳云適赴河西謁肅宗於彭原而集有喜達行在詩注云自京竄至鳳翔傳云嚴武卒刀遊東蜀依高適旣至而適卒据適自東川入朝拜右散騎常侍乃卒又集有忠州聞高常侍亡詩傳云扁舟下峽未維舟而江陵亂乃遊襄衡而集有居江陵及公安詩至多傳云甫永泰二年卒而集有大歷五年正月追酬高蜀州詩及别題大歷年者數篇甫集初六十卷今秘府舊藏通人家所有稱大小集者皆亡逸之餘人自編摭非當時第叙矣蒐裒中外書凡九十九卷古本一卷蜀本二十卷集略十五卷樊晃序小集六卷孫光憲序二十卷鄭文寶序少陵集二十卷别題小集二卷孫僅一卷雜編三卷除其重複定取千四百有五篇凡古詩三百九十有九近體千有六起太平時終

南所作視居行之次若歲時爲先後分十八卷又别
録賦筆雜著二十九篇爲二卷合二十卷意兹未可謂
盡他日有得尚副益諸寶元二年十月王原叔記

杜工部集第一

前劒南節度參謀宣義郎檢校尚書工部員外郎賜緋魚袋京兆杜甫

古詩五十首

奉贈韋左丞丈一首

送高三十五書記一首

贈李白一首

遊龍門奉先寺一首

望嶽一首

陪李北海宴歷下亭一首

同李北海登歷下古城新亭一首 李邕詩附

玄都壇歌一首

今夕行一首

貧交行一首

兵車行一首

高都護驄馬行一首

天育驃騎歌一首

白絲行一首

秋雨歎三首

歎亭前甘菊花一首

醉時歌一首

去矣行一首

自京赴奉先縣詠懷五百字一首

白水縣崔少府十九翁高齋三十韻一首

三川觀水漲一首

大雲寺贊公房二首

哀江頭一首

哀王孫一首

悲陳陶一首

悲青坂一首

奉贈韋左丞丈二十二韻

紈袴不餓死儒冠多誤身丈人試靜聽賤子請具
陳甫昔少年日早充觀國賓讀書破萬卷下筆如
有神賦料楊雄敵詩看子建親李邕求識面王翰願卜
鄰自謂頗挺出立登要路津致君堯舜上再使風俗淳
此意竟蕭條行謌非隱淪騎驢三十載旅食京華春
朝扣富兒門暮隨肥馬塵殘盃與冷炙到處潛悲辛
主上頃見徵欻然欲求伸青冥却垂翅蹭蹬無縱鱗
甚媿丈人厚甚知丈人眞每於百寮上猥誦佳句新
竊效貢公喜難甘原憲貧焉能心怏怏秖是走踆踆
今欲東入海即將西去秦尚憐終南山迴首清渭濱

常擬報一飯況懷辭大臣白鷗波浩蕩萬里誰能馴

送高三十五書記

崆峒小麥熟且願休王師請公問主將焉用窮荒爲
飢鷹未飽肉側翅隨人飛高生跨鞍馬有似幽并兒
脫身簿尉中始與捶楚辭借問今何官觸熱向武威
荅云一書記所媿國士知人實不易知更須慎其儀
十年出幕府自可持旌麾此行旣特達足以慰所思
男兒功名遂亦在老大時常恨結驩淺各在天一涯
又如參與商慘慘中腸悲驚風吹鴻鵠不得相追隨
黃塵翳沙漠念子何當歸邊城有餘力早寄從軍詩

贈李白

二年客東都所歷猒機巧野人對羶腥蔬食常不飽
豈無青精飯使我顏色好苦乏大藥資山林跡如掃
李侯金閨彥脫身事幽討亦有梁宋遊方期拾瑤草

遊龍門奉先寺

已從招提遊更宿招提境陰壑生虛籟月林散清影
天闕象緯逼雲卧衣裳冷欲覺聞晨鐘令人發深省

望嶽

岱宗夫如何齊魯青未了造化鍾神秀陰陽割昏曉
盪胷生曾雲決眥入歸鳥會當臨絕頂一覽衆山小

陪李北海宴歷下亭（時邑人蹇處士等在座）

東藩駐皁蓋北渚淩清河（一作青荷）海內（一作海右）此亭古濟南名士多雲山已發興玉佩仍當謌修竹不受暑交流空湧波蘊眞愜所遇落日將如何貴賤俱物役從公難重過

登歷下古城員外孫新亭（時李之芳自尚書郎出齊州司馬製此亭）

北海太守李邕

吾宗固神秀體物寫謀長形制開古跡曾冰延樂方太山雄地里巨壑眇雲莊高興泊煩促永懷清典常含弘知四大出入見三光負郭喜粳稻安時謌吉祥

同前亭對鵲湖

新亭結構罷隱見清湖陰跡藉臺觀舊氣冥海岳
深圓荷想自昔遺堞感至今芳宴此時具哀絲千古心
主稱壽尊客筵秩宴北林不阻蓬蓽輿得兼梁甫吟

玄都壇歌寄元逸人

故人昔隱東蒙峯已佩含景蒼精龍故人今居子午
谷獨在陰崖結茅屋屋前太古玄都壇青石漠漠常
風寒子規夜啼山竹裂王母晝下雲旗翻知君此計
試長往芝草琅玕日應長鐵鏁高垂不可攀致身福
地何蕭爽

今夕行

今夕何夕歲云徂更長燭明不可孤咸陽客舍一事無
相與博塞爲歡娛馮凌大叫呼五白袒跣不肯成梟盧
英雄有時亦如此邂逅豈即非良圖君莫笑劉毅
從來布衣願家無儋石輸百萬

貧交行

翻手作雲覆手雨紛紛輕薄何須數君不見管鮑貧
時交此道今人弃如土

兵車行 古樂府云不聞耶娘哭子聲但聞黃河流水一濺濺

車轔轔馬蕭蕭行人弓箭各在腰耶娘妻子走相送
塵埃不見咸陽橋牽衣頓足攔道哭哭聲直上干雲

霄道傍過者問行人行人但云點行頻或從十五北防河便至四十西營田去時里正與裹頭歸來頭白還戍邊邊亭流血成海水武皇開邊意未已君不聞漢家山東二百州千村萬落生荆杞縱有健婦把鋤犁禾生隴畝無東西況復秦兵耐苦戰被驅不異犬與雞長者雖有問役夫敢申恨且如今年冬未休關西卒（一云役夫心益憤如今縱得休爲壠西卒）縣官急索租租稅從何出信知生男惡反是生女好生女猶是嫁比鄰生男埋沒隨百草君不見青海頭古來白骨無人收新鬼煩寃舊鬼哭天陰雨濕聲啾啾

高都護驄馬行

安西都護胡青驄聲價歘然來向東此馬臨陣久無敵與人一心成大功功成惠養隨所致飄飄遠自流沙至雄姿未受伏櫪恩猛氣猶思戰場利腕促蹄高如踣鐵交河幾蹴曾冰裂五花散作雲滿身萬里方看汗流血長安壯兒不敢騎走過掣電傾城知青絲絡頭爲君老何由却出橫門道

天育驃騎歌

吾聞天子之馬走千里今之畫圖無乃是是何意態雄且傑駿尾蕭梢朔風起毛爲綠縹兩耳黃眼有紫

焰雙瞳方矯矯龍性合變化卓立天骨森開張伊昔
太僕張景順監牧收駒（一作差牧神駒）閑清峻遂令大奴守天
育別養驥子憐神俊當時四十萬匹馬張公歎其材
盡下故獨寫眞傳世人見之座右久更新年多物化
空形影嗚呼健步無由騁如今豈無騕褭與驊騮時
無王良伯樂死即休（周穆王傳驊騮騄耳日馳三萬里）

白絲行

繰絲須長不須白越羅蜀錦金粟尺象床玉手亂殷
紅萬草千花動凝碧已悲素質隨時染裂下鳴機色
相射美人細意熨帖平裁縫滅盡針線跡春天衣著

爲君舞蛺蝶飛來黃鸝語落絮遊絲亦有情隨風照
日宜輕舉香汗輕塵汚顔色（一作香汗清塵似微汗）開新合故置
何許君不見才士汲引難恐懼弃捐忍羈旅

秋雨歎三首

雨中百草秋爛死階下決明顔色鮮著葉滿枝翠羽
蓋開花無數黃金錢涼風蕭蕭吹汝急恐汝後時難
獨立堂上書生空白頭臨風三嗅馨香泣

闌風伏雨秋紛紛四海八荒（一作萬里）同一雲去馬來牛不
復辯濁涇清渭何當分禾頭生耳黍穗黑農夫田父
無消息城中斗米換衾裯相許寧論兩相直

長安布衣誰比數反鍊衡門守環堵老夫不出長蓬
蒿稚子無憂走風雨雨聲颼颼催早寒胡鴈翅濕高
飛難秋來未曾見白日塗汚后土何時乾

歎庭前甘菊花

簷前甘菊移時晚青蘂重陽不堪摘明日蕭條醉盡
醒殘花爛漫開何益籬邊野外多衆芳采擷細瑣升
中堂念兹空長大枝葉結根失所埋風霜

醉時歌 贈廣文館博士鄭虔

諸公衮衮登臺省廣文先生官獨冷甲第紛紛厭粱
肉廣文先生飯不足先生有道出羲皇先生有才過

屈宋（一云所談 或屈宋）德尊一代常坎軻名垂萬古知何用杜陵野客人更嗤被褐短窄鬢如絲日糴太倉五升米時赴鄭老同襟期得錢即相覓沽酒不復疑忘形到爾汝痛飲眞吾師清夜沉沉動春酌燈前細雨簷花落但覺高歌有鬼神焉知餓死塡溝壑相如逸才親滌器子雲識字終投閣先生早賦歸去來石田茅屋荒蒼苔儒術於我何有哉孔丘盜跖俱塵埃不須聞此意慘愴生前相遇且銜盃

醉歌行（別從姪勤落第歸）

陸機二十作文賦汝更小年能綴文總角草書又神速

世上兒子徒紛紛驊騮作駒已汗血鷙鳥舉翮連青
雲詞源倒流三峽水筆陣獨掃千人軍只今年纔十
六七射策君門期第一舊穿楊葉眞自知暫蹶霜
蹄未爲失偶然擢秀非難取會是排風有毛質汝身
已見唾成珠汝伯何由髮如漆春光淡沲秦東亭渚
蒲牙白水荇青風吹客衣日杲杲樹攪離思花冥冥
酒盡沙頭雙玉缾衆賓皆醉我獨醒乃知貧賤别更苦
吞聲躑躅涕淚零

贈衞八處士

人生不相見動如參與商今夕復何夕共此燈燭光

一云共宿此燈光　少壯能幾時鬢髮各已蒼訪舊半爲鬼驚呼熱中腸焉知二十載重上君子堂昔別君未婚兒女忽成行怡然敬父執問我來何方問荅乃未已兒女一作驅兒羅酒漿夜雨翦春韭新炊閒黃粱主稱會面難一舉累十觴十觴亦不醉感子故意長明日隔山岳世事兩茫茫

苦雨奉寄隴西公兼呈王徵士隴西公即漢中王瑀徵士琅邪王澈

今秋乃淫雨仲月來寒風群木水光下萬象一作萬家雲氣中所思礙行潦九里信不通悄悄素滻路迢迢天漢東願騰六尺馬背若孤征鴻劃見公子面超然懽

笑同奮飛既胡越局促傷樊籠一飯四五起憑軒心
力窮嘉蔬没溷濁時菊碎榛叢鷹隼亦屈猛烏鳶
何所蒙式瞻北隣居取適南巷翁挂席鈎川漲焉
知清興終

同諸公登慈恩寺塔時高適薛據先有此作

高標跨蒼天烈風無時休自非曠士懷登茲翻百憂
方知象教力足可追冥搜仰穿龍蛇窟始出枝撑幽
七星在北户河漢聲西流羲和鞭白日少昊行清秋
秦山忽破碎涇渭不可求俯視但一氣焉能辨皇州
迴首叫虞舜蒼梧雲正愁惜哉瑶池飲日晏崑崙丘

黃鵠去不息哀鳴何所投君看隨陽鴈各有稻粱謀

示從孫濟

平明跨驢出未知適誰門權門多噂喈且復尋諸孫諸孫貧無事宅舍如荒村堂前自生竹堂後自生萱萱草秋巳死竹枝霜不蕃淘米少汲水汲多井水渾刈葵莫放手放手傷葵根阿翁嬾隨乆覺兒行步奔所來爲宗族亦不爲盤飧小人利口實薄俗難可論勿受外嫌猜同姓古所敦

九日寄岑參

出門復入門兩脚但如舊所向泥活活（一作浩浩）思君令人

瘦沉吟坐西軒飲食錯昬晝寸步曲江頭難爲一
相就吁嗟呼蒼生稼穡不可救安得誅雲師疇能補
天漏大明韜日月曠野號禽獸君子強逶迤小人困
馳驟維南有崇山恐（一作涔）與川浸溜是節東籬菊紛
披爲誰秀岑生多新詩性亦嗜醇酎采采黄金花
何由滿衣袖（兩脚一作雨脚）

送孔巢父謝病歸遊江東兼呈李白

巢父掉頭不肯住東將入海隨煙霧詩卷長留天地
閒釣竿欲拂珊瑚樹（一云三珠樹）深山大澤龍蛇遠春寒野
陰風景暮蓬萊織女迴雲車指點虛无是征路自是

君身有仙骨世人那得知其故惜君只欲苦死留富貴何如草頭露一云我欲苦留君富貴何如草頭易晞露蔡侯靜者意有餘清夜置酒臨前除罷琴惆悵月照席幾歲寄我空中書南尋禹穴見李白道甫問信今何如一云深山大澤龍蛇遠華繁草青風景暮仙人玉女回雲車指點虛无引歸路若逢李白騎鯨魚道甫問信今何如

飲中八仙歌

知章騎馬似乘船眼花落井水底眠汝陽三斗始朝天道逢麴車口流涎恨不移封向酒泉左相日興費萬錢飲如長鯨吸百川銜盃樂聖稱世賢宗之蕭洒美少年舉觴白眼望青天皎如玉樹臨風前蘇晉長

齋繡佛前醉中往往愛逃禪李白一斗詩百篇長安
市上酒家眠天子呼來不上船自稱臣是酒中仙張
旭三盃草聖傳脱帽露頂王公前揮毫落紙如雲煙
焦遂五斗方卓然高談雄辯驚四筵

曲江三章章五句

曲江蕭條秋氣高菱荷枯折隨風濤游子空嗟垂二
毛白石素沙亦相蕩哀鴻獨叫求其曹

即事非今亦非古長歌激越梢林莽比屋豪華固難
數吾人甘作心似灰弟姪何傷淚如雨

自斷此生休問天杜曲幸有桑麻田故將移住南山

邊短衣匹馬隨李廣看射猛虎終殘年

麗人行

三月三日天氣新長安水邊多麗人態濃意遠淑且
眞肌理細膩骨肉勻繡（一作畫）羅衣裳照暮春蹙金孔
雀銀麒麟頭上何所有翠微（一作爲）㔩（一作匌）葉垂鬢脣背
後何所見珠壓腰衱穩稱身就中雲幕椒房親賜名
大國虢與秦紫駝之峯（一作珍）出翠釜水精之盤行素鱗
犀筯厭飫久未下鸞刀縷切空紛綸黃門飛鞚不動
塵御厨絡繹（一作駱驛）送八珍簫鼓（一作管）哀吟感鬼神賓
從雜遝實要津後來鞍馬何逡巡當軒（一作道）下馬入錦

茵楊花雪落覆白蘋青鳥飛去銜紅巾炙手可熱勢
絶一作世倫愼莫近一作向前丞相嗔

樂遊園歌晦日賀蘭楊長史筵醉中作

樂遊古園崒森爽煙緜碧草萋萋長公子華筵勢最
高秦川對酒平如掌長生木瓢示眞率更調鞍馬狂
歡賞青春波浪芙蓉園白日雷霆甲城仗閶闔晴開
映蕩蕩曲江翠幕排銀牓拂水低徊舞袖翻緣雲清
切歌聲上却憶年年人醉時只今未醉已先悲數莖
白髮那拋得百罰一作刻深杯亦不辭聖朝亦知賤士醜一
物自荷皇天慈此身飲罷無歸處獨立蒼茫自詠詩

渼陂行

岑參兄弟皆好奇攜我遠來游渼陂天地黤慘忽異色波濤萬頃堆瑠璃瑠璃漫汗泛舟入事殊興極憂思集黿鼉作鯨吞不復知惡風白浪何嗟及主人錦帆相爲開舟子喜甚無氛埃鳧鷖散亂棹謳發絲管啁啾空翠來沈筰續蔓深莫測菱葉荷花靜如拭宛在中流渤澥清下歸無極終南黑半陂已南純浸山動影褭窕沖融間船舷暝戛雲際寺水面月出藍田關此時驪龍亦吐珠馮夷擊鼓羣龍趨湘妃漢女出歌舞金支翠旗光有無咫尺但愁雷雨至蒼茫不曉神

靈意少壯幾時奈老何向來哀樂何其多

漢陂西南臺

高臺面蒼陂六月風日冷蒹葭離披去天水相與永懷新目似擊接要（一作接惡）心已領仿像識鮫人空蒙辨魚艇錯磨終南翠顛倒白閣影崷崒增光輝乘陵惜俄頃勞生愧嚴鄭外物慕張邴世復輕驊騮吾甘雜鼃黽知歸俗可忽取適事莫竝身退豈待官老來苦便靜況資菱芡足庶結茅茨迥從此具扁舟彌年逐清景（白閣山名）

戲簡鄭廣文虔兼呈蘇司業源明

廣文到官舍置馬一作繫堂堦下醉則騎馬歸頗遭官長罵才名四十年坐客寒無氊賴有蘇司業時時與酒錢

夏日李公見訪

遠林暑氣薄公子過我遊貧居類村塢僻近城南樓傍舍頗淳朴所願亦易求隔屋喚西家借問有酒不牆頭過濁醪展席俯長流清風左右至客意已驚秋巢多衆鳥鬭葉密鳴蟬稠苦道此物聒孰謂吾廬幽水花晚色靜庶足充淹留預恐罇中盡更起為君謀

奉同郭給事湯東靈湫作

東山氣濛鴻宮殿居上頭君來必十月樹羽臨九州
陰火煮玉泉噴薄漲巖幽有時浴赤日光抱空中樓
閬風入轍跡廣原延冥搜（原崑崙東北脚名也）沸（一作拂）天萬乘動
觀水百丈湫幽靈斯可佳王命官屬休初聞龍用壯
擘石摧林丘中夜窟宅改移因風雨秋倒懸瑶池影
屈注蒼江流味如甘露漿揮弄滑且柔翠旗淡偃蹇
雲車紛少留簫鼓蕩四溟異香泱莽浮鮫人獻微綃
曾祝沉豪牛百祥奔盛明古先莫能儔坡陁金蝦蟆
出見蓋有由至尊顧之笑王母不遺收復歸虛无底
化作長黄虬（一作龍與虬）飄飄青瑣郎文采珊瑚鉤浩歌

淥水曲清絶聽者愁

夜聽許十誦詩愛而有作

許生五臺賓業白出石壁余亦師粲可身猶縳禪寂
何階子方便謬引爲匹敵離索晚相逢包蒙欣有擊
誦詩渾遊衍四座皆辟易應手看捶鈎清心聽鳴鏑
精微穿溟涬飛動摧霹靂陶謝不枝梧風騷共推激
紫鸞自超詣翠駮誰剪剔君意人莫知人間夜寥闃

橋陵詩三十韻因呈縣内諸官

先帝昔晏駕茲山朝百靈崇岡擁象設沃野開天庭
即事壯重險論功超五丁坡陁因厚地却略羅峻屏

雲闕虛冉冉風松肅泠泠石門霜露白玉殿莓苔青
宮女晚知曙祠官朝見星空梁蔟畫戟陰井敲銅
瓶中使日夜繼惟王心不寧豈徒卹備享尚謂求無
形孝理敦國政神凝推道經瑞芝產廟柱好鳥鳴巖
扃高岳前嵂崒洪河左瀅濙金城蓄峻趾沙苑交迴
汀永與奧區固川原紛眇冥居然赤縣立臺榭爭岧
亭官屬果稱是聲華眞可聽王劉美竹潤裴李春蘭
馨鄭氏才振古啖侯筆不停遣詞必中律利物常發
硎綺繡相展轉琳琅愈青熒側聞魯恭化秉德崔瑗
銘太史候鳧影王喬隨鶴翎朝儀限霄漢客思迴林

坰轗軻辭下杜飄飄陵濁涇諸生舊短褐旅泛一浮萍
荒歲兒女瘦暮途涕泗零主人念老馬廨署容秋螢
流寓理豈愜窮愁醉未醒何當擺俗累浩蕩乘滄溟

沙苑行

君不見左輔白沙如白水繚以周牆百餘里龍媒昔
是渥洼生汗血今稱獻於此苑中騋牝三千匹豐草
青青寒不死食之豪健西域無每歲攻收一作駒冠邊
鄙王有虎臣司苑門入門天廄皆雲屯驌驦一骨獨
當御春秋二時歸至尊至尊內外馬盈億伏櫪在坰
空大存逸羣絕足信殊傑倜儻權奇難具論纍纍搥

皁藏奔突往往坡陀縱超越角壯𩙪同麋鹿游浮深

皷蕩鼉鼊窟泉出巨魚長比人丹砂作尾黄金鱗豈

知異物同精氣雖未成龍亦有神

驄馬行（太常梁卿敕賜馬也李鄧公愛而有之命甫製詩）

鄧公馬癖人共知初得花驄大宛種夙昔傳聞思一

見牽來左右神皆竦雄姿逸態何崷崪顧影驕嘶自

矜寵隅目青熒夾鏡懸肉騣碨礧連錢動朝來久試

華軒下未覺千金滿高價赤汗微生白雪毛銀鞍却

覆香羅帕卿家舊賜公能取（一作有之）天廄眞龍此其亞晝洗

須騰涇渭深朝趨可刷幽并夜吾聞良驥老始成此

馬數年人更驀豈有四蹄疾於鳥不與八駿俱先鳴
時俗造次那得致雲霧晦冥方降精近聞下詔喧都
邑肯使騏驎地上行肯使一作知有

去矣行

君不見韝上鷹一飽則飛掣焉能作堂上鷰銜泥附
炎熱野人曠蕩無靦顏豈可久在王侯間未試囊中
飡玉法明朝且入藍田山

自京赴奉先縣詠懷五百字天寶十四載十一月初作

杜陵有布衣老大意轉拙許身一何愚竊比稷與契
居然成濩落白首甘契闊蓋棺事則已此志常覬豁

窮年憂黎元嘆息腸內熱取笑同學翁浩謌彌激烈
非無江海志蕭灑送日月生逢堯舜君不忍便永訣
當今廊廟具構廈豈云缺葵藿傾太陽物性固莫奪
顧惟螻蟻輩但自求其穴胡爲慕大鯨輒擬偃溟渤
以茲悟生理獨恥事干謁兀兀遂至今忍爲塵埃沒
終愧巢與由未能易其節沉飲聊自遣放謌頗愁絕
歲暮百草零疾風高岡裂天衢陰崢嶸客子中夜發
霜嚴衣帶斷指直不得結凌晨過驪山御榻在嵽嵲
蚩尤塞寒空蹴踏崖谷滑瑤池氣鬱律羽林相摩戛
君臣留懽娛樂動殷湯嶱賜浴皆長纓與宴非短褐

彤廷所分帛本自寒女出鞭撻其夫家聚斂貢城闕
聖人筐篚恩實欲邦國活臣如忽至理君豈弃此物
多士盈朝廷仁者宜戰慄況聞内金盤盡在衛霍室
中堂舞神仙煙霧散玉質煖客貂鼠裘悲管逐清瑟
勸客駝蹄羹霜橙壓香橘朱門酒肉臭路有凍死骨
榮枯咫尺異惆悵難再述北轅就涇渭官渡又改轍
羣冰從西下極目高崒兀疑是崆峒來恐觸天柱折
河梁幸未拆枝撑聲窸窣行旅相攀援川廣不可越
老妻既異縣十口隔風雪誰能久不顧庶往共飢渴
入門聞號咷幼子飢已卒吾寧捨一哀里巷亦嗚咽

所愧爲人父無食致夭折豈知秋未登貧窶有倉卒
生常免租稅名不隸征伐撫迹猶酸辛平人固騷屑默
思失業途（一作徒）因念遠戍卒憂端齊終南澒洞不可掇

白水縣崔少府十九翁高齋三十韻（天寶十五載五月作）

客從南縣來浩蕩無與適旅食白日長況當朱炎赫
高齋坐林杪信宿遊衍閴清晨陪躋攀傲睨俯峭壁
崇岡相枕帶曠野懷咫尺始知賢主人贈此遣愁寂
危堦根青冥曾冰生淅瀝上有無心雲下有欲落石
泉聲聞復息動靜隨所擊鳥呼藏其身有似懼彈射
吏隱道情性茲焉其窟宅白水見舅氏諸公乃仙伯

杖藜長松陰作尉窮谷僻爲我炊彫胡逍遥展良覿
坐久風頗愁晚來山更碧相對十丈蛟欻翻盤渦拆
何得空裏雷殷殷尋地脉煙氛藹崷崒魍魎森慘戚
崑崙崆峒顛迴首如不隔前軒頽反照巉絶華岳赤
兵氣漲林巒川光雜鋒鏑知是相公軍鐵馬雲霧積
玉觴淡無味胡羯豈強敵長歌激屋梁淚下流衽席
人生半哀樂天地有順逆慨彼萬國夫休明備征狄
猛將紛塡委廟謀蓄長策東郊何時開帶甲且未釋
欲告清宴罷難拒幽明迫三歎酒食傍何由似平昔

三川觀水漲二十韻 天寶十五年七月中避寇時作

我經華原來不復見平陸北上唯土山連天走窮谷
火雲無時出一云出無時飛電常在目自多窮岫雨行潦相
豗蹙蓊匌川氣黃群流會空曲清晨望高浪忽謂陰
崖踣恐泥竄蛟龍登危聚麋鹿枯查卷拔樹礧磈共
充塞聲吹鬼神下勢閲人代速不有萬穴歸何以尊
四瀆及觀泉源漲反懼江海覆漂沙坼岸去漱壑松
柏禿乘陵破山門迴斡裂地軸交洛赴洪河及關豈
信宿應沈數州没如聽萬室哭穢濁殊未清風濤怒
猶蓄何時通舟車陰氣不黲黷浮生有蕩汩吾道正
羈束人寰難容身石壁滑側足雲雷此不巳艱險路

更竭普天無川梁欲濟願水縮因悲中林士未脫衆
魚腹舉頭向蒼天安得騎鴻鵠

大雲寺贊公房（同作四首其二在別卷）

燈影照無睡心清聞妙香夜深殿突兀風動金琅璫
天黑閉春院地清棲暗芳玉繩迴斷絕鐵鳳森翱翔
梵放時出寺鐘殘仍殷牀明朝在沃野苦見塵沙黃（時西郊逆賊拒官軍未已）

童兒汲井華慣捷瓶上手霑灑不濡地掃除似無箒
明霞爛複閣霽霧搴高牖側塞被徑花飄飄委墀柳
艱難世事迫隱遁佳期後晤語契深心那能總鉗口

奉辭還杖策蹔別終回首泱泱泥汚人听听國多狗
旣未免羈絆時來憇奔走近公如白雪執熱煩何有

哀江頭

少陵野老吞聲哭春日潛行曲江曲江頭宮殿鏁千
門細柳新蒲爲誰緑憶昔霓旌下南苑苑中萬物生
顔色昭陽殿裏第一人同輦隨君侍君側輦前才人
帶弓箭白馬嚼齧黃金勒翻身向天仰射雲一箭一云正笑
墜雙飛翼明眸皓齒今何在血汚遊魂歸不得清渭
東流劒閣深去住彼此無消息人生有情淚沾臆江
水一作草江花豈終極黃昬胡騎塵滿城欲往城南忘南北

哀王孫

長安城頭頭白烏夜飛延秋門上呼又向人家啄大屋屋底達官走避胡金鞭斷折九馬死骨肉不待同馳驅腰下寶玦青珊瑚可憐王孫泣路隅問之不肯道姓名但道困苦乞爲奴已經百日竄荊棘身上無有完肌膚高帝子孫盡高準龍種自與常人殊豺狼在邑龍在野王孫善保千金軀不敢長語臨交衢且爲王孫立斯須昨夜東風吹血腥東來槖駝滿舊都朔方健兒好身手昔何勇銳今何愚竊聞天子已傳位聖德北服南單于花門剺面請雪恥慎勿出口他

人狙哀哉王孫愼勿踈五陵佳氣無時無

悲陳陶

孟冬十郡良家子血作陳陶澤中水野曠天清無戰聲四萬義軍同日死群胡歸來血雪一作洗箭仍唱胡一云撚箭歌飮都市都人迴面向北啼日夜更望官軍至一云前後官軍苦如此

悲青坂

我軍青坂在東門天寒飮馬太白窟黃頭奚兒日向西數騎彎弓敢馳突山雪河氷野蕭颸青是烽煙白人骨焉得附書與我軍忍待明年莫倉卒

杜工部集卷第一

杜工部集卷第二

前劒南節度叅謀宣義郎撿校尚書工部貟外郎賜緋魚袋京兆杜　甫

古詩四十三首

羌村三首
新安吏一首
潼關吏一首
石壕吏一首
新昏别一首
垂老别一首
無家别一首
夏日歎一首
夏夜歎一首
留花門一首

塞蘆子一首

彭衙行一首

義鶻一首

畫鶻行一首

瘦馬行一首

送率府程録事還鄉一首

晦日尋崔戢李封一首

雨過蘇端一首

喜晴一首

蘇端薛復筵簡薛華醉歌一首

病後遇王倚飲贈歌一首

奉先劉少府新畫山水障歌一首

湖城東遇孟雲卿復歸劉顥宅宿宴語散因

爲醉歌一首

閿鄉姜七少府設鱠戲贈長歌一首

戲贈閿鄉秦少公短歌一首

李鄠縣丈人胡馬行一首

送長孫九侍御赴武威判官一首

送樊二十三侍御赴漢中判官一首

送從弟亞赴河西判官一首

送韋十六評事充同谷郡防禦判官一首

送李校書一首

洗兵馬一首

早秋苦熱堆案相仍一首

立秋後題一首

述懷一首此已下自賊中竄歸鳳翔作

去年潼關破妻子隔絶久今夏草木長脱身得西走麻鞋見天子衣袖露兩肘朝廷慜生還親故傷老醜涕淚授拾遺流離主恩厚柴門雖得去未忍即開口寄書問三川不知家在否比聞同罹禍殺戮到鷄狗

山中漏茅屋誰復依户牖摧頹蒼松根地冷骨未朽
幾人全性命盡室豈相偶嵚岑猛虎場鬱結迴我首
自寄一封書今已十月後反畏消息來寸心亦何有
漢運初中興平生老躭酒沈思歡會處恐作窮獨叟

偪仄行 贈畢曜

偪仄何偪仄我居巷南子巷北可恨鄰里閒十日不
一見顔色自從官馬送還官行路難行澀如棘我貧
無乘非無足昔者相過今不得實不是愛微軀又非
關足無力徒步翻愁官長怒此心炯炯君應識曉來
急雨春風顛睡美不聞鍾鼓傳東家蹇驢許借我泥

滑不敢騎朝天已令請急會通籍男兒信命絶可怜焉能終日心拳拳憶君誦詩神凛然辛夷始花亦已落況我與子非壯年街頭酒價常苦貴方外酒徒稀醉眠速宜相就飲一斗恰有三百青銅錢

北征 歸至鳳翔墨制放往鄜州作

皇帝二載秋閏八月初吉杜子將北征蒼茫問家室維時遭艱虞朝野少暇日顧慚恩私被詔許歸蓬蓽拜辭詣闕下怵惕久未出雖乏諫諍姿恐君有遺失君誠中興主經緯固密勿東胡反未已臣甫憤所切揮涕戀行在道途猶恍忽乾坤含瘡痍憂虞何時畢

靡靡踰阡陌人煙眇蕭瑟所遇多被傷呻吟更流血
迴首鳳翔縣旌旗晚明滅前登寒山重屢得飲馬窟
邠郊入地底涇水中蕩潏猛虎立我前蒼崖吼時裂
菊垂今秋花石戴古車轍青雲動高興幽事亦可悅
山果多瑣細羅生雜橡栗或紅如丹砂或黑如點漆
雨露之所濡甘苦齊結實緬思桃源内益歎身世拙
坡陀望鄜時巖谷互出没我行已水濱我僕猶木末
鴟鳥鳴黄桑野鼠拱亂穴夜深經戰場寒月照白骨
潼關百萬師往者散何卒遂令半秦民殘害爲異物
況我墮胡塵及歸盡華髮經年至茆屋妻子衣百結

慟哭松聲迴悲泉共幽咽平生所嬌兒顏色白勝雪
見耶背面啼垢膩脚不襪牀前兩小女補綻纔過膝
海圖拆波濤舊繡移曲折天吳及紫鳳顛倒在裋褐
老夫情懷惡嘔泄臥數日（一云數日臥嘔泄）那無囊中帛救汝寒
凜慄粉黛亦解苞衾裯稍羅列瘦妻面復光癡女頭
自櫛學母無不爲曉粧隨手抹移時施朱鉛狼籍畫
眉闊生還對童稚似欲忘飢渴問事競挽鬚誰能即
嗔喝翻思在賊愁甘受雜亂聒新歸且慰意生理焉
得說至尊尚蒙塵幾日休練卒仰看天色改旁覺祅
氣豁陰風西北來慘澹隨迴鶻（一作胡紇）其王願助順其俗

善馳突送兵五千人驅馬一萬匹此輩少爲貴四方服
勇決所用皆鷹騰破敵過箭疾聖心頗虛佇時議氣
欲奪伊洛指掌收西京不足拔官軍請深入蓄鋭何
俱發此舉開青徐旋瞻略恒碣旻天積霜露正氣有
肅殺禍轉亡胡歲勢成擒胡月胡命其能久皇綱未
宜絶憶昨狼狽初事與古先別姦臣竟葅醢同惡隨
蕩析不聞夏殷衰中自誅褒妲周漢獲再興宣光果
明哲桓桓陳將軍仗鉞奮忠烈微爾人盡非于今國
猶活淒涼大同殿寂寞白獸闥都人望翠華佳氣向
金闕園陵固有神埽灑數不缺煌煌太宗業樹立甚

宏達

得舍弟消息

風吹紫荆樹色與春庭暮花落辭故枝風迴返無處

骨肉恩書重漂泊難相遇猶有淚成河經天復東注

徒步歸行 贈李特進自鳳翔赴鄜州途經邠州作

明公壯年值時危經濟實藉英雄姿國之社稷今若

是武定禍亂非公誰鳳翔千官且飽飯衣馬不復能

輕肥青袍朝士最困者白頭拾遺徒步歸人生交契

無老少論交一作論心何必先同調妻子山中哭向天須公

櫪上追風驃

玉華宮

溪迴松風長蒼鼠竄古瓦不知何王殿遺構絶壁下
陰房鬼火青壞道哀湍瀉萬籟眞笙竽秋色正蕭洒
美人爲黄土況乃粉黛假當時侍金輿故物獨石馬
憂來藉草坐浩歌淚盈把冉冉征途間誰是長年者

九成宫

蒼山入百里崖斷如杵臼曾宫憑風迴岌嶪土囊口
立神扶棟梁鑿翠開戸牖其陽産靈芝其陰宿牛斗
紛披長松倒揭巕怪石走哀猿啼一聲客淚迸林藪
荒哉隋家帝製此今頹朽向使國不亡焉爲巨唐有

雖無新增修尚置官居守巡非瑤水遠跡是雕牆後

我行屬時危仰望嗟嘆久天王守太白駐馬更搔首

羌村 三首

崢嶸赤雲西日脚下平地柴門鳥雀噪歸客一云客子千里

至妻孥怪我在驚定還拭淚世亂遭飄蕩生還偶然

遂鄰人滿牆頭感歎亦歔欷夜闌更秉燭相對如夢寐

晚歲迫偷生還家少懽趣嬌兒不離膝畏我復却去憶

昔好追涼故繞池邊樹蕭蕭北風勁撫事煎百慮賴知

禾黍一作黍林收已覺糟牀注如今足斟酌且用慰遲暮

群雞正亂叫客至雞鬭爭驅雞上樹木始聞扣柴荆

父老四五人問我久遠行手中各有攜傾榼濁復清苦辭酒味薄黍地無人耕兵革既未息兒童盡東征請爲父老謌艱難媿深情歌罷仰天歎四座淚縱橫

新安吏收京後作雖收兩京賊猶充斥

客行新安道喧呼聞點兵借問新安吏縣小更無丁府帖昨夜下次選中男行中男絶短小何以守王城肥男有母送瘦男獨伶俜白水暮東流青山猶一作聞哭聲莫自使眼枯收汝淚縱橫眼枯即見骨天地終無情我軍取相州日夕望其平豈意賊難料歸軍星散營就粮近故壘練卒依舊京掘壕不到水牧馬役

亦輕況乃王師順撫養甚分明送行勿泣血僕射如父兄郭子儀也

潼關吏

士卒何草草築城潼關道大城鐵不如小城萬丈餘借問潼關吏修關一作築城還備胡要我下馬行爲我指山隅連雲列戰格飛鳥不能踰胡來但自守豈復憂西都丈人視要處窄狹容單車艱難奮長戟千古用一夫哀哉桃林戰百萬化爲魚請囑防關將慎勿學哥舒

石壕吏

暮投石壕村有吏夜捉人老翁踰牆走老婦出門看

吏呼一何怒婦啼一何苦聽婦前致詞三男鄴城戍

一男附書至二男新戰死存者且偷生死者長已矣

室中更無人惟有乳下孫有孫母未去出入無完裙

一作孫母未便出見吏無完裙

老嫗力雖衰請從吏夜歸急應河陽役

猶得備晨炊夜久語聲絶如聞泣幽咽天明登前途

獨與老翁别

新婚别

兔絲附蓬麻引蔓故不長嫁女與征夫不如弃路傍

結髮爲妻子席不煖君牀暮婚晨告别無乃太怱忙

君行雖不遠守邊赴河陽妾身未分明何以拜姑嫜

父母養我時日夜令我藏生女有所歸雞狗亦得將
君今往死地沈痛迫中腸誓欲隨君去形勢反蒼黃
勿爲新婚念努力事戎行婦人在軍中兵氣恐不揚
自嗟貧家女久致羅襦裳羅襦不復施對君洗紅粧
仰視百鳥飛大小必雙翔人事多錯迕與君永相望

垂老别

四郊未寧靜垂老不得安子孫陣亡盡焉用身獨完
投杖出門去同行爲辛酸幸有牙齒存所悲骨髓乾
男兒既介胄長揖别上官老妻卧路啼歲暮衣裳單
孰知是死别且復傷其寒此去必不歸還聞勸加餐

土門壁甚堅杏園度亦難勢異鄴城下縱死時猶寬
人生有離合豈擇衰老端憶昔少壯日遲迴竟長歎
萬國盡征戍烽火被岡巒積屍草木腥流血川原丹
何鄉爲樂土安敢尚盤桓弃絶蓬室居塌然摧肺肝

無家别

寂寞天寶後園廬但蒿藜我里百餘家世亂各東西
存者無消息死者爲塵泥賤子因陣敗歸來尋舊蹊
久行見空巷日瘦氣慘悽但對狐與狸豎毛怒我啼
四隣何所有一二老寡妻宿鳥戀本枝安辭且窮棲
方春獨荷鋤日暮還灌畦縣吏知我至召令習鼓鞞

雖從本州役内顧無所携近行止一身遠去終轉迷家鄉既盪盡遠近理亦齊永痛長病母五年委溝谿生我不得力終身兩酸嘶人生無家别何以爲蒸黎

夏日歎

夏日出東北陵天經中街朱光徹厚地鬱蒸何由開上蒼久無雷無乃號令乖雨降不濡物良田起黄埃飛鳥苦熱死池魚涸其泥萬人尚流冗舉目唯蒿萊至今大河北化作虎與豺浩蕩想幽薊王師安在哉對食不能飡我心殊未諧眇然正觀初難與數子偕

夏夜歎

永日不可暮炎蒸毒我一作中腸安得萬里風飄飆吹我裳昊天出華月茂林延疎光仲夏苦夜短開軒納微涼虛明見纖毫羽蟲亦飛揚物情無巨細自適固其常念彼荷戈士窮年守邊疆何由一洗濯執熱互相望竟夕擊刀斗喧聲連萬方青紫雖被體不如早還鄉北城悲笳發鸛鶴號且翔況復煩促倦激烈思時康

留花門

北門一作方天驕子飽肉氣勇決高秋馬肥健挾矢射漢月自古以爲患詩人厭薄伐修德使其來羈縻固不

絶胡爲傾國至出入暗金闕中原有驅除隱忍用此物公主歌黃鵠君王指白日連營屯左輔百里見積雪長戟鳥休飛哀笳曙幽咽田家最恐懼麥倒桑枝折沙苑臨清渭泉香草豐潔渡河不用舡千騎常撇烈滅（一云没）胡塵踰太行雜種抵京室花門旣須留原野轉蕭瑟

塞蘆子

五城何迢迢迢迢隔河水邊兵盡東征城内空荆杞思明割懷衞秀巖西未已迴略大荒來崤函蓋虚爾延州秦北戶關防猶可倚焉得一萬人疾驅塞蘆子

歧一作須有薛大夫旁制山賊起近聞昆戎徒爲退三百里
蘆關扼兩寇深意實在此誰能叫帝閽胡行速如鬼

彭衙行

憶昔避賊初北走經險艱夜深彭衙道月照白水山
盡室久徒步逢人多厚顏參差谷鳥吟一作鳴不見遊子
還癡女飢咬我啼畏虎狼聞懷中掩其口反側聲愈
嗔小兒強解事故索苦李飡一旬半雷雨泥濘相牽
攀既無禦雨備徑滑衣又寒有時經契闊竟日數里
間野果充糇糧卑枝成屋椽早行石上水暮宿天邊
煙少留周家窪欲出蘆子關故人有孫宰高義薄曾

雲延客已曛黑張燈啓重門煖湯濯我足剪紙招我
䰟從此出妻孥相視涕闌干衆鶵爛漫睡喚起沾盤
飧誓將與夫子永結爲弟昆遂空所坐堂安居奉我
懽誰肯艱難際豁達露心肝别來歲月周胡羯仍構
患何當有翅翎飛去墮爾前

義鶻

陰崖有蒼鷹養子黑栢顛白蛇登其巢吞噬一作之恣朝
飧雄飛遠求食雌者鳴辛酸力強不可制黃口無半
存其父從西歸一作來翻身入長煙斯須領健鶻痛憤寄
所宣斗上捩孤影噭哮來九天脩鱗脫遠枝巨顙拆

老拳高空得蹭蹬短草辭蜿蜒折尾能一掉飽腸皆巳穿生雖滅衆鷄死亦垂千年物情有報復快意貴目前兹實鷙鳥最急難心炯然功成失所往用捨何其賢近經潏水湄此事樵夫傳飄蕭覺素髮凛欲（一作烈）衝儒冠人生許與分只在顧眄間聊爲義鶻行用激壯士肝

畫鶻行

高堂見生（一作老）鶻颯爽動秋骨初驚無拘攣何得立突兀乃知畫師妙功刮造化窟寫此神俊姿充君眼中物烏鵲滿樛枝軒然恐其出側腦看青霄寧爲衆禽没

長翮如刀劒人寰可超越乾坤空崢嶸粉墨且蕭瑟
緬思雲沙際自有煙霧質吾今意何傷顧步獨紆鬱

瘦馬行

東郊瘦馬使我傷骨骼硉兀如堵牆絆之欲動轉欹
側此豈有意仍騰驤細看六印帶官字衆道三軍遺
路傍皮乾剥落雜泥滓毛暗蕭條連雪霜去歲奔波
逐餘寇驊騮不慣不得將士卒多騎内廄馬惆悵恐
是病乘黃當時歷塊悮一蹶委弃非汝能周防見人
慘澹若哀訴失主錯漠無晶光天寒遠放鴈爲伴一作侶
日暮不收烏啄瘡誰家且養願終惠更試明年春草長

送率府程録事還鄉（程携酒饌相就取別）

鄙夫行衰謝抱病昏妄集常時往還人記一不識十程侯晚相遇與語才傑立薫然耳目開頗覺聰明入千載得鮑叔末契有所及意鍾老栢青義動修虵蟄若人可數見慰我垂白泣告別無淹晷百憂復相襲内愧突不黔庶羞以賙給素絲挈長魚碧酒隨玉粒途窮見交態世梗悲路澁東風吹春冰泱莽后土濕念君惜羽翮既飽更思戢莫作翻雲鶻聞呼向禽急

晦日尋崔戢李封

朝光入甕牖尸寢驚弊裘起行視天宇春氣漸和柔

興來不暇懶今晨梳我頭出門無所待徒步覺自由
杖藜復恣意免值公與侯晚定崔李交會心真罕儔
每過得酒傾二宅可淹留喜結仁里懽況因令節求
李生園欲荒舊竹頗修修引客看掃除隨時成獻酬
崔侯初筵色已畏空樽愁未知天下士至一作志性有此不
草牙既青出蜂聲亦暖遊思見農器陳何當甲兵休
上古葛天氏不貽黃屋一作綺憂至今阮籍等熟醉爲身謀
威鳳高其翔長鯨吞九州地軸爲之翻百川皆亂流
當歌欲一放淚下恐莫收濁醪有妙理庶用慰沈浮

雨過蘇端 端置酒

鷄鳴風雨交久旱雨亦好杖藜入春泥無食起我早
諸家憶所歷一飯跡便掃蘇侯得數過懽喜每傾倒
也復可憐人呼兒具梨棗濁醪必在眼盡醉攄懷抱
紅稠屋角花碧委墻隅草親賓縱談謔喧鬧畏衰老
況蒙霈澤垂粮粒或自保妻孥隔軍壘撥弃不擬道

喜晴

皇天久不雨既雨晴亦佳出郭眺四郊肅肅春增華
青熒陵陂麥窈窕桃李花春夏各有實我飢豈無涯
干戈雖橫放慘澹鬬龍虵甘澤不猶愈且耕今未賒
丈夫則帶甲婦女終在家力難及黍稷得種菜與麻

千載商山芝往者東門瓜其人骨已朽（一作滅）此道誰疵瑕
英賢遇轗軻遠引蟠泥沙顧慙昧所適迴首白日斜
漢陰有鹿門滄海有靈査焉能學衆口咄咄空咨嗟

蘇端薛復筵簡薛華醉歌

文章有神交有道端復得之名譽早愛客滿堂盡豪
翰開筵上日（一作月）思芳草安得健步移遠梅亂插繁花向
晴昊千里猶殘舊冰雪百壺且試開懷抱垂老惡聞
戰鼓悲急觴爲緩憂心擣少年努力縱談笑看我形
容已枯槁座中薛華善醉歌歌詞自作風格老近來
海内爲長句汝與山東李白好何劉沈謝力未工才

兼鮑昭愁絶倒諸生頗盡新知樂萬事終傷不自保
氣酣日落西風來願吹野水添金杯如澠之酒常快
意亦如窮愁安在哉忽憶雨時秋井塌古人白骨生
青苔如何不飲令心哀

病後遇王倚飲贈歌

麟角鳳觜世莫識煎膠續弦奇自見尚看王生抱此
懷在於甫也何由羨且遇王生慰疇昔素知賤子甘
貧賤酷見凍餒不足恥多病沉年苦無健王生怪我
顔色惡荅云伏枕艱難徧瘧癘三秋孰可忍寒熱百
日相交戰頭白眼暗坐有胵肉黄皮皺命如綫惟生

哀我未平復爲我力致美肴膳遣人向市賒香粳喚
婦出房親自饌長安冬葅酸且綠金城土酥靜如練
兼求富豪且割鮮密沽斗酒諧終宴故人情義晚誰
似令我手脚輕欲漩老馬爲駒信不虛當時得意況
深眷但使殘年飽喫飯只願無事長相見（富豪一作畜豪又作畜豕）

奉先劉少府新畫山水障歌

堂上不合生楓樹怪底江山起煙霧聞君掃却赤縣
圖乘興遣畫滄洲趣畫師亦無數好手不可遇對此
融心神知君重毫素豈但祁岳與鄭虔筆迹遠過楊
契丹得非玄圃裂無乃瀟湘翻悄然坐我天姥下耳

邊已似聞清猨反思前夜風雨急乃是蒲城鬼神入
元氣淋漓障猶濕眞宰上訴天應泣野亭春還雜花
遠漁翁暝路孤舟立滄浪水深青冥闊欹岸側島秋
毫末不見湘妃鼓瑟時至今班竹臨江活劉侯天機
精愛畫入骨髓自有兩兒郎揮灑亦莫比大兒聰明
到能添老樹巔崖裏小兒心孔開皃得山僧及童子
若耶溪雲門寺吾獨胡爲在泥滓青鞋布襪從此始

湖城東遇孟雲卿復歸劉顥宅宿宴飲散因爲醉歌

疾風吹塵暗河縣行子隅手不相見湖城城南一開
眼駐馬偶識雲卿面況非劉顥爲地主嬾廻鞭轡成

高宴劉侯歎我携客來置酒張燈促華饌且將款曲終今夕休語艱難尚酣戰照室紅爐促曙光縈窻素月垂文練天開地裂長安陌寒盡春生洛陽殿豈知驅車復同軌可惜刻漏隨更箭人生會合不可常庭樹鷄鳴淚如綫

閿鄉姜七少府設鱠戲贈長歌

姜侯設鱠當嚴冬昨日今日皆天風河凍未漁不易得（一作黃河冰魚）鑿冰恐侵河伯宮饔人受魚鮫人手洗魚磨刀魚眼紅無聲細下飛碎雪有骨已剁觜（平聲）春蔥偏勸腹腴愧年少軟炊香飯（一作粳）緣老翁落碪何曾白

紙濕放筋未覺金盤空新歡便飽姜侯德清觴異味
情屢極東歸貪（一作貧）路自覺難欲別上馬身無力可
怜爲人好心事於我見子眞顏色不恨我衰子貴時
悵望且爲今相憶

戲贈閿鄉秦少公短歌

去年行宮當太白朝迴君是同舍客同心不減骨肉
親每語見許文章伯今日時清兩京道相逢苦覺人
情好昨夜邀歡樂更無多才依舊能潦倒

李鄠縣丈人胡馬行

丈人駿馬名胡騮前年避胡過金牛迴鞭却走見天

子朝飲漢水暮靈州自矜胡騮奇絶代乗出千人萬
人愛一聞説盡急難材轉益愁向駑駘輩頭上鋭耳
批秋竹脚下高蹄削寒玉始知神龍别有種不比俗
馬空多肉洛陽大道時再清累日喜得俱東行鳳臆
龍鬐一作麟鬐未易識側身注目長風生

送長孫九侍御赴武威判官

驄馬新鑿蹄銀鞍被來好繡衣黄白郎騎向交河道
問君適萬里取别何草草天子憂涼州嚴程到須早
去秋羣胡反不得無電掃此行收遺甿風俗方再造
族父領元戎名聲國中老奪我同官良飄飄按城堡

使我不能飡令我惡懷抱若人才思闊溟漲浸絶島

罇前失詩流塞上得一作多國寶皇天悲送遠雲雨白浩浩

東郊尚烽火朝野色枯槁西極柱亦傾如何正穹昊

送樊二十三侍御赴漢中判官

威弧不能弦自爾無寧歲川谷血橫流豺狼沸相噬

天子從北來長驅振凋敝頓兵歧梁下却跨沙漠裔

二京陷未收四極我得制蕭索漢水清緬通淮湖稅

使者紛星散王綱尚旒綴南伯從事賢君行立談際

生知七曜曆手畫三軍勢冰雪淨聰明雷霆走精鋭

幕府輟諫官朝廷無此例至尊方旰食仗爾布嘉惠

補闕暮徵入柱史晨征憩正當艱難時實藉長久計
迴風吹獨樹白日照執袂慟哭蒼煙根山門萬重閉
居人莽牢落遊子方迢遰徘徊悲生離局促老一世
陶唐歌遺民後漢更列（一作別）帝恨無匡復姿（一作資）聊欲
從北逝

送從弟亞赴安西判官

南風作秋聲殺氣薄炎熾盛夏鷹隼擊時危異人至
令弟草中來蒼然請論事詔書引上殿奮舌動天意
兵法五十家爾腹爲篋笥應對如轉九踈通略文字
經綸皆新語足以正神器宗廟尚爲灰君臣俱下淚

崆峒地無軸青海天軒輊西極最瘡痍連山暗烽燧
帝曰大布衣藉卿佐元帥坐看清流沙所以子奉使
歸當再前席適遠非歷試須存武威郡爲畫長久利
孤峯石戴驛快馬金纏轡黄羊飫不羶蘆酒多還醉
踴躍常人情慘澹苦士志安邊敵何有反正計始遂
吾聞駕鼓車不合用騏驥龍吟廻其頭夾輔待所致

送韋十六評事充同谷郡防禦判官

昔没賊中時潛與子同遊今歸行在所王事有去留
偪側兵馬閒主憂急良籌子雖軀幹小老氣一作志橫九
州挺身艱難際張目視寇讎朝廷壯其節奉詔令參

謀鑾輿駐鳳翔同谷爲咽喉西扼弱水道南鎮抱罕
陬（一作氐羌）此邦承平日剽劫吏所羞況乃胡未滅控帶
莽悠悠府中韋使君道足示懷柔令姪才俊茂二美
又何求受詞太白脚走馬仇池頭古色（一作邑）沙土裂積
陰雪雲稠（一作積雪陰雲稠）羌父豪猪靴羌兒青兕裘吹角向
月窟蒼山旌旆愁鳥驚出死樹龍怒拔老湫古來無
人境今代横戈矛傷哉文儒士憤激馳林丘中原正
格鬬後會何緣由百年賦命定豈料沉與浮且復戀
良友握手步道周論兵遠壑淨亦可縱冥搜題詩得
秀句扎翰時相投

送李校書二十六韻

代北有豪鷹生子毛盡赤渥洼騏驥兒尤異是龍脊
李舟名父子清峻流輩伯人間好少年不必須白晳
十五富文史十八足賓客十九授校書二十聲輝赫
衆中每一見使我潛動魄自恐二男兒辛勤養無益
乾元元年春萬姓始安宅舟也衣綵衣告我欲遠適
倚門固有望斂衽就行役南登吟白華已見楚山碧
藹藹咸陽都冠蓋日雲積何時太夫人堂上會親戚
汝翁草明光天子正前席歸期豈爛漫别意終感激
顧我蓬屋姿謬通金閨籍小來習性懶晚節慵轉劇

每愁悔吝作如覺天地窄羡君齒髮新行已能夕惕
臨歧意頗切對酒不能喫迴身視緑野慘澹如荒澤
老雁春忍飢哀號待枯麥時哉高飛鸞絢練新羽翮
長雲濕褒斜漢水饒巨石無令軒車遲衰疾悲宿昔

洗兵馬 收京後作

中興諸將收山東捷書日報清晝同河廣傳聞一葦
過胡危命在破竹中秖殘鄴城不日得獨任朔方無
限功京師皆騎汗血馬迴紇餧肉蒲萄宮已喜皇威
清海岱常思仙仗過崆峒三年笛裏關山月萬國兵
前草木風成王功大心轉小郭相謀深古來少司徒

清鑒懸明鏡尚書氣與秋天杳二三豪俊爲時出整
頓乾坤濟時了東走無復憶鱸魚南飛覺有安巢
青春復隨冠冕入紫禁正耐煙花繞鶴駕通霄鳳輦
備雞鳴問寢龍樓曉攀龍附鳳世莫當天下盡化爲
侯王汝等豈知蒙帝力時來不得誇身強關中既留
蕭丞相幕下復用張子房張公一生江海客身長九
尺鬚眉蒼徵起適遇風雲會扶顛始知籌策良青袍
白馬更何有後漢今周喜再昌寸地尺天皆入貢奇
祥異瑞爭來送不知何國致白環復道諸山得銀甕
隱士休歌紫芝曲詞人解撰清河頌田家望望惜雨

乾布穀處處催春種淇上健兒歸莫懶城南思婦愁多夢安得壯士挽天河淨洗甲兵長不用

早秋苦熱堆案相仍時任華州司功

七月六日苦炎蒸對食暫飡還不能每愁夜中自足蝎況乃秋後轉多蠅束帶發狂欲大叫簿書何急來相仍南望青松架短壑安得赤脚踏層冰

立秋後題

日月不相饒節叙昨夜隔玄蟬無停號秋燕已如客平生獨往願惆悵年半百罷官亦由人何事拘形役

杜工部集卷第二

宋板杜工部集

王原叔洙編次本

第貳册

杜工部集卷第三

前劍南節度參謀宣義郎撿校尚書工部員外郎賜緋魚袋京兆杜　甫

古詩七十八首

貽阮隱居 昉 一首

遣興三首

昔遊一首

幽人一首

佳人一首

赤谷西崦人家一首

西枝村尋置草堂地夜宿贊公土室二首

寄贊上人一首

太平寺泉眼一首

夢李白二首

有懷台州鄭十八司戶虔一首

遣興五首

遣興五首

遣興五首

前出塞九首

後出塞五首

別贊上人一首

萬丈潭一首

兩當縣吴十侍御江上宅一首

發秦州一首 乾元二年自秦州赴同谷縣紀行十二首

赤谷一首

鐵堂峽一首

鹽井一首

寒硖一首

法鏡寺一首

青陽峽一首

龍門鎮一首

石龕一首

積草嶺一首

泥功山一首

鳳凰臺一首

乾元中寓居同谷縣作歌七首

發同谷縣一首

木皮嶺一首

白沙渡一首

水回渡一首 一作水會渡

飛仙閣一首

五盤一首

龍門閣一首

石櫃閣一首

桔栢渡一首

劒門一首

鹿頭山一首

成都府一首

貽阮隱居 昉

陳留風俗衰人物世不數塞上得阮生迥繼先父祖貧知靜者性自益毛髮古車馬入隣家蓬蒿翳環堵

清詩近道要識子用心苦尋我草逕微褰裳踏寒雨
更議居遠林避喧甘猛虎足明箕潁客榮貴如糞土

遣興三首

下馬古戰場四顧但茫然風悲浮雲去黃葉墜我前
朽骨穴螻蟻又爲蔓草纏故老行歎息今人尚開邊
漢虜互勝負封疆不常全安得廉恥將三軍同晏眠（恥一作頗）
高秋登寒（一作塞）山南望馬邑州降虜東擊胡壯健盡不
留穹廬莽牢落上有行雲愁老弱哭道路願聞甲兵
休鄴中事反覆（一云何蕭條）死人積如丘諸將已茅土載驅
誰與謀

豐年孰云遲甘澤不在早耕田秋雨足禾黍已映道春苗九月交顏色同日老勸汝衡門士勿悲尚枯槁時來展材力先後無醜好但訝鹿皮翁忘機對芳草一云荒草

昔遊

昔謁華蓋君深求洞宫腳玊棺已上天白日亦寂寞暮升艮岑頂巾几猶未却弟子四五人入來淚俱落余時遊名山發軔在遠壑良覿違夙願含凄向廖廓林昏罷幽磬竟夜伏石閣王喬下天壇微月映皓鶴晨溪嚮虚駛歸徑行已昨豈辭青鞋胝悵望金匕藥東蒙赴舊隱尚憶同志樂休事董先生於今獨蕭索

胡爲客關塞道意久衰薄妻子亦何人丹砂負前諾
雖悲鬒髮變鬒一云鬢髮變 未憂筋力弱扶藜望清秋有興
入廬霍

幽人

孤雲亦群遊神物有所歸麟鳳在赤霄何當一來儀
往與惠荀輩中年滄洲期天高無消息弃我忽若遺
内懼非道流幽人見瑕疵洪濤隱語笑鼓枻蓬萊池
崔嵬扶桑日照曜珊瑚枝風帆倚翠蓋暮把東皇衣
嚥漱元和津所思煙霞微知名未足稱局促商山芝
五湖復浩蕩歲暮有餘悲

佳人

絶代有佳人幽居在空一云山谷自云良家子零落依草木關中昔喪敗兄弟遭殺戮官高何足論不得收骨肉世情惡衰歇萬事隨轉燭夫壻輕薄兒新人美如玉合昏尚知時鴛鴦不獨宿但見新人笑那聞舊人哭在山泉水清出山泉水濁侍婢賣珠迴牽蘿補茅屋摘花不插髮一作鬢采栢動盈掬天寒翠袖薄日暮倚脩竹

赤谷西崦人家

躋險不自喧出郊已清目溪迴日氣暖逕轉山田熟鳥

雀依茅茨藩籬帶松菊如行武陵暮欲問桃花宿

西枝村尋置草堂地夜宿賛公土室二首

出郭眄細岑披榛得微路溪行一流水曲折方屢渡賛公湯休徒好靜心迹素昨枉霞上作盛論巖中趣怡然共携手恣意同遠步捫蘿澀先登陟𪩘眩反顧要求陽岡暖苦涉陰嶺沍惆悵老大藤沈吟屈蟠樹卜居意未展杖策迴且暮層巔餘落日草蔓已多露天寒鳥已歸月出人更（一作以）靜土室延白光松門耿疎影躋攀倦日短語樂寄夜永明燃林中薪暗汲石底（一作泉）井大師京國舊德業天機秉從來支許遊興趣

江湖迥數奇謫關塞道廣存箕潁何知戎馬間復接
塵事屏幽尋豈一路遠色有諸嶺晨光稍曚曨更越
西南頂

寄贊上人

一昨陪錫杖卜隣南山幽年侵腰脚衰未便陰崖秋
重岡北面起竟日陽光留茅屋買兼土斯焉心所求
近聞西枝西有谷杉桼（一作漆）稠亭午頗和暖石田又足
收當期塞雨乾宿昔齒疾瘳徘徊虎穴上面勢龍
泓頭柴荆具茶茗逕路通林丘與子成二老來往亦
風流

太平寺泉眼

招提憑高岡，疎散連草莽。出泉枯柳根，汲引歲月古。石間見海眼，天畔縈水府。廣深尺丈間，宴息敢輕侮。青白二小蛇，幽姿可時覩。如絲氣或上，爛漫爲雲雨。山頭到山下，鑿井不盡土。取供十方僧，香美勝牛乳。北風起寒文，弱藻舒翠縷。明涵客衣淨，細蕩林影趣。何當宅下流，餘潤通藥圃。三春濕黄精，一食生毛羽。

夢李白二首

死別已吞聲，生別常惻惻。江南瘴癘地，逐客無消息。故人入我夢，明我長相憶。恐非平生魂，路遠不可測。

魂來楓林青魂返關塞黑今君在羅網何以有羽翼
落月滿屋梁猶疑照顏色水深波浪闊無使蛟龍得

浮雲終日行遊子久不至三夜頻夢君情親見君意
告歸常局促苦道來不易江湖多風波一云秋多風舟楫恐失墜
出門搔白首若負平生志冠蓋滿京華斯人獨顦顇
孰云網恢恢將老身反累千秋萬歲名寂寞身後事

有懷台州鄭十八司戶 虔

天台隔三江一云江海風浪無晨暮鄭公縱得歸老病不識
路昔如水上鷗今如罝中兔性命由他人悲辛但狂
顧山鬼獨一脚蝮虵長如樹呼號傍孤城歲月誰與

度從來禦魑魅多爲才名悞夫子嵇阮流更被時俗惡海隅微小吏眼暗髮垂素黄帽映一云鳩杖近青袍非供折署具平生一杯酒見我故人遇相望無所成乾坤莽迴互

遣興五首

蟄龍三冬卧老鶴萬里心昔時賢俊人未遇猶視今嵇康不得死一云且不死孔明有知音又如壠底松用捨在所尋大哉霜雪幹歲久爲枯林

昔者龐德公未曾入州府襄陽耆舊間處士節獨苦豈無濟時策一作術終竟畏羅罟一云終歲畏罪罟林茂鳥有歸水

丈夫貴壯健慘戚非朱顏

煙塵阻長河樹羽成皐閒迴首載酒地豈無一日還

昔在洛陽時親友相追攀送客東郊道遨遊宿南山

生涯能幾何常在羈旅中

客子念故宅三年門巷空悵望但烽火戎車滿關東

蓬生非無根漂蕩隨高風天寒落萬里不復歸本叢

仰看雲中雁禽鳥亦有行

避寇一分散饑寒永相望豈無柴門歸欲出畏虎狼

我今日夜憂諸弟各異方不知死與生何況道路長

深魚知聚處家隱鹿門劉表焉得取

遣興五首

朔風飄胡鴈慘澹帶砂礫長林何蕭蕭秋草萋更碧
北里富薰天高樓夜吹笛焉知南隣客九月猶絺綌
長陵銳頭兒出獵待明發騂弓金爪鏑白馬蹴微雪
未知所馳逐但見暮光滅歸來懸兩狼門戶有旌節
漆有用而割膏以明自煎蘭摧白露下桂折秋風前
府中羅舊尹沙道尚依然赫赫蕭京兆今爲時所憐
猛虎憑其威往往遭急縛雷吼徒咆哮枝撐已在脚
忽看皮寢處無復情閃爍人有甚於斯足以勸元惡
朝逢富家葬前後皆輝光共指親戚大緦麻百夫行

送者各有死不須羨其強君看束練去亦得歸山岡

遣興五首

天用莫如龍有時繫扶桑頓轡海徒涌神人身更長
性命苟不存英雄徒自強吞聲勿復道眞宰意茫茫
地用莫如馬無良復誰記此日千里鳴追風可君意
君看渥洼種態與駑駘異不雜蹄齧閒逍遥有能事
陶潛避俗翁未必能達道觀其著詩集頗亦恨枯槁
達生豈是足默識蓋不早有子賢與愚何其掛懷抱
賀公雅吳語在位常清狂上疏乞骸骨黃冠歸故鄉
爽氣不可致斯人今則亡山陰一茅宇江海日淒涼

吾憐孟浩然裋褐即長夜賦詩何必多往往凌鮑謝
清江空舊魚春雨餘甘蔗每望東南雲令人幾悲吒

前出塞九首

戚戚去故里悠悠赴交河公家有程期亡命嬰禍羅
君已富土境開邊一何多弃絶父母恩吞聲行負戈
出門日已遠不受徒旅欺骨肉恩豈斷男兒死無時
走馬脫轡頭手中挑青絲捷下萬仞岡俯身試搴旗
磨刀嗚咽水水赤刃傷手欲輕腸斷聲心緒亂已久
丈夫誓許國憤惋復何有功名圖騏驎戰骨當速朽
送徒既有長遠戍亦有身生死向前去不勞吏怒嗔

路逢相識人附書與六親哀哉兩決絶不復同苦辛
迢迢萬餘里領我赴三軍軍中異苦樂主將寧盡聞
隔河見胡騎倏忽數百群我始爲奴僕幾時樹功勲
挽弓當挽強用箭當用長射人先射馬擒寇先擒王
殺人亦有限列國自有疆苟能制侵陵豈在多殺傷
驅馬天雨雪軍行入高山逕危抱寒石指落曾冰閒
已去漢月遠何時築城還浮雲暮南征可望不可攀
單于寇我壘百里風塵昬雄劒四五動彼軍爲我奔
虜其名王歸繫頸授轅門潛身備行列一勝何足論
從軍十年餘能無分寸功衆人貴苟得欲語羞雷同

中原有鬬爭況在狄與戎丈夫四方志安可辭固窮

後出塞五首

男兒生世間及壯當封侯戰伐有功業焉能守舊丘召募赴薊門軍動不可留千金買馬鞭（一作鞍）百金裝刀頭閭里送我行親戚擁道周班白居上列酒酣進庶羞少年别有贈含笑看吳鉤

朝進東門營暮上河陽橋落日照大旗馬鳴風蕭蕭平沙列萬幕部伍各見招中天懸明月令嚴夜寂寥悲笳數聲動壯士慘不驕借問大將誰恐是霍嫖姚

古人重守邊今人重高勳豈知英雄主出師亘長雲

六合已一家四夷且孤軍遂使貔虎士奮身勇所聞拔
劒擊大荒日收胡馬群誓開玄冥北持以奉吾君
獻凱日繼踵兩蕃靜無虞漁陽豪俠地擊鼓吹笙竽
雲帆轉遼海粳稻來東吳越羅與楚練照耀輿臺軀
主將位益崇氣驕凌上都邊人不敢議議者死路衢
我本良家子出師亦多門將驕益愁思身貴不足論
躍馬二十年恐辜明主恩坐見幽州騎長驅河洛昏
中夜閒道歸故里但空村惡名幸脫免窮老無兒孫

別賛上人

百川日東流客去亦不息我生苦漂蕩何時有終極

贊公釋門老放逐來上國還爲世塵嬰頗帶憔悴色
楊枝晨在手豆子雨已熟是身如浮雲安可限南北
異縣逢舊友初忻寫胷臆天長關塞寒歲暮飢凍逼
一云天長關塞遠歲暮飢寒逼野風吹征衣欲别向曛黒馬嘶一作鳴思故
櫪歸鳥盡斂翼古來聚散地宿昔長荆棘相看俱衰
年出處各努力

萬丈潭同谷縣作

青溪合冥寞神物有顯晦龍依積水蟠窟壓萬丈内
跼步凌垠堮側身下煙靄前臨洪濤寬却立蒼石大
山危一徑盡岸絶兩壁對削成根虚無倒影垂澹瀨

黑如彎環底清見光炯碎孤雲到來深飛鳥不在外
高蘿成帷幄寒木疊旌旆遠川曲通流嶔竇潛洩瀨
造幽無人境發興自我輩告歸遺恨多將老斯遊最
閉藏修鱗蟄出入巨石礙何事炎天過快意風雨會

兩當縣吳十侍御江上宅

寒城朝煙澹山谷落葉赤陰風千里來吹汝江上宅
鵾雞號枉渚日色傍阡陌借問持斧翁幾年長沙客
哀哀失木狖矯矯避弓翮亦知故鄉樂未敢思宿昔
昔在鳳翔都共通金閨籍天子猶蒙塵東郊暗長戟
兵家忌間諜此輩常接跡臺中領舉劾君必慎剖析

不忍殺無辜所以分黑白上官權許與失意見遷斥仲尼甘旅人向子識損益朝廷非不知閉口休歎息余時忝諍臣丹陛實咫尺相看受狼狽至死難塞責行邁心多違出門無與適於公負明義惆悵頭更白

發秦州

乾元二年自秦州赴同谷縣紀行十二首

我衰更懶拙生事不自謀無食問樂土無衣思南州漢源十月交天氣如涼秋草木未黃落況聞山水幽栗亭名更嘉下有良田疇充腸多薯蕷崖蜜亦易求密竹復冬笋清池可方舟雖傷旅寓遠庶遂平生遊此邦俯要衝實恐人事稠應接非本性登臨未銷憂

谿谷無異石塞田始微收豈復慰老夫惘然難久留
日色隱孤戍烏啼滿城頭中宵驅車去飲馬寒塘流
磊落星月高蒼茫雲霧浮大哉乾坤内吾道長悠悠

赤谷

天寒霜雪繁遊子有所之豈但歲月暮重來未有期
晨發赤谷亭險艱方自兹亂石無改轍我車已載脂
山深苦多風落日童稚飢悄然村墟迥煙火何由追
貧病轉零落故鄉不可思常恐死道路永爲高人嗤

鐵堂峽

山風吹遊子縹緲乘險絶硤形藏堂隍壁色立積鐵

徑摩穹蒼蟠石與厚地裂脩纖無垠竹嵌空太始雪
威遲哀壑底徒旅慘不悅水寒長冰橫我馬骨正折
生涯抵弧矢盜賊殊未滅飄蓬踰三年迴首肝肺熱

鹽井

鹵中草木白青者官鹽煙官作既有程煑鹽煙在川
汲井歲榾榾出車日連連自公斗三百轉致斛六千
君子慎止足小人苦喧闐我何良歎嗟物理固自然

寒硤

行邁日悄悄山谷勢多端雲門轉絶岸積阻霾天寒
寒硤不可度我實衣裳單況當仲冬交泝沿增波瀾

野人尋煙語行子傍水飡此生免荷殳未敢辭路難

法鏡寺

身危適他州勉強終勞苦神傷山行深愁破崖寺古嬋娟碧鮮淨蕭摵寒籜聚回回山（一作石）根水冉冉松上雨洩雲蒙清晨初日翳復吐朱甍半光炯戶牖粲可數拄策忘前期出蘿已亭午冥冥子規叫微徑不復取

青陽峽

塞外苦厭山南行道彌惡岡巒相經亘雲水氣參錯林迴硤角來天窄（一作窄）壁面削溪西五里石奮怒向我落仰看日車側俯恐坤軸弱魑魅嘯有風霜霰浩漠漠

昨憶踰壠坂高秋視吴岳東笑蓮花卑北知崆峒薄

超然侔壯觀已謂殷寥廓突兀猶趂人及兹歎冥寞

龍門鎮

細泉兼輕冰沮洳棧道濕不辭辛苦行迫此短景急

石門雪雲隘古鎮峯巒集旌竿暮慘澹風水白刃澁

胡馬屯成皐防虞此何及嗟爾遠戍人山寒夜中泣

石龕

熊羆咆我東虎豹號我西我後鬼長嘯我前狨又啼

天寒昬無日山遠道路迷驅車石龕下仲冬見虹蜺

伐竹者誰子悲謌上抱一云雲梯爲官采美箭五歲供梁齊

苦云直簳盡無以充提携奈何漁陽騎颯颯驚蒸黎

積草嶺

連峯積長陰白日遞隱見颼颼林響交慘慘石狀變山分積草嶺路異明水縣旅泊吾道窮衰年歲時倦卜居尚百里休駕投諸彦邑有佳主人情如己會面來書語絶妙遠客驚深眷食蕨不願餘茅茨眼中見

泥功山

朝行青泥上暮在青泥中泥濘非一時版築勞人功不畏道途永乃將汨没同白馬爲鐵驪小兒成老翁哀猿透却墜死鹿力所窮寄語北來人後來莫怱怱

鳳凰臺 山峻不至高頂

亭亭鳳凰臺北對西康州西伯今寂寞鳳聲亦悠悠山峻路絶蹤石林氣高浮安得萬丈梯爲君上上頭恐有無母雛飢寒日啾啾我能剖心出飲啄慰孤愁心以當竹實炯然忘外求血以當醴泉豈徒比清流所重王者瑞敢辭微命休坐看綵翮長舉意八極周自天銜瑞圖飛下十二樓圖以奉至尊鳳以垂鴻猷再光中興業一洗蒼生憂深衷正爲此羣盗何淹留

乾元中寓居同谷縣作歌七首

有客有客字子美白頭亂髮垂過耳歲拾橡栗隨狙

公天寒日暮山谷裏中原無書歸不得手脚凍皴皮

肉死嗚呼一歌兮歌已哀悲風爲我從天來

長鑱長鑱白木柄我生託子以爲命黃精一作獨無苗山

雪盛短衣數挽不掩脛此時與子空一作同歸來男呻女

吟四壁靜嗚呼二歌兮歌始放鄰里爲我色惆悵

有弟有弟在遠方三人各瘦何人強生別展轉不相

見胡塵暗天道路長東飛駕鵝後鶖鶬安得送我置

汝傍嗚呼三歌兮歌三發汝歸何處收兄骨

有妹有妹在鍾離良人早歿諸孤癡長淮浪高蛟龍

怒十年不見來何時扁舟欲往箭滿眼杳杳南國多

旌旗嗚呼四謌兮謌四奏林猿爲我啼清晝
四山多風溪水急寒雨颯颯枯樹濕（一云樹枝濕）黄蒿古城
雲不開白狐跳梁黄狐立我生胡爲在窮谷中夜起
坐萬感集嗚呼五謌兮謌正長魂招不來歸故鄉
南有龍兮在山湫古木巃嵸枝相樛木葉黄落龍正
蟄蝮虵東來水上遊我行怪此安敢出拔劒欲斬且
復休嗚呼六謌兮謌思遲溪壑爲我迴春姿
男兒生不成名身已老三年飢走荒山道長安卿相
多少年富貴應須致身早山中儒生舊相識但話宿
昔傷懷抱嗚呼七謌兮悄終曲仰視皇天白日速

發同谷縣乾元二年十二月一日自隴右赴劒南紀行

賢有不黔突聖有不暖席況我飢愚人焉能尚安宅始來茲山中休駕喜地僻奈何迫物累一歲四行役忡忡去絶境杳杳更遠適停驂龍潭雲迴首白崖一作虎崖石臨岐別數子握手淚再滴交情無舊深窮老多慘慼平生嬾拙意偶值棲遁跡去住與願違仰慙林閒翮

木皮嶺

首路栗亭西尚想鳳皇村季冬携童一作幼稚辛苦赴蜀門南登木皮嶺艱險不易論汗流被我體祁寒爲之暄遠岫争輔佐千巖自崩奔始知五岳外别有他山

尊仰干一作看塞大明俯入裂厚坤再聞虎豹鬬屢踢風水昬高有廢閣道摧折如短一云斷轅下有冬青林石上走長根西崖特秀發煥若靈芝繁潤聚金碧氣清無沙土痕憶觀崑崙圖目擊玄圃存對此欲何適默傷垂老魂

白沙渡

畏途隨長江渡口下絶岸差池上舟楫杳窕入雲漢天寒荒野外日暮中流半我馬向北嘶山猿飲相喚水清石礧礧沙白灘漫漫迥然洗愁辛多病一踈散高壁抵嶔崟洪濤越凌亂臨風獨迴首攬轡復三歎

水會渡（一云水回渡）

山行有常程中夜尚未安微月没已久崖傾路何難

大江動我前洶若溟渤寬篙師暗理楫謌嘯輕波瀾

霜濃木石滑風急（一作冽）手足寒入舟已千憂陟巘仍萬盤

迴眺積水外始知衆星乾遠遊令人瘦衰疾慚加飡

飛仙閣

土（一作出）門山行窄微徑緣秋毫（一云徑微上秋毫）棧雲闌干峻

梯石結構牢萬壑欹疏林（一云竹）積陰帶奔濤寒日外

淡泊長風中怒號歇鞍在地底始覺所歷高往來雜

坐卧人馬同疲勞浮生有定分飢飽豈可逃歎息謂

妻子我何隨汝曹

五盤

五盤雖云險山色佳有餘仰凌棧道細俯映江木疎
地僻無罟網水清反多魚好鳥不妄飛野人半巢居
喜見淳朴俗坦然心神舒東郊尚格鬬巨猾何時除
故鄉有弟妹流落隨丘墟成都萬事好豈若歸吾廬

龍門閣

清江下龍門絶壁無尺土長風駕高浪浩浩自太古
危途中縈盤仰望垂線縷滑石欹誰鑿浮梁裊相拄
目眩隕雜花頭風吹過雨百年不敢料一墜那得取

飽聞經瞿塘足見度大庾終身歷艱險恐懼從此數

石櫃閣

季冬日已長山晚半天赤蜀道多早花江閒饒奇石
石櫃曾波上臨虛蕩高壁清暉迴群鷗暝色帶遠客
羇栖負幽意感歎向絶跡信甘孱懦嬰不獨凍餒迫
優游謝康樂放浪陶彭澤吾衰未自由謝爾性有適

桔柏渡

青冥寒江渡駕竹爲長橋竿濕煙漠漠江永風蕭蕭
連笮動嫋娜征衣颯飄颻急流鴇鷁散絶岸黿鼉驕
西轅自兹異東逝不可要高通荆門路闊會滄海潮

孤光隱顧眄遊子悵寂寥無以洗心胷前登但山椒

劒門

惟天有設險劒門天下壯連山抱西南石角皆北向
兩崖崇墉倚刻畫城郭狀一夫怒臨關百萬未可傍
珠玉走中原岷峨氣悽愴三皇五帝前雞犬各相放
後王尚柔遠職貢道已喪至今英雄人高視見霸王
并吞與割據極力不相讓吾將罪眞宰意欲鏟疊嶂
恐此復偶然臨風默惆悵

鹿頭山

鹿頭何亭亭是日慰飢渴連山西南斷俯見千里豁

遊子出京華劒門不可越及兹阻險盡始喜原野闊
殊方昔三分霸氣曾閒發天下今一家雲端失雙闕
悠然想楊馬繼起名硉兀有文令人傷何處埋爾骨
紆餘脂膏地慘澹豪俠窟杖鉞非老臣宣風豈專達
冀公柱石姿論道邦國活斯人亦何幸公鎮踰歲月

僕射裴公冕

成都府

翳翳桑榆日照我征衣裳我行山川異忽在天一方
但逢新人民未卜見故鄉大江東流去遊子去日長
曾城填華屋季冬樹木蒼喧然名都會吹簫閒笙簧

信美無與適側身望川梁鳥雀夜各歸中原杳茫茫

初月出不高衆星尚爭光自古有羇旅我何苦哀傷

杜工部集卷第三

杜工部集卷第四

前劍南節度參謀宣義郎檢校尚書工部員外郎賜緋魚袋京兆杜甫

古詩三十六首

病栢一首

病橘一首

枯椶一首

枯柟一首

憶昔二首

冬狩行一首

韋諷録事宅觀曹將軍畫馬圖一首

送韋諷上閬州録事叅軍一首

陪章留後惠義寺餞嘉州崔都督赴州一首

閬州東樓筵奉送十一舅往青城縣一首

將適吳楚留別章使君留後兼幕府諸公一首

櫻拂子一首

丹青引一首

桃竹杖引一首

寄江外草堂一首

述古三首

石笋行

君不見益州城西門陌上石笋雙高蹲古來一云老相傳是海眼苔蘚蝕盡波濤痕雨多往往得瑟瑟此事恍惚難明論恐是昔時卿相墓立石爲表今仍存惜哉俗

態好蒙蔽亦如小臣媚至尊政化錯迕失大體坐看
傾危受厚恩嗟爾石笥擅虛名後來未識猶駿奔安
得壯士擲天外使人不疑見本根

石犀行

君不見秦時蜀太守刻石立作三犀牛自古雖有厭
勝法天生江水向一云須東流蜀人矜誇一千載泛溢不
近張儀樓今年灌口損户口此事或恐爲神羞終藉
隄防出衆力高擁木石當清秋先生作法皆正道詭
怪何得參人謀嗟爾三犀不經濟缺訛只與長川逝
但見元氣常調和自免洪濤恣彫瘵安得壯士提天

綱再平水土犀奔茫後漢書户口減如毛米

杜鵑行

君不見昔日蜀天子化作杜鵑似老烏寄巢生子不
自啄羣鳥至今與哺鶵雖同君臣有舊禮骨肉滿眼
身羈孤業工竄伏深樹裏四月五月偏號呼其聲哀
痛口流血所訴何事常區區爾豈摧殘始發憤羞帶
羽翮傷形愚蒼天變化誰料得萬事反覆何所無萬
事反覆何所無豈憶當殿群臣趨

戲作花卿謌

成都猛將有花卿學語小兒知姓名用如快鶻風火

生見賊惟多身始輕綿州副使着柘黃我卿掃除即日
平子璋髑髏血模糊手提擲還崔大夫李侯重有
此節度人道我卿絕世一作代無既稱絕世無天子何不
喚取守京都

贈蜀僧閭丘師兄

大師銅梁秀籍籍名家孫嗚呼先博士炳靈精氣奔
惟昔武皇后臨軒御乾坤多士盡儒冠墨客藹雲屯
當時上紫殿不獨卿相尊世傳閭丘筆峻極逾崑崙
鳳藏丹霄暮龍去白水渾青熒雪嶺東碑碣舊製
存斯文散都邑高價越璵璠晚看作者意妙絕與

誰論吾祖詩冠古同年蒙主恩豫章夾日月歲久空深根小子思踈闊豈能達詞門窮愁一揮淚相遇即諸昆我住錦宮城兄居祇樹園地近慰旅愁往來當丘樊天涯歇滯雨粳稻臥不飜漂然薄遊倦始與道旅敦（旅一作侶）景晏步脩廊而無車馬喧夜闌接軟語落月如金盆漠漠世界黑驅驅爭奪繁惟有摩尼珠可照濁水源

泛溪

落景下高堂進舟泛迴溪誰謂築居小未盡喬木西遠郊信荒僻秋色有餘凄練練峯上雪纖纖雲表霓

童戲左右岸（一云兒童戲左右）罟弋畢提携翻倒荷芰亂指揮

逕路迷得魚已割鱗採藕不洗泥人情逐鮮美物賤

事已（一云迹）睽吾村靄暝姿異舍雞亦棲蕭條欲何適出

處庶可齊衣上見新月霜中登故畦濁醪自初熟東

城多鼓鼙

題壁畫馬歌　韋偃畫

韋侯別我有所適知我憐君（一作渠）畫無敵戲拈秃筆

掃驊騮欻見騏驎出東壁一匹齕草一匹嘶坐看千里

當霜蹄時危安得眞致此與人同生亦同死

戲題畫山水圖歌　王宰畫宰丹青絕倫

十日畫一水五日畫一石能事不受相促迫王宰始肯留眞跡壯哉崑崙方壺一云丈圖挂君高堂之素壁巴陵洞庭日本東赤岸水與銀河通中有雲氣隨飛龍舟人漁子入浦溆山木盡亞一作帶洪濤風尤工遠勢古莫比咫尺應須論一作千萬里焉得并州快剪刀剪取吳松半江水

題李尊師松樹障子歌

老夫清晨梳白頭玄都道士來相訪握髮呼兒延入戶手提新畫青松障障子松林靜杳冥憑軒忽若無丹青陰崖却承霜雪幹偃蓋反走虬龍形老夫平生

好奇古對此興與精靈聚已知仙客意相親更覺良
工心獨苦松下丈人巾屨同偶坐似是商山翁悵望
聊謌紫芝曲時危慘淡來悲風

古栢行

孔明廟前有老栢柯如青銅根如石霜皮溜雨四十
圍黛色參天二千尺君臣已與時際會樹木猶爲人
愛惜雲來氣接巫峽長月出寒通雪山白憶昨路繞
錦亭東先主武侯同閟宮崔嵬枝幹郊原古窈窕丹
青户牖空落落盤踞雖得地冥冥孤高多烈風扶持
自是神明力正直元因造化功大厦如傾要梁棟萬

牛迴首丘山重不露文章世已驚未辭剪伐誰能送
苦心豈免容螻蟻香葉終經宿鸞鳳志士幽人莫怨
嗟古來材大難爲用

戲爲雙松圖歌　韋偃

天下幾人畫古松畢宏已老韋偃少絶筆長風起纖
末滿堂動色嗟神妙兩株慘裂苔蘚皮屈鐵交錯廻
高枝白摧朽骨龍虎死黑入太陰雷雨垂松根胡僧
憩寂寞厖眉皓首無住著偏袒右肩露雙脚葉裏松
子僧前落韋侯韋侯數相見我有一匹好東素（一云絹）重
之不減錦繡段已令拂拭光凌亂請公放筆爲直幹

喜雨

春旱天地昏日色赤如血農事都已休兵戈況騷屑
巴人困軍須慟哭厚土熱滄江夜來雨眞宰罪一雪
穀根小蘇息沴氣終不滅何由見寧歲解我憂思結
崢嶸群山雲交會未斷絶安得鞭雷公滂沲洗吴越

時聞浙右多盜賊

太子張舍人遺織成褥段

客從西北來遺我翠織成開緘風濤湧中有掉尾鯨
逶迤羅水族瑣細不足名客云充君褥承君終宴榮
空堂魑魅走高枕形神清領客珍重意顧我非公卿

留之懼不祥施之混柴荆服飾定尊卑大哉萬古程
今我一賊老裋褐更無營煌煌珠宫物寢處禍所嬰
歎息當路子干戈尚縱横掌握有權柄衣馬自肥輕
李鼎死歧陽實以驕貴盈來瑱賜自盡氣豪直阻兵
皆聞黄金多坐見悔吝生奈何田舍翁受此厚貺情
錦鯨卷還客始覺心和平振我麤席塵媿客茹藜羹

丈人山

自爲青城客不唾青城地爲愛丈人山丹梯近幽意
丈人祠西佳氣濃緣雲擬住最高峯掃除白髮黄精
在君看他時冰雪容

百憂集行

憶年十五心尚孩健如黃犢走復來庭前八月梨棗熟一日上樹能千迴即今倏忽已五十坐卧只多少行立強將笑語供主人悲見生涯百憂集入門依舊四壁空老妻覩我顏色同癡兒未知父子禮叫怒索飯啼門東

投簡成華兩縣諸子

赤縣官曹擁材傑軟裘快馬當冰雪長安苦寒誰獨悲杜陵野老骨欲折南山豆苗早荒穢青門瓜地新凍裂鄉里兒童項領成朝廷故舊禮數絶自然棄擲

與時異況乃踈頑臨事拙飢肝動即向一旬弊衣何
啻聯百結君不見空墻日色晚此老無聲淚垂血

徐卿二子歌

君不見徐卿二子生絶奇感應吉夢相追隨孔子釋
氏親抱送並是天上麒麟兒大兒九齡色清澈秋水
爲神玉爲骨小兒五歲氣食牛滿堂賓客皆回頭吾
知徐公百不憂積善袞袞生公侯丈夫生兒有如此
二鶵者名位豈肯卑微休

病栢

有栢生崇岡童童狀車（一云青）蓋偃蹙龍虎姿主當風雲

會神明依正直故老多再拜豈知千年根中路顏色
壞出非不得地蟠據亦高大歲寒忽無憑日夜柯葉
改丹鳳領九雛哀鳴翔其外鴟鴞志意滿養子穿穴
内客從何鄉來佇立久吁怪靜求元精理浩蕩難倚賴

病橘

羣（一云伊）橘少生意雖多亦奚爲惜哉結實小酸澁如棠
梨剖之盡蠹蟲采掇爽其宜紛然不適口豈只存其
皮蕭蕭半死葉未忍別故枝玄冬霜雪積況乃迴風
吹嘗聞蓬萊殿羅列瀟湘姿此物歲不稔王食失（一云少）
光輝寇盜尚憑陵當君減膳時汝病是天意吾諗（一云愁）

罪有司憶昔南海使奔騰獻荔支百馬死山谷到今耆舊悲

枯㯳

蜀門多㯳一云栟櫚高者十八九其皮割剥甚雖衆亦易朽徒布如雲葉青黄歲寒後交横集斧斤凋喪先蒲柳傷時苦軍乏一物官盡取嗟爾江漢人生成復何有有同枯㯳木使我況嘆乆死者即已休生者何自守啾啾黄雀啅側見寒蓬走念爾形影乾摧殘没藜莠

枯柟

楩柟枯崢嶸鄉黨皆莫記不知幾百歲慘慘無生意

上枝摩皇天下根蟠厚地巨圍雷霆坼萬孔蟲蟻萃
凍雨落流膠衝風奪佳氣白鵠遂不來天鷄爲愁思
猶含棟梁具無復霄漢志良工古昔少識者出涕淚
種榆水中央成長何容易截承金露盤裊裊不自畏

憶昔二首

憶昔先皇巡朔方千乘萬騎入咸陽陰山驕子汗血
馬長驅東胡胡走藏鄴城反覆不足怪關中小兒壞
紀綱張后不樂上爲忙至今今上猶撥亂勞身焦思
補四方我昔近侍叨奉引出兵整肅不可當爲留猛
士守未央致使岐雍防西羌犬戎直來坐御牀百官

跣足隨天王願見北地傅介子老儒不用尚書郎
憶昔開元全盛日小邑猶藏萬家室稻米流脂粟米
白公私倉廩俱豐實九州道路無豺虎遠行不勞吉
日出齊紈魯縞車班班男耕女桑不相失宮中聖人
奏雲門天下朋友皆膠漆百餘年間未災變叔孫禮
樂蕭何律豈聞一絹直萬錢有田種穀今流血洛陽
宮殿燒焚盡宗廟新除狐兎穴傷心不忍問耆舊復
恐初從亂離說小臣魯鈍無所能朝廷記識蒙禄秩
周宣中興望我皇灑血江漢長衰疾一云身

冬狩行 時梓州刺史章彝兼侍御史留後東川

君不見東川節度兵馬雄校獵亦似觀成功夜發猛
士三千人清晨合圍步驟同禽獸已斃十七八殺聲
落日迴蒼穹幕前生致九青兕馲駝𩾲峞垂玄熊東
西南北百里間髣髴蹴踏寒山空有鳥名鸜鵒力不
能高飛逐走蓬肉味不足登鼎俎胡爲見羇虞羅中
春蒐冬狩侯得同使君五馬一馬驄況今攝行大将
權號令頗有前賢風飄然時危一老翁十年厭見旌
旗紅喜君士卒甚整肅爲我迴轡擒西戎草中狐兎
盡何益天子不在咸陽宫朝廷雖無幽王禍得不哀
痛塵再蒙嗚呼得不哀痛塵再蒙

韋諷録事宅觀曹將軍畫馬圖

國初已來畫鞍馬神妙獨數江都王將軍得名三十載人間又見眞乘黃曾　先帝照夜白龍池十日飛霹靂内府殷紅馬腦盤婕妤傳詔才人索盌賜將軍拜舞歸輕紈細綺相追飛貴戚權門得筆跡始覺屏障生光輝昔日太宗拳毛騧近時郭家師子花今之新圖有二馬復令識者久嘆嗟此皆騎戰一敵萬縞素漠漠開風沙其餘七匹亦殊絶迥若寒空動煙雪霜蹄蹴踏長楸間馬官廝養森成列可憐九馬爭神駿顧視清高氣深穩借問苦心愛者誰後有韋諷前

支遁憶昔巡幸新豐宮翠華拂天來向東騰驤磊落三萬匹皆與此圖筋骨同自從獻寶朝河宗無復射蛟江水中君不見金粟堆前松柏裏龍媒去盡鳥呼風

送韋諷上閬州録事參軍

國步猶艱難兵革未衰息萬方哀嗷嗷十載供軍食庶官務割剥不暇憂反側誅求何多門賢者貴爲德（一云賢俊愧爲力）韋生富春秋洞澈有清識操持紀綱地喜見朱絲直當令豪奪吏自此無顏色必若救瘡痍先應去蝥賊揮淚臨大江高天意悽惻行行樹佳政慰我深相憶

陪章留後惠義寺餞嘉州崔都督赴州

中軍待上客令肅事有恪前驅入寶地祖帳飄金繩

南陌一云伯既留歡茲山亦深登清聞樹杪磬遠謁雲端

僧迴策匪新岸所攀仍舊藤耳激洞門飈目存寒谷

冰出塵閟軌躅畢景遺炎蒸永願坐長夏將衰棲大

乘羈旅惜宴會艱難懷友朋勞生共幾何離恨兼相仍

閬州東樓筵奉送十一舅往青城縣得昏字

曾城有高樓制古丹雘存迢迢百餘尺豁達開四門

雖有車馬客而無人世喧遊目俯大江列筵慰別魂

是時秋冬交節往顏色昏天寒鳥獸休霜露在草根

今我送舅氏萬感集清罇豈伊山川閒迴首盜賊繁高賢意不暇王命久崩奔臨風欲慟哭聲出已復吞

將適吳楚留別章使君留後兼幕府諸公得柳字

我來入蜀門歲月亦已久豈唯長兒童自覺成差醜常恐性坦率失身爲杯酒近辭痛飲徒折節萬夫後昔如縱壑魚今如喪家狗既無遊方戀行止復何有相逢半新故取別隨薄厚不意青草湖扁舟落吾手眷眷章梓州開筵俯高柳樓前出騎馬帳下羅賓友健兒簸紅旗此樂或難朽日車隱崑崙鳥雀噪户牖波濤未足慰三峽徒雷吼所憂盜賊多重見衣冠走中

原消息斷黄屋今安否終作適荆蠻安排用莊叟隨雲拜東皇挂席上南斗有使即寄書無使長迴首

櫻拂子

櫻拂且薄陋豈知身効能不堪代白羽有足除蒼蠅熒熒金錯刀擢擢朱絲繩非獨顔色好亦用顧眄稱吾老抱疾病家貧卧炎蒸咂膚倦撲滅賴爾甘服膺物微世競弃義在誰肯徵三歲清秋至未敢闕緘縢

丹青引 贈曹將軍霸

將軍魏武之子孫於今爲庶爲清門英雄割據雖已矣文彩風流今尚存學書初學衛夫人但恨無過王

右軍丹青不知老將至富貴於我如浮雲開元之中
常引見承恩數上南薰殿凌煙功臣少顏色將軍下
筆開生面良相頭上進賢冠猛將腰間大羽箭褒公
鄂公毛髮動英姿颯爽來酣戰先帝天馬玉花驄畫
工如山皃不同是日牽來赤墀下迥立閶闔生長風
詔謂將軍拂絹素意匠慘淡經營中斯須九重真龍
出一洗萬古凡馬空玉花却在御榻上榻上庭前屹
相向至尊含笑催賜金圉人太僕皆惆悵弟子韓幹
早入室亦能畫馬窮殊相幹唯畫肉不畫骨忍使驊
騮氣凋喪將軍畫善蓋有神必逢佳士亦寫真即今

飄泊干戈際屢皃尋常行路人途窮返遭俗眼白世
上未有如公貧但看古來盛名下終日坎壈纏其身

桃竹杖引 贈章留後

江心蟠石生桃竹蒼波噴浸尺度足斬根削皮如紫
玉江妃水仙惜不得梓潼使君開一束滿堂賓客皆
嘆息憐我老病贈兩莖出入爪甲鏗有聲老夫復欲
東南征乘濤鼓枻白帝城路幽必爲鬼神奪拔劒或
與蛟龍爭重爲告曰杖兮杖兮爾之生也甚正直愼
勿見水踴躍學變化爲龍使我不得爾之扶持滅跡
於君山湖上之青峯噫風塵澒洞兮豺虎咬人忽失

雙杖兮吾將曷從

寄題江外草堂（梓州作寄成都故居）

我生性放誕，難欲逃自然。嗜酒愛風（一作脩）竹，卜居必林泉。遭亂到蜀江，卧疴遣所便。誅茅初一畝，廣地方連延。經營上元始，斷手寶應年。敢謀土木麗，自覺面勢堅。臺亭隨高下，敞豁當清川。雖有會心侶，數能同釣船。干戈未偃息，安得酣歌眠。蛟龍無定窟，黄鵠摩蒼天。古來達士志（一云賢達士），寧受外物牽。顧惟魯鈍姿，豈識悔吝先。偶携老妻去，慘淡凌風煙。事迹無固必，幽貞愧雙全。尚念四小松，蔓草易拘纏。霜骨不甚長，永爲

隣里憐

述古三首

赤驥頓長纓非無萬里姿悲鳴淚至地爲問馭者誰

鳳凰從天來何意復高飛竹花不結實念子忍朝飢

古時君臣合可以物理推賢人識定分進退固其宜

市人日中集於利競錐刀置膏烈火上哀哀自煎熬

農人望歲稔相率除蓬蒿所務穀爲本邪贏無乃勞

舜舉十六相身尊道何高秦時任商鞅法令如牛毛

漢光得天下祚永固有開豈唯高祖聖功自蕭曹來

經綸中興業何代無長才吾慕寇鄧勲濟時信良哉

耿賈亦宗臣羽翼共徘徊休運終四百圖畫在雲臺

杜工部集卷第四

杜工部集卷第五

前劒南節度叅謀宣義郎檢校尚書工部員外郎賜緋魚袋京兆杜　甫

古詩五十二首

冬到金華山觀因得故拾遺陳公學堂遺迹一首

陳拾遺故宅一首

謁文公上方一首

奉贈射洪李四丈一首

早發射洪縣南途中作一首

通泉驛南去通泉縣十五里山水作一首

過郭代公故宅一首

觀薛稷少保書畫壁一首

通泉縣署屋壁後薛少保畫鶴一首

陪王侍御同登東山最高頂宴姚通泉晚携

酒泛江一首

春日戲題惱郝使君兄一首

天邊行一首

大麥行一首

苦戰行一首

去秋行一首

光禄坂行一首

山寺一首

南池一首

發閬中一首

閬山歌一首

閬水歌一首

三絶句

莫相疑行一首

遭田父泥飲美嚴中丞一首

別唐十五誡因寄禮部賈侍郎一首

枏樹爲風雨所拔歎一首

茅屋爲秋風所破歌一首

入奏行一首

大雨一首

揚旗一首

溪漲一首

戲贈友二首

觀打魚歌一首

又觀打魚一首

越王樓謌一首

海椶行一首

姜楚公畫角鷹歌一首

嚴氏溪放歌行一首

相從歌一首

短歌行二首

草堂一首

四松一首

水檻一首

破舡一首

營屋一首

宿青溪驛奉懷張員外十五兄之緒一首

屏迹一首 本三首二首在别卷

贈别賀蘭銛一首

冬到金華山觀因得故拾遺陳公學堂遺迹

涪右衆山内金華紫崔嵬上有蔚藍天垂光抱瓊臺繫舟接絶壁杖策窮縈回四顧俯層巔淡然川谷開雪嶺日色死霜鴻有餘哀焚香玉女跪霧裏仙人來陳公讀書堂石柱仄青苔悲風爲我起激烈傷雄才

陳拾遺故宅

拾遺平昔居大屋尚脩椽悠揚荒山日慘淡故園煙位下曷足傷所貴者聖賢有才繼騷雅哲匠不比肩

公生楊馬後名與日月懸同遊英俊人多秉輔佐權
彦昭趙超一云王價郭振起通泉到今素壁滑灑翰銀鉤
連盛事會一時此堂豈千年終古立忠義感遇有遺篇

謁文公上方

野寺隱喬木山僧高下居石門日色異絳氣橫扶踈
窈窕入風磴長蘿紛卷舒庭前猛虎卧遂得文公廬
俯視萬家邑煙塵對階除吾師雨花外不下十年餘
長者自布金禪龕只晏如大珠脫玷翳白月當空虛
甫也南北人蕪漫少耘鋤久遭詩酒污何事忝簪裾
王侯與螻蟻同盡隨丘墟願聞第一義迴向心地初

金篦刮眼膜價重百車渠無生有汲引茲理儻吹噓

奉贈射洪李四丈

丈人屋上烏人好烏亦好人生意氣豁不在相逢早南京亂初定所向邑枯槁遊子無根株茅齋付秋草東征下月峽挂席窮海島萬里須十金妻孥未相保蒼茫風塵際蹭蹬騏驎老志士懷感傷心胷已傾倒

早發射洪縣南途中作

將老憂貧窶筋力豈能及征途乃侵一作復星得使諸病入鄙人寡道氣在困無獨立俶裝逐徒旅達曙陵險澁寒日出霧遲清江轉山急僕夫行不進駑馬若維

縶汀洲稍踈散風景開快悒空慰所尚懷終非曩遊
集衰顔偶一破勝事難屢挹茫然阮籍途更灑楊朱泣

通泉驛南去通泉縣十五里山水作

溪行衣自濕亭午氣始散冬温蚊蚋在人遠鳬鴨亂
登頓生曾陰欹傾出高岸驛樓衰柳側縣郭輕煙畔
一川何綺麗盡目窮壯觀山色遠寂寞江光夕滋漫
傷時愧孔父去國同王粲我生苦飄零所歷有嗟嘆

過郭代公故宅

豪俊初未遇其跡或脱略代公尉通泉放意何自若
及夫登衮冕直氣森噴薄磊落見異人豈伊常情度

定策神龍後宮中翕清廓俄頃辨尊親指麾存顧託
群公有慚色王室無削弱迴出名臣上丹青照臺閣
我行得遺跡一作址池館皆蹤鑿壯公臨事斷顧步涕
横落髙詠寶劒篇神交付冥莫

觀薛稷少保書畫壁公詩曰驅車越陝郊北顧臨大河

少保有古風得之陝郊篇惜哉功名忤但見書畫傳
我遊梓州東遺跡涪江邊畫藏青蓮界書入金牓懸
仰看垂露姿不崩亦不騫鬱鬱三大字蛟龍岌相纏
又揮西方變發地扶屋椽慘澹壁飛動到今色未填
此行疊壯觀郭薛俱才賢不知百載後誰復來通泉

通泉縣署屋壁後薛少保畫鶴

薛公十一鶴皆寫青田眞畫色乆欲盡蒼然猶出塵低昂各有意磊落如長人佳此志氣遠豈唯粉墨新萬里不以力羣遊森會神威遲白鳳態非是蒼鶊隣高堂未傾覆幸得慰佳賓曝露牆壁外終嗟風雨頻赤霄有眞骨恥飲洿池津冥冥任所往脫略誰能馴

陪王侍御同登東山最高頂宴姚通泉晚攜酒泛江

姚公美政誰與儔不減昔時陳太丘邑中上客有柱史多暇日陪驄馬遊東山高頂羅珍羞下顧城郭銷我憂清江白日落欲盡復攜美人登綵舟笛聲憤怒

哀中流妙舞逶迤夜未休燈前往往大魚出聽曲低昂如有求三更風起寒浪涌取樂喧呼覺舡重滿空星河光破碎四座賓客色不動請公臨深莫相違迴舡罷酒上馬歸人生歡會豈有極無使霜過一作露霑人衣

春日戲題惱郝使君兄

使君意氣凌青霄憶昨懽娱常見招細馬時鳴金騕褭佳人屢出董嬌饒東流江水西飛鷰可惜春光不相見願攜王趙兩紅顔再騁肌膚如素練通泉百里近梓州請公一來開我愁舞處重看花滿面樽前還有錦纏頭

天邊行

天邊老人歸未得日暮東臨大江哭隴右河源不種田胡騎羌兵入巴蜀洪濤滔天風拔木前飛禿鶖後鴻鵠九度附書向洛陽十年骨肉無消息

大麥行

大麥乾枯小麥黃婦女行泣夫走藏東至集壁西梁洋問誰腰鐮胡與羌豈無蜀兵三千人（一云千人去）部領辛苦江山長安得如鳥有羽翅託身白雲還故鄉

苦戰行

苦戰身死馬將軍自云伏波之子孫干戈未定失壯

士使我嘆恨傷精魂去年江南討狂賊臨江把臂難
再得別時孤雲今不飛時獨看雲淚橫臆

去秋行

去秋涪江木落時臂槍走馬誰家兒到今不知白骨
處部曲有去皆無歸遂州城中漢節在遂州城外巴
人稀戰場寃魂每夜哭空令野營猛士悲

光禄坂行

山行落日下絶壁西望千山萬山一作水赤樹枝有鳥亂
鳴一作棲時暝色無人獨歸客馬驚不憂深谷墜草動
只怕長弓射安得更似開元中道路即今多擁隔白日

賊多劘是長弓子弟

山寺 得開字章留後同遊

野寺根石壁諸龕遍崔嵬前佛不復辨百身一莓苔
雖有古殿存世尊亦塵埃如聞龍象泣足令信者哀
使君騎紫馬捧擁從西來樹羽静千里臨江久徘徊山
僧衣藍縷告訴棟梁摧公爲顧賓徒咄嗟檀施開吾
知多羅樹却倚蓮華臺諸天必歡喜鬼物無嫌猜以
兹撫士卒孰曰非周才窮子失淨處高人憂禍胎歲
晏風破肉荒林寒可迴思量入道苦自哂同嬰孩

南池

崢嶸巴閬間所向盡山谷安知有蒼池萬頃浸坤軸
呀然閬城南枕（一作控）帶巴江腹芰荷入異縣粳稻共比屋
皇天不無意美利戒止足高田失西成此物頗豐熟
清源多衆魚遠岸富喬木獨嘆楓香林春時好顔色
南有漢王祠終朝走巫祝歌舞散靈衣荒哉舊風俗
高堂亦明王魂魄猶正直不應空陂上縹緲親酒食
淫祀自古昔非唯一川瀆干戈浩茫茫地僻傷極目
平生江海興遭亂身局促駐馬問漁舟躊躇慰羈束

發閬中

前有毒蛇後猛虎溪行盡日無村塢江風蕭蕭雲拂

地山木慘慘天欲雨女病妻憂歸意速秋花錦石誰復數別家三月一得書避地何時免愁苦

閬山歌

閬州城東靈山白閬州城北玉臺碧松浮欲盡不盡雲江動將崩巳（一作未）崩石耶知根無鬼神會巳覺氣與嵩華敵中原格鬬且未歸應結茅齋看青壁

閬水歌

嘉陵江色何所似石黛碧玉相因依正憐日破浪花出更復春從沙際歸巴童蕩槳欹側過水鷄銜魚來去飛閬中勝事可腸斷閬州城南天下稀

三絶句

前年渝州殺刺史今年開州殺刺史羣盗相隨劇虎狼食人更肯留妻子

二十一家同入蜀唯殘一人出駱谷自説二女齧臂時迴頭却向秦雲哭

殿前兵馬雖驍雄縱暴略與羌渾同聞道殺人漢水上婦女多在官軍中

莫相疑行

男兒生無所成頭皓白牙齒欲落眞可惜憶獻三賦蓬萊宫自怪一日聲輝赫集賢學士如堵牆觀我落

筆中書堂往時文彩動人主此日飢寒趨路傍晚將末契託年少當面輸一作論心背面笑寄謝悠悠世上兒不爭好惡莫相疑

遭田父泥飲美嚴中丞

步屧隨春風村村自花柳田翁逼社日邀我嘗春酒酒酣誇新尹畜眼未見有迴頭指大男渠是弓弩手名在飛騎籍長番歲時乆前日放營農辛苦救衰朽差科死則已誓不舉家走今年大作社拾遺能住否叫婦開大瓶盆中爲吾取感此氣揚揚須知風化首語多雖雜亂説尹終在口朝來偶然出自卯將及酉

夂客惜人情如何拒鄰叟高聲索果栗欲起時被肘

指揮過無禮未覺村野醜月出遮我留仍嗔問升斗

別唐十五誡因寄禮部賈侍郎

九載一相逢百年能幾何復爲萬里別送子山之阿

白鶴夂同林潛魚本同河未知棲集期衰老强高歌

歌罷兩悽惻六龍忽蹉跎相視髮皓白况難駐羲和

胡星墜燕地漢將仍横戈蕭條四海内人少豺虎多

少人慎莫投多虎信所過飢有易子食獸猶畏虞羅

子負經濟才天門鬱嵯峨飄飄適東周來往若崩波

南宫吾故人白馬金盤陁雄筆映千古見賢心靡他

念子善師事歲寒守舊柯爲吾謝賈公病肺卧江沲

柟樹爲風雨所拔歎

倚江柟樹草堂前故老相傳二百年誅茅卜居揔爲此五月髣髴聞寒蟬東南飄風動地至江翻石走流雲氣幹排雷雨猶力爭根斷泉源豈天意滄波老樹性所愛浦上童童一青蓋野客頻留懼雪霜行人不過聽竽籟虎倒龍顛委榛棘淚痕血點垂胷臆我有新詩何處吟草堂自此無顏色

茅屋爲秋風所破歌

八月秋高風怒號卷我屋上三重茅茅飛度江洒一作滿

江郊高者挂罥長林稍下者飄轉沉塘坳南村群童欺我老無力忍能對面爲盜賊公然抱茅入竹去脣燋口燥呼不得歸來倚杖自嘆息俄頃風定雲墨色秋天漠漠向昏黑布衾多年冷似鐵嬌兒惡卧踏裏裂床床屋漏無乾處雨脚如麻未斷絶自經喪亂少睡眠長夜沾濕何由徹安得廣厦千萬間大庇天下寒士俱歡顔風雨不動安如山嗚呼何時眼前突兀見此屋吾廬獨破受凍死亦足

入奏行 贈西山檢察使竇侍御

竇侍御驥之子鳳之鶵年未三十忠義俱骨鯁絶代

無炯如一段清冰出萬壑置在迎風寒露之玉壺蔗
漿歸廚金盌凍洗滌煩熱足以寧君軀政一作整用疎通合
典則戚聯豪貴躭文儒兵革未息人未蘇天子亦念
西南隅吐蕃憑陵氣頗麤竇氏檢察應時須運粮繩
橋壯士喜斬木火井窮猿呼八州刺史思一戰三城
守邊却可圖此行入奏計未小密奉聖㫖恩宜殊繡
衣春當霄漢立綵服日向庭闈趨省郎京尹必俯拾
江花未落還成都江花未落還成都肯訪浣花老翁
無一云公來肯訪浣花老為君酤酒滿眼酤與奴白飯馬青芻
一云携酒肯訪浣花老為君著衫將髭鬚

大雨

西蜀冬不雪春農尚嗷嗷上天迴哀眷朱（一作清）夏雲鬱陶執熱乃沸鼎纖絺成縕袍風雷颯萬里霈澤施蓬蒿敢辭茅葦漏已喜黍豆高三日無行人二（一作大）江聲怒號流惡邑里清矧茲遠江皋荒廷步鸛鶴隱几望波濤沉痾聚藥餌頓忘所進勞則知潤物功可以貸不毛陰色靜壠畝勸耕自官曹四隣耒耜出何必吾家操

揚旗（二年夏六月成都尹鄭公置酒公堂觀騎士試新旗幟）

江（一作風）雨颯長夏府中有餘清我公會賓客肅肅有異聲初筵閱軍裝羅列照廣庭庭空六（一作四）馬入駊騀揚

旗旌迴迴偃飛蓋熠熠迸流星來纒一作衝風飈急去擘山岳傾材歸俯身盡妙取略地平虹霓就掌握舒卷隨人輕三州陷犬戎但見西嶺青公來練猛士欲奪天邊城此堂不易升庸蜀日已寧吾徒且加飡休適蠻與荊

溪漲

當時浣花橋溪水纔尺餘白石一作日明可把水中有行車秋夏忽汎溢豈唯入吾廬蛟龍亦狼狽況是鼈與魚茲晨已半落歸路跬步踈馬嘶未敢動前有深塡淤青青屋東麻散亂牀上書不意遠山雨夜來復何

如我遊都市閒晩憩必村墟乃知久行客終日思其居

戲贈友二首

元年建巳月郎有焦校書自誇足膂力能騎生馬駒一朝被馬踏脣裂板齒無壯心不肯已欲得東擒胡

元年建巳月官有王司直馬驚折左臂骨折面如墨駑駘漫深泥何不避雨色勸君休歎恨未必不爲福

觀打魚歌

綿州江水之東津魴魚鱍鱍色勝銀漁人漾舟沉大網截江一擁數百鱗衆魚常才盡却弃赤鯉騰出如有神潛龍無聲老蛟怒迴風颯颯吹沙塵饔子左右

揮霜刀鱠飛金盤白雪高徐州禿尾不足憶漢陰槎頭遠遁逃魴魚肥美知第一旣飽驩娛亦蕭瑟君不見朝來割素鬐咫尺波濤永相失

又觀打魚

蒼江漁子清晨集設網提綱萬魚急（一作取）能者操舟疾若風撐突波濤挺叉入小魚脫漏不可紀半死半生猶戢戢大魚傷損皆垂頭屈強泥沙有時立東津觀魚已再來主人罷鱠還傾盃日暮蛟龍改窟穴山根鱣鮪隨雲雷干戈兵革鬭未止（一云干戈格鬭尚未已）鳳皇麒麟安在哉吾徒胡爲縱此樂暴殄天物聖所哀

越王樓謌

綿州州府何磊落顯慶年中越王作孤城西北起高樓碧瓦朱甍照城郭樓下長江百丈清山頭落日半輪明君王舊跡今人賞轉見千秋萬古情

海椶行

左綿公館清江濆海椶一株高入雲龍鱗犀甲相錯落蒼稜白皮十抱文自是衆木亂紛紛海椶焉知身出群移栽北辰不可得時有西域胡僧識

姜楚公畫角鷹歌

楚公畫鷹鷹戴角殺氣森森一云如到幽朔觀者貪愁

掣臂飛盡師不是無心學此鷹寫眞在左綿却嗟眞骨遂虛傳梁間鸞雀休驚怕亦未摶空上九天

嚴氏溪放歌行

天下甲馬未盡銷豈免溝壑常漂漂劒南歲月不可度邊頭公卿仍獨驕費心姑息是一役肥肉大酒徒相要嗚呼古人已糞土獨覺志士甘漁樵況我飄轉無定所終日慽慽忍羇旅秋宿霜溪素月高喜得與子長夜語東遊西還力實倦從此將身更何許知子松根長茯苓遲暮有意來同煑

相從歌 贈嚴二別駕

我行入東川十步一迴首成都亂罷氣蕭瑟浣花草堂亦何有梓中豪俊大者誰本州從事知名久把臂開樽飲我酒酒酣擊劒蛟龍吼烏帽拂塵青螺粟紫衣將炙緋衣走銅盤燒蠟光吐日一作炎夜如何其初促膝黄昏始扣主人門誰謂俄頃膠在漆萬事盡付形骸外百年未見歡娱畢神傾意豁眞佳士久客多憂今愈疾高視乾坤又可愁一軀交態同悠悠垂老遇君未恨晚似君須向古人求

短歌行 贈王郎司直

王郎酒酣拔劒斫地歌莫哀我能拔爾抑塞磊落之

奇才豫樟飜風白日動鯨魚跋浪滄溟開且脱佩劒休徘徊西得諸侯棹錦水欲向何門趿珠履仲宣樓頭春已深青眼高歌望吾子眼中之人吾老矣

短歌行送祁録事歸合州因寄蘇使君

前者途中一相見人事經年記君面後生相動一作勸何寂寥君有長才不貧賤君今起柂春江流余亦沙邊具小舟幸爲達書賢府主江花未盡會江樓

草堂

昔我去草堂蠻夷塞成都今我歸草堂成都適無虞請陳初亂時反覆乃須臾大將赴朝廷羣小起異圖

中宵斬白馬盟歃氣已麤西取卭南兵北斷劒閣隅布衣數十人亦擁專城居即楊子琳栢正節之徒其勢不兩大始聞蕃漢殊西卒却倒戈賊臣互相誅焉知肘腋禍自及梟鏡徒義士皆痛憤紀綱亂相踰一國實三公萬人欲爲魚唱和作威福孰肯辨無辜眼前列杻械背後吹笙竽談笑行殺戮濺血滿長衢到今用鉞地風雨聞號呼鬼一作人妾與鬼馬色悲充爾娛國家法令在此又足驚吁賊子且奔走三年望東吴弧矢暗江海難爲遊五湖不忍亭舍此復來薙榛蕪入門四松在步屧萬竹疎舊犬喜我歸低徊入衣裾鄰舍喜我歸

沽酒携胡蘆一云提榼壺大官喜我來遣騎問所須城郭

喜我來賓客隘村墟天下尚未寧健兒勝腐儒飄颻

風塵際何地置老夫於時見疣贅骨髓幸未枯飲啄

媿殘生食薇不敢餘

四松

四松初移時大抵三尺強別來忽三歲離立如人長

會看根不拔莫計枝凋傷幽色幸秀發疎柯亦昂藏

所插小藩籬本亦有隄防終然振撥損得愜千葉黃

敢為故林主黎庶猶未康避賊今始歸春草滿空堂

覽物嘆衰謝及茲慰淒涼清風為我起灑面若微霜

足以送老姿（一作足爲送老資）聊待偃蓋張我生無根蔕配爾亦茫茫有情且賦詩事迹可兩忘勿矜千載後憭澹蟠穹蒼

水檻

蒼江多風飆雲雨晝夜飛茅軒駕巨浪焉得不低垂遊子久在外門户無人持高岸尚爲谷何傷浮柱欹扶顛有勸誡恐貽識者嗤既殊大厦傾可以一木支臨川視萬里何必欄檻爲人生感故物慷慨有餘悲

破舡

平生江海心宿昔具扁舟豈唯青谿上日傍柴門遊

蒼惶避亂兵緬邈懷舊丘隣人亦已非野竹獨脩脩
舡舩不重扣埋没已經秋仰看西飛翼下媿東逝流
故者或可掘新者亦易求所悲數奔竄白屋難久留

營屋

我有陰江竹能令朱夏寒陰通積水内高入浮雲端
甚疑鬼物憑不顧翦伐殘東偏若面勢户牖永可安
愛惜已六載兹晨去千竿蕭蕭見白日洶洶開奔湍
度堂匪華麗養拙異考槃草茅雖薙葺衰疾方少寛
洗然順所適此足代加飡寂無斤斧響庶遂憩息懽

宿青溪驛奉懷張員外十五兄之緒

漾舟千山内日入泊枉渚我生本飄飄今復在何許

石根青楓林猿鳥聚儔侶月明遊子静畏虎不得語

中夜懷友朋乾坤此深阻浩蕩前後間佳期付荆楚

屏迹

衰年（一作顔）甘屏迹幽事供高卧鳥下竹根行龜開萍

葉過年荒酒價乏日併園蔬課猶酙甘泉歌（一云獨酙歌）

且歌長擊樽破

贈别賀蘭銛

黄雀飽野粟群飛動荆榛今君抱何恨寂寞向時人

老驥倦驤首蒼鷹愁易馴高賢世未識固合嬰飢貧

國步初返正乾坤尚風塵悲歌鬢髮白遠赴湘吳春

我戀岷下芋君思千里蓴生離與死別自古鼻酸辛

杜工部集卷第五

（唐）杜甫　撰

宋本杜工部集

第五册

國家圖書館出版社

第五册目録

卷十八　近體詩五十七首

卷十九　表賦記説讚述十四首

卷二十　策問文狀表碑志十四首

補遺

宋板杜工部集　王原叔洙編次本　第玖册

杜工部集卷第十八

前劒南節度參謀宣義郎檢校尚書工部員外郎賜緋魚袋京兆杜　甫

近體詩五十七首 自公安發次岳州及湖南作

曉發公安數月憩息此縣一首

泊岳陽城下一首

纜舡苦風戲題奉簡鄭十三判官一首

登岳陽樓一首

陪裴使君登岳陽樓一首

過南岳入洞庭湖一首

宿青草湖一首

宿白沙驛一首
湘夫人祠一首
祠南夕望一首
登白馬潭一首
歸鴈一首
野望一首
入喬口一首
銅官渚守風一首
北風一首
發潭州一首

雙楓浦一首

迴棹一首

送王信州崟北歸一首

江閣卧病走筆寄呈崔盧兩侍御一首

潭州送韋員外牧韶州一首

潭州留别杜員外院長一首 韋迢作

江閣對雨有懷行營裴二端公一首

早發湘潭寄杜員外院長一首 韋迢作

酬韋韶州見寄一首

千秋節有感二首

哭韋大夫之晉一首

舟中夜雪有懷盧十四侍御弟一首

對雪一首

冬晚送長孫漸舍人歸州一首

暮冬送蘇四郎徯兵曹適桂州一首

風疾舟中伏枕書懷一首

奉贈蕭二十使君一首

奉送二十三舅録事之攝郴州一首

送魏二十四司直充嶺南掌選崔郎中判官兼

寄韋韶州一首

送趙十七明府之縣一首

燕子來舟中作一首

同豆盧峯一首

歸鴈二首

小寒食舟中作一首

清明二首

贈韋七贊善一首

奉酬寇十侍御錫見寄一首

杜員外兄垂示詩因作此寄一首 郭受作

酬郭十五判官一首

衡州送李大夫赴廣州一首

曉發公安數月憩息此縣

北城擊柝復欲罷東方明星亦不遲鄰雞野哭如昨日物色生態（一作生生）能幾時舟楫眇然自此去江湖遠適無前期此門轉眄已陳跡藥餌扶吾隨所之

泊岳陽城下

江國踰千里山城僅百層岸風翻夕浪舟雪灑寒燈留滯才難盡艱危氣益增圖南未可料變化有鯤鵬

纜舡苦風戲題四韻奉簡鄭十三郎判官 泛

楚岸朔風疾天寒鶬鴰呼漲沙霾草樹舞雪渡江湖

吹帽時時落維舟日日孤因聲置驛外爲覓酒家壚

登岳陽樓

昔聞洞庭水今上岳陽樓吴楚東南坼乾坤日夜浮
親朋無一字老病有孤舟戎馬關山北憑軒涕泗流

陪裴使君登岳陽樓

湖闊兼雲霧樓孤屬晚晴禮加徐孺子詩接謝宣城
雪岸叢梅發春泥百草生敢違漁父問從此更南征

過南岳入洞庭湖

洪波忽爭道岸轉異江湖鄂渚分雲樹衡山引舳艫
翠牙穿裛槳碧節上寒蒲病渴身何去春生力更無

壤童犂雨雪漁屋架涯涘攲側風帆滿微冥水驛孤
悠悠迴赤壁浩浩略蒼梧帝子留遺恨曹公屈壯圖
聖朝光御極殘孽駐艱虞才淑隨廝養名賢隱鍛鑪
邵平元入漢張翰後歸吳莫怪啼痕數危檣逐夜烏

宿青草湖

洞庭猶在目青草續為名宿槳依農事郵籤報水程
寒冰爭倚薄雲月遞微明湖雁雙雙起人來故北征

宿白沙驛 初過湖南五里

水宿仍餘照人煙復此亭驛邊沙舊白湖外草新青
萬象皆春氣孤槎自客星隨波無限月的的近南溟

湘夫人祠

肅肅湘妃廟空墻碧水春蟲書玉佩蘚燕舞翠帷塵晚泊登汀樹微馨借渚蘋蒼梧恨不盡染淚在叢筠

祠南夕望

百丈牽江色孤舟汎日斜興來猶杖屨目斷更雲沙山鬼迷春竹湘娥倚暮花湖南清絶地萬古一長嗟

登白馬潭

水生春纜沒日出野舡開宿鳥行猶去叢花笑不來人人傷白首處處接金盃莫道新知要南征且未迴

歸鴈

聞道今春鴈南歸自廣州見花辭漲海避雪到羅浮
是物關兵氣何時免客愁年年霜露隔不過五湖秋

野望

納納乾坤大行行郡國遥雲山兼五嶺風壤帶三苗
野樹侵江闊春蒲長雪消扁舟空老去無補聖明朝

入喬口 長沙北界

漠漠舊京遠遲遲歸路賒殘年傍水國落日對春華
樹蜜早蜂亂江泥輕燕斜賈生骨已朽悽惻近長沙

銅官渚守風

不夜楚帆落避風湘渚間水耕先浸草春火更燒山

早泊雲物晦逆行波浪慳飛來雙白鶴過去杳難攀

北風 新康江口信宿方行

春生南國瘴氣待北風蘇向晚霾殘日初宵鼓大鑪
爨擕畢濕地聲拔洞庭湖萬里魚龍伏三更鳥獸呼
滌除貪破浪愁絕付摧枯執熱沉沉在凌寒往往須
且知寬疾肺不敢恨危途再宿煩舟子衰容問僕夫
今晨非盛怒便道即長驅隱几看帆席雲山湧坐隅

發潭州

夜醉長沙酒曉行湘水春岸花飛送客檣燕語留人
賈傅才未有褚公書絕倫高名前後事迴首一傷神

褚永徽末放此州

雙楓浦

輟棹青楓浦雙楓舊已摧自驚衰謝力不道棟梁村
浪足浮紗帽皮須截錦苔江邊地有主暫借上天迴

迴棹

宿昔世安命自私猶畏天勞生繫一物爲客費多年
衡岳江湖大蒸池疫癘偏散才嬰薄俗有跡負前賢
巾拂那關眼瓶罍易滿船火雲滋垢膩凍雨裛沈（一作歷）
綿強飯蓴添滑端居茗續煎清思漢水上涼憶峴山
巔順浪翻堪倚迴帆又省牽吾家碑不昧王氏井

依然凡杖將衰齒茅茨寄短椽灌園曾取適遊寺可
終焉遂性同漁父成名異魯連篇師煩爾送朱夏及
寒泉

奉送王信州崟北歸

朝廷防盜賊供給愍誅求下詔選郎署傳聲典信一作能典州蒼生今日困天子嚮時憂井屋有煙起瘡痍無
血流壞歌唯海甸畫角自山樓白髮寐常早荒榛農
復秋解龜踰卧轍遣騎覓扁舟徐榻不知倦潁川何
以酬塵生一作孝塵彤管筆寒賦黑貂裘高義終焉在斯
文去矣休別離同雨散行止各雲浮林熱鳥開口江

渾魚棹頭尉佗雖北拜太史尚南留軍旅應都息囊
區要盡收九重思諫諍八極念懷柔徒倚瞻王室從
容御廟謀故人持雅論絶塞豁窮愁復見陶唐理甘
爲汗漫遊

江閣卧病走筆寄呈崔盧兩侍御

客子庖厨薄江樓枕席清衰年病秖瘦長夏想爲情
滑憶（一作喜）彫胡飯香聞錦帶羹溜匙兼暖腹誰欲致
盃甖

潭州送韋員外牧韶州　迢

炎海韶州牧風流漢署郎分符先令望同舍有輝光

白首多年疾秋天昨夜涼洞庭無過鴈書疏莫相忘

潭州留别杜貟外院長 韶州刺史韋迢

江畔長沙驛相逢纜客舡大名詩獨步小郡海西偏地濕愁飛鵩天炎畏跕鳶去留俱失意把臂共潸然

江閣對雨有懷行營裴二端公

南紀風濤壯陰晴屢不分野流行地日江入度山雲層閣憑雷殷長空水面一作面水文雨來銅柱北應洗伏波軍

早發湘潭寄杜貟外院長 韋迢

北風昨夜雨江上早來涼楚岫千峯翠湘潭一葉黄

故人湖外客白首尚爲郎相憶無南鴈何時有報章

酬韋韶州見寄

養拙江湖外朝庭記憶疎深慚長者轍重得故人書白髮絲難理新詩錦不如雖無南過鴈看取北來魚

千秋節有感 二首

自罷千秋節頻傷八月來先朝常宴會壯觀已塵埃鳳紀編生日龍池塹刼灰湘川新涕淚秦樹遠樓臺寳鏡羣臣得金吾萬國迴衢樽不重飲白首獨餘哀御氣雲樓敞含風綵仗高仙人張内樂王母獻宮桃羅襪紅蕖豔金羈白雪毛舞皆銜壽酒走索背秋毫

聖主他年貴邊心 此日勞桂江流向北滿眼送波濤

晚秋長沙蔡五侍御飲筵送郞六參軍歸澧州覲省

佳士欣相識慈顔望遠遊甘從投轄飲肯作置書郵
高鳥黃雲暮寒蟬碧樹秋湖南冬不雪吾病得淹留

湖中送敬十使君適廣陵

相見各頭白其如離別何幾年一會面今日復悲歌
少壯樂難得歲寒心匪他氣纏霜匣滿冰置玉壺多
遭亂實漂泊濟時曾琢磨形容吾校老膽力爾誰過
秋晚岳增翠風高湖湧波鶱騰訪知己淮海莫蹉跎

長沙送李十一銜

與子避地西康州洞庭相逢十二秋遠媿尚方曾賜履音非吾土倦登樓夂存膠漆應難並一辱泥塗遂晚收李杜齊名真忝竊朔雲寒菊倍離憂

重送劉十弟判官

分源豕韋派別浦鴈賓秋年事推兄忝人才覺弟優經過辨豐劒意氣逐吴鈎垂翅徒衰老先鞭不滞留本枝凌歲晚高義豁窮愁他日臨江待長沙舊驛樓

奉贈盧五丈參謀琚 時丈人使自江陵在長沙待恩旨先支率米

恭惟同自出妙選異高標入幕知孫楚披襟得鄭僑丈人藉才地門閥冠雲霄差大逢迎拙相於契託饒

賜錢傾府待爭米駐舡遥鄰好艱難薄抿心杼軸焦
客星空伴使寒水不成潮素髮乾垂領銀章破在腰
說詩能累夜醉酒或連朝藻翰惟牽率湖山合動摇
時清非造次興盡却蕭條天子多恩澤蒼生轉寂寥
休傳鹿是馬莫信鵩如鴞未解依依袂還斟汎汎瓢
流年疲蟋蟀體物幸鷦鷯辜負滄洲願誰云晚見招

登舟將適漢陽

春宅棄汝去秋帆催客歸庭蔬尚在眼浦浪已吹衣
生理飄蕩拙有心遲暮違中原戎馬盛遠道素書稀
塞鴈與時集檣烏終歲飛鹿門自此往永息漢陰機

暮秋將歸秦留別湖南幕府親友

水闊蒼梧野天高白帝秋途窮那免哭身老不禁愁

大府才能會諸公德業優北歸衝雨雪誰憫敝貂裘

送盧十四弟侍御護韋尚書靈櫬歸上都 二十韻

素幕渡江遠朱幡登陸微悲鳴駟馬顧失涕萬人揮

參佐哭辭畢門闌誰送歸從公伏事久之子俊才稀

長路更執紼此心猶倒衣感恩義不小懷舊禮無違

墓待龍驤詔臺迎獬豸威深衷見士則雅論在兵機

戎狄乘妖氣塵沙落禁闈往年朝謁斷他日掃除非

但促銅壺箭休添玉帳旂動詢黃閣老肯慮白登圍

萬姓瘡痍合羣兇嗜慾肥刺規多諫諍端拱自光輝
儉約前王體風流後代希對敭期特達衰朽再芳菲
空裏愁書字山中疾採薇撥盃要忽罷抱被宿何依
眼冷看征蓋兒扶立釣磯清霜洞庭葉故就別時飛

哭李常侍嶧二首

一代風流盡修文地下深斯人不重見將老失知音短
日行梅嶺寒山一作江落桂林長安若箇畔猶想映貂金
青瑣陪雙入洞梁阻一辭風塵逢我地江漢哭君時
次第尋書札呼兒撿贈詩發揮王子表不愧史臣詞

哭韋大夫之晉

悽愴郇瑕邑差池弱冠年丈人叨禮數文律早周旋
臺閣黃圖裏簪裾紫蓋邊尊榮眞不忝端雅獨翛然
貢喜音容閒馮招病疾纏南過駭蒼卒北思悄聯綿
鵩鳥長沙諱犀牛蜀郡憐素車猶慟哭寶劒欲高懸
漢道中興盛韋經亞相傳冲融標世業磊落映時賢
城府深朱夏江湖眇霽天綺樓關樹頂飛旐汎堂前
帟幕疑風鷰笳簫急暮蟬興殘虛白室跡斷孝廉舡
童孺交遊盡喧卑俗事牽老來多涕淚情在強詩篇
誰繼方隅理朝難將帥權春秋褒貶例名器重雙全

舟中夜雪有懷盧十四侍御弟

溯風吹挂水大雪夜紛紛暗度南樓月寒深北渚雲燭斜初近見舟重竟無聞不識山陰道聽雞更憶君

對雪

北雪犯長沙胡雲冷萬家隨風且間（一作開）葉帶雨不成花金錯囊徒罄銀壺酒易賒無人竭浮蟻有待至昏鴉（何遜詩云城陰度塹黑昏鴉接翅歸）

冬晚送長孫漸舍人歸州

參卿休坐幄蕩子不還鄉南客瀟湘外西戎鄠杜傍衰年傾蓋晚費日繫舟長會面思來札銷魂逐去檣雲晴鷗更舞風逆鴈無行匣裏雌雄劒吹毛任選將

暮冬送蘇四郎徯兵曹適桂州

飄飄蘇季子六印佩何遲早作諸侯客兼工古體詩爾賢埋照久余病長年悲盧綰須征日樓蘭要斬時歲陽初盛動王化久磷緇為入蒼梧廟看雲哭九疑

風疾舟中伏枕書懷三十六韻奉呈湖南親友

軒轅休製律虞舜罷彈琴尚錯雄鳴管猶傷半死心聖賢名古邈羈旅病年侵舟泊常依震湖平早一作半見參如聞馬融笛若倚仲宣襟故國悲寒望羣雲慘歲陰水鄉霾白屋楓岸疊青岑鬱鬱冬炎瘴濛濛雨滯淫鼓迎非祭鬼彈落似鴞禽興盡纔無悶愁來

遽不禁生涯相汨沒時物自一作正蕭森疑惑樽中弩
淹留冠上簪牽裾驚魏帝投閣駡劉歆狂走終奚適
微才謝所欽吾安藜不糝女貴玉爲琢烏几重重縛
鶉衣寸寸針哀傷同庾信述作異陳琳十暑岷山葛
三霜楚戶砧叨陪錦帳座久放白頭吟反樸時難遇
忘機陸易沉應過數粒食得近四知金春草封歸恨
源花費獨尋轉蓬憂悄悄行藥病涔涔瘞夭追潘岳
持危覔鄧林蹉跎翻學步感激在知音却假蘇張舌
高誇周宋鐔納流迷浩汗峻址得嶔崟城府開清旭
松筠起碧潯披顔爭倩倩逸足競駸駸朗鑒存愚直

皇天實照臨公孫仍恃險侯景未生擒書信中原闊干戈北斗深畏人千里井問俗九州箴戰血流依舊軍聲動至今葛洪尸定解許靖力還任家事丹砂訣無成涕作霖伏羲造瑟神農作琴舜彈五絃琴歌南風之篇有矣

奉贈蕭二十使君

昔在嚴公幕俱爲蜀使臣艱危參大府前後間清塵嚴再領成都余後參幕府起草鳴先路乘槎動要津王䍧聊暫出蕭雉只相馴終始任安義荒蕪孟母鄰聯翩匍匐禮意氣死生親嚴公歿後老母在堂使君溫凊之問甘脆之禮名數若已之庭闈焉太夫人傾逝葬事又首諸孫主典撫孤之情不減骨肉則膠漆之契可知矣張老存家事嵇康有故人食恩慙鹵

莽鏤骨抱酸辛巢許山林志夔龍廊廟珍鵬圖仍
矯翼熊軾且移輪磊落衣冠地蒼茫土木身塤箎鳴
自合金石瑩逾新重憶羅江外同遊錦水濱結歡隨
過隙懷舊益霑巾曠絶含香舍簪留伏枕辰停驂
雙闕早迴鴈五湖春不達長卿病從來原憲貧監河
受貸粟一起轍中鱗

奉送二十三舅録事之攝郴州　崔偉

賢良歸盛族吾舅盡知名徐庶高交友劉牢出外甥
泥塗豈珠玉環堵但柴荊衰老悲人世驅馳厭甲兵
氣春江上別淚血渭陽情舟鷁排風影林烏反哺聲

永嘉多北至勾漏且南征必見公侯復終聞盜賊平

郴州頗涼冷橘井尚淒清從役何蠻貊居官志在行

送魏二十四司直充嶺南掌選崔郎中判官兼

寄韋韶州

選曹分五嶺使者歷三湘才美膺推薦君行佐紀綱

佳聲期共遠雅節在周防明白山濤鑒嫌疑陸賈裝

故人湖外少春日嶺南長憑報韶州牧新詩昨寄將

送趙十七明府之縣

連城爲寶重茂宰得才新山雉迎舟楫江花報邑人

論交翻恨晚卧病却愁春惠愛南翁悅餘波及老身

燕子來舟中作

湖南爲客動經春燕子銜泥兩度新舊入故園常識主如今社日遠看人可憐處處巢居室何異飄飄託此身暫語舡檣還起去穿花落水益霑巾

同豆盧峯貽主客李員外賢子棐知字韻

練金歐冶子噴玉大宛兒符彩高無敵聰明達所爲夢蘭他日應折桂早年知爛漫通經術光芒刷羽儀謝庭瞻不遠潘省會於斯唱和將雛曲田翁號鹿皮

歸鴈二首

萬里衡陽鴈今年又北歸雙雙瞻客上一一背人飛

雲裏相呼疾沙邊自宿稀繫書元浪語愁寂故山薇

欲雪違胡地先花别楚雲却過清渭影高起洞庭羣

塞北春陰暮江南日色曛傷弓流落羽行斷不堪聞

小寒食舟中作

佳辰強飲食猶寒隱几蕭條帶鶡冠春水舡如天上

坐老年花似霧中看娟娟戲蝶過閑幔片片輕鷗下

急湍雲白山青萬餘里愁看直北是長安

清明二首

朝來新火起新煙湖色春光淨客舡繡羽銜花他自

得紅顏騎竹我無縁胡童結束還難有楚女腰支亦

可憐不見定王城舊處長懷賈傅井依然虛霑焦舉

爲寒食實藉嚴君賣卜錢鍾鼎山林各天性濁醪

麤飯任吾年

此身飄泊苦西東右臂偏枯半耳聾寂寂繫舟雙

下淚悠悠伏枕左書空十年蹴踘將雛遠萬里鞦韆

習俗同旅鴈上雲歸紫塞家人鑽火用青楓秦城

樓閣煙（一作鶯）花裏漢主山河錦繡中風水春來洞庭

闊白蘋愁殺白頭翁

贈韋七贊善

鄉里衣冠不乏賢杜陵韋曲未央前爾家最近魁三

象（斗魁下兩兩相比爲三台）時論同歸尺五天（俚語曰城南韋杜去天五尺）北走關

山（一作河）開雨雪南遊花柳塞雲（一作風）煙洞庭春色悲公

子蝦菜忘歸范蠡船

奉酬寇十侍御錫見寄四韻復寄寇

往別郇瑕地于今四十年來簪御府筆故泊洞庭船

詩憶傷心處春深把臂前南瞻按百越黄帽待君偏

杜員外兄垂示詩因作此寄上　郭受

新詩海内流傳困舊德朝中屬望勞郡邑地卑饒霧

雨江湖天闊足風濤松醪酒熟傍看醉蓮葉舟輕自

學操春興不知凡幾首衡陽紙價頓能高（衡陽出武家紙）

又云出五里紙

酬郭十五判官

才微歲老尚虛名臥病江湖春復生藥裹關心詩揔

廢花枝照眼句還成只同燕石能星隕自得隨珠覺

夜明喬口橘洲風浪促繫帆何惜片時程

衡州送李大夫赴廣州

斧鉞下青冥樓船過洞庭北風隨爽氣南斗避文星

日月籠中鳥乾坤水上萍王孫丈人行垂老見飄零

杜工部集卷第十八

杜工部集卷第十九

前劒南節度叅謀宣義郎檢校尚書工部貟外郎賜緋魚伐京兆杜　甫

表賦記說讃述十四首

說旱一首　畫馬贊一首

雜述一首　秋述一首

進三大禮賦表

臣甫言臣生長陛下淳樸之俗行四十載矣與麋鹿同羣而處浪跡於陛下豐草長林實自弱冠之年矣豈九州牧伯不歲貢豪俊於外豈陛下明詔不仄席思賢於中哉臣之愚頑靜無所取以此知分沈埋盛時不敢依違不敢激訐默以魚樵之樂自遣而已頃者賣藥都市寄食朋友竊慕堯翁擊壤之謳適遇國家郊廟之禮不覺手足蹈舞形於篇章漱吮甘液游

泳和氣聲韻寖廣卷軸斯存抑亦古詩之流希乎述者之意然詞理野質終不足以拂天聽之崇高配史籍以永久恐倏先狗馬遺恨九原謹稽首投延恩匭獻納上表進明主朝獻太清宮朝享太廟有事於南郊等三賦以聞臣甫誠惶誠恐頓首頓首謹言

朝獻太清宮賦

冬十有一月天子既納處士之議承漢繼周革弊用吉勤崇揚休明年孟陬將攄大禮以相籍越彝倫而莫儔歷良辰而戒吉分祀事而孔修營室主夫宗廟乘輿備乎冕裘甲子王以昧爽春寒薄而清浮虛閶

闥逗蚩尤張猛馬出騰虬捎熒惑隨旃頭風伯扶道
雷公挾輈通天台之雙闕警溟漲之十洲浩刼礧砢
萬山颼飀欻臻於長樂之舍嵬入乎崑崙之丘太
一奉引庖犧左右堯步舜趨禹馳湯驟鬱閟宮之
嵂崒圻元氣以經構斷紫雲而竦墻撫流沙而承霤
紛隮珠而陷碧爠波錦而浪繡森青冥而欲雨赩光
烔而初晝於是翠甤俄的藻藉舒就祝融擲火以焚
香溪女捧盤而盥漱羣有司之望幸辨名物之難
究瓊漿自閒於粢盛羽客先來於介胄爍聖祖之儲
祉敬雲孫而及此詔軒轅使合符勅王喬以視履

禎昭感於嗣續匪正辭於祝史若肹蠁而有憑怒肅風飈而乍起揚流蘇於浮柱金英霏而披靡擬雜珮於曽巔孔蓋歆以颯纚中縱縱以迴復外蕭蕭而未已上穆然注道爲身覺天傾耳陳僭號於五代復戰國於千祀曰嗚呼昔蒼生纏孟德之禍爲仲達所愚鑿齒其俗窫窳其孤赤烏高飛不肯止其屋黃龍哮吼不肯負其圖伊神器臬兀而小人呴喻曆紀大破創痍未蘇尚攫拏於吴蜀又顛躓於羯胡縱群雄之發憤誰一統於亨衢在拓跋與宇文豈風塵之不殊比聦庬及堅持渾貔豹而齊驅愁陰鬼嘯落日梟呼爭

擁兵甲俱稱國都且耕且戰何有何無惟累聖之徽典恭淑慎以允緝兹火土之相生非符讖之備及煬帝終暴叔寶矧襲編簡尚新義旗爰入既清國難方覩家給竊以爲數子自誣敢正乎五行攸執而觀者潛晤或喜至於泣鱗介以之鳴簴昆蚑以之振蟄感而遂通罔不具集仡神光而甜閶羅詭異以戢脅地軸傾而融曳洞宮儼以嶷岌九天之雲下垂四海之水皆立鳳鳥威遲而不去鯨魚屈矯以相吸掃太始之含靈卷殊形而可挹則有虹蜺爲鉤帶者入自於東揭莽蒼屐復一作屩崆峒素髮漠漠至精濃濃條弛張

於巨細覬披寫於心胸蓋脩竿無隙而仄席已容列裘
手中之黑簿覗堂下之金鐘得非擬斯人於壽域明
返樸於玄蹤忽翳日而飜萬象却浮空而留六龍咸
讋跕而壯茲應終蒼黃而昧所從上猶色若不足處
之彌恭天師張道陵等洎左玄君者前千二百官吏
藹一作譪而進曰今王巨唐帝之苗裔坤之紀綱土配
君服宮尊臣啇起數得統特立中央且大樂在懸
黃鐘冠八音之首太昊斯啓青陸獻千春之祥曠哉
勤力耳目宜乎大帶斧裳故風后孔甲充其佐山稽岐
伯翼其傍至於易制取法足以朝發五帝夕宿三

皇信周武之多幸存漢祖之自強且近朝之濫吹仍改卜乎祠堂礿降素車終勤恤其後有客白馬固漂淪不忘伊蔗人得議寔邦家之光臣道陵等試本之於青簡探之於縹囊列聖有差夫子聞斯於老氏好問自夊宰我同科於季康取撥亂返正乃此其所長萬神開八駿迴旗掩月車畜（一作奮）雷騫七曜燭九垓能事穎脫清光大來或曰今太平之人莫不優游以自得況是蹴魏踏晉批周抶隋之後與乎更始者哉

朝享太廟賦

礿高祖太宗之櫛風沐雨勞身焦思用黃鉞白旗者

五年而天下始一歷三朝而勠力今庶績之大備上
方采庬俗之謡稽正統之類蓋王者盛事臣聞之於
里曰昔武德巳前黔黎蕭條無復生意遭鯨鯢之蕩
汨荒歲月而沸渭衮服紛紛朝廷多門者仍亘乎晉
魏臣竊以自赤精之衰歇曠千載而無眞人及黄圖
之經綸息五行而歸厚地則知至數不可以久缺凡
材不可以長寄故高下相形而尊卑各異惟神斷𣫍
之於是本先帝取之以義壬辰既格于道祖乗輿即
以是日致齋于九室所以昭達孝之誠所以明繼天
之質具禮有素六官咸秩大輅每出或黎元不知豐

年則多而筐筥甚實既而太尉參乘司僕扈蹕望重
闈以肅恭順法駕之徐疾公卿淳古士卒精一黝宗
廟之愈深抵職司之所密宿翠華於外户曙黄屋於
通衢氣淒淒於前旒光靡靡於嘉粟階有賓阼帳
有甲乙升降之際見玉柱生芝擊拊之初覺鈞天合律
筍簴佗以碣磍千戚宛而婆娑鞉鼓塤篪爲之主鐘
磬竽瑟以之和雲門咸池取之至空桑孤竹貴之多
八音脩通既比乎旭日杲而氛埃滅萬舞陵亂又似
乎春風壯而江海波鳥不敢飛而玄甲崢嶸以岳峙
象不敢去而鳴珮焫爚以星羅已而上乾豆以登謌

美休成之旣饗璧玉儲精以稠疊門欄洞豁而森爽
黑帝歸寒而激昂蒼靈戒曉而來往熙事莽而充塞
羣心麌以振蕩桐花未吐孫枝之鸞鳳相鮮雲氣何
多宮井之蛟龍亂上若夫生弘佐命之道死配貴神
之列則羿劉房魏之勳是可以中摩伊呂上冠夔禼
代天之工爲人之傑丹青蒲地松竹高節自唐興已
來若此時哲皆朝有數四名垂卓絶向不遇反正撥
亂之主君臣父子之別奕葉文武之雄注意生靈之
切雖前輩之溫良寬大豪俊果決曾何以措其力
與韜鈐載其刀筆與喉舌使祭則與食則血若斯之

盛而已爾乃直于主索于枋蘁幽全之物散絕道之精蓋我后常用惟時克貞胥以肅合酌以茅明蝦以葱告祝以孝成故天意張皇不敢殄其瑞神姦妥怙不敢祕其精而撫絕軌享鴻名者矣于以奏永安于以奏王夏福穰穰於絳闕芳霏霏於玉斝舜祠宗廟以玉斝也沛枯骨而破聾盲施殀胎而逮鰥寡園陵動色躍在藻之泉魚弓劍皆鳴汗鑄金之風馬霜露堪吸祺祥可把曾宮歔欷陰事儼雅薄清輝於鼎湖之山靜餘響於蒼梧之野上窅然漠漠惕然兢兢紛益所慕若不自勝瞰牙旗而獨立吟翠駮而未乘五老侍祠而

精駭千官遜聽而思凝於是二丞相進曰陛下應道
而作惟天與能澆訛散淳樸登尚猶日慎業業孝思
蒸蒸恐一物之失所懼先王之咎徵如此之勤恤匪
懈是百姓何以報夫元首在臣等何以充其股肱且
如周宣之教親不暇孝武之淫祀相仍諸侯敢於迫
脅方士奮其威稜一則以微言勸内一則以輕舉虛
憑又非陛下恢廓緒業其瑣細亦曷足稱丞相退上
蹋天蹐地援綏登車伊鴻洞搶纍先出爲儲胥夲枝
根株乎萬代睿想經緯乎六虛甲午方有事於采壇
紺席宿夫行所如初

有事于南郊賦

蓋主上兆於南郊聿懷多福者舊矣今茲練時旹日就陽位之美又所以厚祖考通神明而已職在宗伯首崇禋祀先是春官條頌祇之書獻祭天之紀令泰龜而不昧俟萬事之將履掌次閱氈邸之則封人考壝宮之百司門轉致乎牲牢之繫小胥專達乎懸位之使二之日朝廟之禮既畢天子蒼然視於無形澹然若有所聽又齋心於宿設將旰食而匪寧旌門坡陁以前鶩䍐驕反覆以相經頓曾城之軋軋軼萬戶之熒熒馳道端而如砥浴日上而如萍制掣翠旄於華蓋

之角彗黄星於鈎陳之星神仙弍削以落羽魍魎幽
憂以固扃戰岐慄華擺渭掉涇地回回而風澌澌天
泱泱而氣青青甲胄乘陵轉迅雷於荆門巫峽玉帛
清迴霽夕雨於瀟湘洞庭於是乘輿霈沛然乃作翳芙
鸞鳳將至以沖融寥廓不可乎彌度聲明通乎純粹
溟涬爲之垠堮駟蒼螭而蜿蜒若無骨以柔順奔烏
攫而黝蟉徒有勢於殺縛朱輪音野而杳冥金鍐成
陰以結絡吹堪輿以軒輊槍寒暑以前却中營密擁
乎太陽宸眷眇臨乎長薄熊羆弭耳以相舐虎豹高
跳以虛攫上方將降帷宫之綝縭屛玉軑以蠼略人

門行馬以拱乎合沓之場皮弁大裘始進於穹崇之
幕衡牙鏗鏘以將集周衛軫轄而咸若月窟黑而扶
桑寒田燭稠而曉星落肅定位以告潔藹嚴上而清
超雲菑菑以張蓋春葳蕤以建杓簪裾斐斐樽俎蕭
蕭方面曲折周旋寂寥必本於天王宮與夜明相射
動而之地山林與川谷俱摽於是乎官有御事有職
所以勸一作償鬼神所以勸稼穡所以報本反始所以
度長立極玄酒明水之上越席疏布之則必取先於
稻秫麴蘗之勤必取著於紛純文繡之飾雖三牲八
簠簋備以相沿而蒼璧黃琮實歸乎正色先王之丕

業繼起信可以永其昭配羣望之徧祭在斯亦有以
明其翼戴由是播其聲音以陳列從乎節奏以進退
韶夏護武采之於訓謨鐘石陶匏具之於梗槩變方
形於動植聽宮徵於砰磕英華發外非因乎筍簴之
高和順積中不在乎雷鼓之大旣而膟膋掛罥柴燎
窟塊騞砉擘赫葩斜晦潰雹纏風升雪颯星碎拂勿
侹㳄眇溟蔙一作芊涬慮岑寂玄黃增霮䨴蒼生顒昂
毛髮清籟雷公河伯或騷駭以脩聳霜女江妃作紛
綸而晻曖執紱秉翟朱干玉戚鼓瑟吹笙金支翠旌
神光倏歛祀事虛明於是湝漶乎渙汗紆餘乎經營

浸朱崖而灑朔漠洶暘谷而濡若英耆艾嫌而童子
僊叢棘埒而犴牢傾是率土之濱覃酺醵以涵泳非
奉郊之縣獨宴尉以縱橫玄澤淡泞乎無極蔚薦緝
繆乎至精稽古之時晏應符而合契聖人有作不逆
寡而雄成爾乃孤卿侯伯雜羣儒三老儼而絕皮軒
趨帳殿稽首曰臣聞燧人氏已往法度難知文質未
變太昊氏繼天而王根啓閉於厥初以木傳子攄
終始而可見洎虞夏殷周茲燬炳葱蒨秦失之於狼
貪蝗蝗食漢綴之以虵斷龍戰中莽莣夫何從聖蓄縮
魯不下眷伏惟道祖覗生靈之磔裂醜害馬之蹄齧呵

五精之息肎考正氣之無轍恊夫貽孫以降使之造
命更挈累聖昭洗中祚觸蹶氣慘黷乎脂夜之妖勢
迴薄乎龍虵之孽伏惟陛下勃然憤激之際天閼不
敢旅拒鬼神爲之嗚咽高衢騰塵長劔吼血尊卑配
宇縣剸揷紫極之將頹捨清芬於已欸鑪之以仁義
鍛以之賢哲聯祖宗之耿光卷夷狄之彯撇蓋九五
之後人人自以遭唐虞四十年來家家自以爲稷卨
王綱近古而不軌天聽正覲以高揭舂豐爾差僭粲然
優劣宜其課密於空積忽微刊定於興廢繼絶而後
覩數統從首八音六律而惟新日起筭外一字千金

而不滅上曰吁昊天有成命惟五聖以受我其夙夜
匪遑寔用素樸以守于嗟乎麟鳳胡爲乎郊藪豈
上帝之降鑒及兹玄元之垂裕于後夫聖以百年爲
鶉鷇鷰道以萬物爲芻狗今何以茫茫臨乎八極眇眇
託乎羣后端策拂龜於周漢之餘緩步闊視於魏
晉之首斯上古成法蓋其人已朽不足道也於是天子
默然而徐思終將固之又固之意不在抑殊方之貢亦
不必廣無用之祠金馬碧雞非理人之術珊瑚翡翠
此一物何疑奉郊廟以爲寶增怵惕以孜孜況大庭
氏之時六龍飛御之歸

進封西岳賦表

臣甫言臣本杜陵諸生年過四十經術淺陋進無補於明時常困於衣食蓋長安一匹夫耳頃歲國家有事於郊廟幸得奏賦待制於集賢委學官試文章再降恩澤乃猥以臣名實相副送隷有司參列選序然臣之本分甘棄置永休望不及此豈意頭白之後竟以短篇隻字遂曾聞徹宸極一動人主是臣無負於少小多病貧窮好學者已在臣光榮雖死萬足至於仕進非敢望也日夜憂迫伏未知何以上荅聖慈明臣子之効況臣常有肺氣之疾忽恐復先草露塗糞

土而所懷冥冥孤負皇恩敢攄竭憤藴願一作領略丕
則作封西岳賦一首以勸所覬明主覽而留意焉先
是御製岳碑文之卒章曰待余安人治國然後徐思
其事此蓋陛下之至謙也今兹人安是已今兹國富
是已況符瑞翕習福應交至何翠華之脉脉乎維岳
固陛下本命以永嗣業維岳授陛下元弼克生司空
斯又不可寢已伏惟天子霈然留意焉春將披圖
視典冬乃展采錯事曰尚浩闊人匪勞止庶可試哉
微臣不任區區懇到之極謹詣延恩匭獻納奉表進
賦以聞臣甫誠惶誠恐頓首頓首謹言

封西岳賦 并序

上既封太山之後三十年間車轍馬跡至于太原還于長安時或謁太廟祭南郊每歲孟冬廵幸温泉而已聖主以爲王者之體告厥成功止於岱宗可矣故不肯到崆峒訪具茨驅八駿於崑崙親射蛟於江水始爲天子之能事壯觀焉爾況行在供給蕭然煩費或至作詞有慙於從官誅求坐殺於長吏甚非主上執玄祖醇濃之道端拱御蒼生之意大哉聖哲垂萬代則蓋上古之君皆用此也然臣甫愚竊以古者疆場有常處贊見有常儀則備乎玉帛而財不匱乏矣

動乎車輿而人不愁痛矣雖東岱五岳之長足以勒
崇垂鴻與山石無極伊太華最爲難上至於封禪之
事獨軒轅氏得之七十二君罕能兼之矣其餘或
蹶踣風雲碑版祠廟終幺麽不足追數今聖主功格
軒轅氏業纂七十君風雨所及日月所照莫不砥礪
華近甸也其可悉乎比歲鴻生巨儒之徒誦古史引
時義去國家土德與黃帝合主上本命與金天合而
守關者亦百數天子寢不報蓋謙如也頃或詔厥郡
國掃除曾巔雖翠蓋可薄乎蒼穹而銀字未藏於
金氣臣甫誠薄劣不勝區區吟詠之極故作封西岳

賦以覩賦之義預述上將展禮焚柴者實覬聖意因
有感動焉爲其詞曰
惟時孟冬百工乃休上將陟西岳覽八荒御白帝之
都見金天之王既刋石乎岱宗又合符乎軒皇玆事
體大越不可載已先是禮官草具其儀各有典司俯
叶吉日欽若神祇而千乘萬騎已蠖略佁儗屈蟜陸
離唯君所之然後拭翠鳳之駕開日月之旗撞鴻鐘
發雷輜辨格澤之脩竿決河漢之淋漓彍天狼之威
弧墜魍魎之霏霏赤松前驅彭祖後馳方明夾轂昌
寓侍衣山靈秉鉞而踉蹡海若護蹕而參差風馭冉

以縱嶁雲螭縒而遲蚭地軸軋軋磅以下折原隰草
木儼而東飛岐梁閉倏涇渭反覆而天府載萬侯之
王尚方具左纛黃屋已焜煌於山足矣乘輿尚鳴鸞
輿儲精澹慮華蓋之大角低回北斗之七星皆去屆
蒼山而信宿屯絕壁之清曙既臻夫陰宫犀象碑兀
戈鋋悉卒飄飄蕭蕭洶洶如也於是太一抱式玄冥
司直天子迺宿祓齋就登陟騈素虬超崩岁天語秘
而不可知代欲聞而不可得柴燎上達神光充塞泥
金乎菑菑之南刻石乎青冥之北上意由是莛然延
降天老與之相識問太微之所居稽上帝之遺則颯

弭節以徘徊撫八紘而驖黑悤風𩙪而景倒澹殊狀
而異色同若褰袪閶帷下辨宸極者久之雲氣翁以
迴複山呼業而未息祀事孔明有嚴有翼神保是格
時萬時億爾乃駐飛龍之秋秋詔王屬以中休覲群后
於高掌之下張大樂於洪河之洲芬樹羽林莽不可
收千人舞萬人謳騏驎踆踆而在郊鳳皇蔚跂而來
遊雷公伐鼓而揮汗地祇被震而悲愁樂師拊石而
具發激越乎遐陬群山爲之相嶸萬穴爲之倒流又
不可得載已久而景移樂闋上悠然垂思曰嗟乎余
昔歲封太山禪梁父以爲王者成功已篹綦終古嘗覽

前史至於周穆漢武豫遊寥闊亦所不取惟此西岳
作鎮三輔非無意乎頃者猶恐百姓不足人所疾苦未
暇歷斯玉帛考乃鍾鼓是以視岳於諸侯錫神以茅
土豈唯壯設險於甸服報西成之農邑亦所以感一
念之精靈答應時之風雨者矣今茲冢宰燕尹醇儒
碩生僉曰黃帝顓頊乘龍遊乎四海發軔亟乎六合
竹帛有云得非古之聖君而泰華最爲難上故封禪
之事鬱沒罕聞以余在位發祥𧷤祉者焉可勝紀而
不得已遂建翠華之旗用塞雲臺之議矧乎殊方奔
走萬國皆至玄元從助清廟獻歁也自甫蕫乎蹈之曰

大哉爍乎眞天子之表奉天爲子者已不然何數千萬載獨繼軒轅氏之美彼七十二君又疇能臻此葢知明主聖罔不克正功罔不克成放百靈歸華清

進鵰賦表

臣甫言臣之近代陵夷公侯之貴磨滅鼎銘之勳不復照曜於明時自先君恕預以降奉儒守官未墜素業矣亡祖故尚書膳部員外郎先臣審言脩文於中宗之朝高視於藏書之府故天下學士到于今而師之臣幸賴先臣緒業自七歲所綴詩筆向四十載矣約千有餘篇今賈馬之徒得排金門上玉堂者甚衆

矣唯臣衣不蓋體常寄食於人奔走不暇只恐轉死
溝壑安敢望仕進乎伏惟天子哀憐之明主儻使執
先祖之故事拔泥塗之久辱則臣之述作雖不足以
鼓吹六經先鳴數子至於沉鬱頓挫隨時敏捷而揚
雄枚臯之流庶可跂及也有臣如此陛下其含諸伏
惟明主哀憐之無令役役便至於衰老也臣甫誠惶
誠恐頓首頓首死罪死罪臣以爲鵰者鷙鳥之殊特
搏擊而不可當豈但壯觀於旌門發狂於原隰引以
爲類是大臣正色立朝之義也臣竊重其有英雄之
姿故作此賦實望以此達於聖聰矣不揆蕪淺謹投

延恩匭進表獻賦以聞謹言

鵰賦

當九秋之淒清見一鶚之直上以雄材爲己任橫殺氣而獨往梢梢勁翮肅肅遺響杳不可追俊無留賞彼何鄉之性命碎今日之指掌伊鷙鳥之累百敢同年而爭長此鵰之大略也若乃虞人之所得也必以氣稟玄冥陰乘甲子河海蕩潏風雲亂起雪冱山陰冰纏樹死迷向背於八極絕飛走於萬里朝無以充腸夕違其所止頻愁呼而蹭蹬信求食而依倚用此時而椓杙待尤者而綱紀表狎羽而潛窺順雄姿

之所擬欻捷來於森木固先繫於利觜解騰攫而竦
神開綱羅而有喜獻令之課數備而已及乎闔緣受
之也則擇其清質列在周垣揮拘攣之掣曳挫豪梗
之飛鸓識畋遊之所使登馬上而孤騫然後綴以珠
飾呈於至尊搏風槍纍用壯旌門乘輿或幸別館獵
平原寒蕪空闊霜仗喧繁觀其夾翠華而上下卷毛
血之崩奔隨意氣而電落引塵沙而晝昏豁堵牆之
榮觀弃功効而不論斯亦足重也至如千年孼狐三
窟狡兔恃古塚之荆棘飽荒城之霜露迴惑我往來
趑趄我場圃雖有青骹戴角白鼻如瓠蹙奔蹄而俯

臨飛迅翼而遐寓而料全於果見迫寧遽屢攬之而顯脱便有若於神助是以嘵哮其音颯爽其慮續下鞲而繚繞尚投跡而容與奮威逐北施巧無據方蹉跎而就擒亦造次而難去一奇卒獲百勝昭著夙昔多端蕭條何處斯又足稱也爾其鶬鴰鵁鶄之倫莫益於物空生此身聯拳捨穗長大如人肉多奚有味乃不珍輕鷹隼而自若託鴻鵠而爲隣彼壯夫之慷慨假強敵而逡巡拉先鳴之異者及將起而復臻忽隔天路終辭水濱寧掩群而盡取且快意而驚新此又一時之後也夫其降精於金立骨如鐵目通於腦

筋入於節桀軒楹之上絓漆光芒掣梁棟之間寒風凛冽雖趾蹻千變林嶺萬穴擊叢薄之不開突杈枒而皆折又有觸邪之義也夂而服勤是可吁畏必使烏攫之黨罷鈔盜而潛飛梟怪之羣想英靈而虛墜豈非虛陳其力叨竊其位等摩天而自安與搶榆而無事者矣故不見其用也則晨飛絕壟暮起長汀來雖自負去若無形置巢巘臬養子青冥倏爾年歲荏然闕廷莫試鈎爪空迴斗星衆鷁儻割鮮於金殿此鳥巳將老於巖扃

天狗賦 并序

天寶中上冬幸華清宮甫因至獸坊怪天狗院列在
諸獸院之上胡人云此其獸猛捷無與比者甫壯而
賦之尚恨其與凡獸相近

澹華清之莘莘漠漠而山殿戌削縹與天風崛乎迴
薄上揚雲旓一作髾兮下列猛獸夫何天狗嶙峋兮氣
獨神秀色似狻猊小如猿狖忽不樂雖萬夫不敢前
兮非胡人焉能知其去就向若鐵柱攲而金鏁斷兮
事未可救瞥流沙而歸月窟兮斯豈踰晝日食君之
鮮肥兮性剛簡而清瘦敏於一擲威解兩鬭終無自
私必不虛透嘗觀乎副君暇豫奉命于畋則蚩尤之

倫巳脚渭戟涇提挈丘陵與南山周旋而慢圍者戮
實禽有所穿伊鷹隼之不制兮呵犬豹以相纏蹙乾
坤之翕習兮望麋鹿而飄然由是天狗捷來發自於
左頓六軍之蒼黃兮劈萬馬以超過材官未及唱野
虞未及和冏辟矢與流星兮圍要害而俱破洎千蹄
之迸集兮始拗怒以相賀真雄姿之自異兮巳歷塊
而高卧不愛力以許人兮能絶甘以爲大(音馱)旣而群
有噉咋勢爭割據垂小亡而大傷兮齜投跡以來預
劃雷殷而有聲兮紛謄破而何遽似爪牙之便秃兮
無䰟魄以自助各弭耳低迴閉目而去每歲天子騎

白日御東山百獸踿蹌以皆從兮四猛仡鈷銳乎其
閒夫靈物固不合多兮胡役役隨此輩而往還惟昔
西域之遠致兮聖人為之豁迎風虛露寒體蒼螭軋
金盤初一顧而雄材稱是兮召群公與之俱觀宜其
立（一作位）閶闔而吼紫微兮却妖孽而不得上干時駐
君之玉輦兮近奉君之渥歡使臭歔而誰何兮備周
垣而辛酸彼用事之意然兮匪至尊之賞闌仰千門
之崚嶒兮覺行路之艱難懼精爽之衰落兮驚歲月
之忽殫顧同儕之甚少兮混非類以摧殘偶快意於
校獵兮尨見疑於蹻捷此乃獨步受之於天兮孰知

群材之所不接且置身之暴露兮遭縱觀之稠疊俗眼空多生涯未愜吾君儻憶耳尖之有長毛兮寧乆被斯人終日馴狎（一作服）巳（一作臭處一作臭處）

唐興縣客館記

中興之四年王潛爲唐興宰脩厥政事始自鰥寡惸獨而和其封内非侮循循不畏險膚而行而一咨于官屬于群吏于衆庶曰邑中之政庶幾繕完矣惟賓館上漏下濕吾人猶不堪其居以容四方賓賓其謂我何改之重勞我其謂人何咸曰誕事至濟厥載則達觀于大壯作之閈閎作之堂構以永圖崇高廣大

踰越傳舍通梁直走嵬將墜壓素柱上承安若太山
兩旁序開發洩霜露潛靚深矣步欄復霤萬瓦在後
匪丹雘爲實踈達爲迴廊南注又爲覆廊以容介行
人亦如正館制度小劣直左堦而東封殖脩竹茂樹
挾右階于南環廊又注亦可以行步風雨不易謀而
集事邑無妨工亦無匱財人不待子來定不待方中
矣宿息井樹或相爲賓或與之毛天子之使至則曰
邑有人焉某無以栗階州長之使至則曰某非敢賓
也子無所用俎四方之使至則曰子貺某多矣敢辭
贄或曰明府君之侈也何以爲人皆曰我公之爲人

也何以俟子徒見賓館之近夫厚不知其私室之甚
薄器物未備力取諸私室人民不知賦斂乃至於館
之醢醢闕出於私厨使之乘馹闕辦於私廐君豈爲
亭長乎是躬親也若館宇不脩而觀臺榭是好賓
至無所納其車我浩蕩無所措手足獲高枕乎其誰
不病吾人矣玼瑕忽生何以爲之是道也施舍不幾乎
先覺矣杖之友朋歎曰美哉是舘也成人不知人不
怒廨署之福也府君之德也府君曰古有之也非吾
有也余何能爲是亦前州府君崔公之命也余何能
爲是自辛丑歲秋分大餘二小餘二千一百八十八

杜氏之老記已一本云廨署之福也府君之德也府君之德也廨署之福也府君曰古有之也非吾有也余何能爲是亦前州府君崔公之命也余何能爲是潛曰辛丑歲秋分大餘二小餘二千一百八十八杜氏之老記

說旱初中丞嚴公節制劒南日奉此說

周禮司巫若國大旱則率巫而舞雩傳曰龍見而雩謂建巳之月蒼龍宿之體昏見東方萬物待雨盛大故祭天遠爲百穀祈膏雨也今蜀自十月不雨抵建卯非雩之時奈久旱何得非獄吏只知禁繫不知疎決怨氣積冤氣盛亦能致旱是何川澤之乾也塵霧之塞也行路皆菜色也田家其愁痛也自中丞下車之初軍郡之政罷弊之俗已下手開濟矣百事冗長

者又以革削矣獨獄囚未聞處分豈次第未到爲獄
無濫繫者乎穀者百姓之本百役是出况冬麥黃枯
春種不入公誠能暫輟諸務親問囚徒除合死者之
外下筆盡放使囹圄一空必甘雨大降但怨氣消則
和氣應矣躬自疏決請以兩縣及府繫爲始管內東
西兩川各遣一使兼委刺史縣令對巡使同疏決如
兩縣及府等因例處分衆人之望也隨時之義也昔
正觀中歲大旱文皇帝親臨長安萬年二赤縣決獄
膏雨滂足即岳鎮方面歲荒札皆連帥大臣之務也
不可忽凡今徵求無名數又耆老合侍者兩川侍丁

得異常丁乎不殊常丁賦斂是老男老女死日短促也國有養老公遽遣吏存問其疾苦亦和氣合應之義也時雨可降之徵也愚以爲至仁之人常以正道應物天道去人不遠

畫馬讚

韓幹畫馬毫端有神驊騮老大騕褭清新魚目瘦腦龍文長身雪垂白肉風蹙蘭筋逸態蕭踈高驤縱恣四蹄雷雹一日天地御者闕敏去何難易愚夫乘騎動必顛躓瞻彼駿骨實惟龍媒漢詞燕市巳矣茫哉但見駑駘紛然往來良工惆悵落筆雄才穆天子傳

飛兔騕褭日馳三百里

雜述

杜子曰凡今之代用力爲賢乎進賢爲賢乎進賢賢乎則魯之張叔卿孔巢父二才士者聰明深察慱辯閎大固必能伸於知己令聞不已任重致遠速於風飇也是何面目黧黑常不得飽飯喫曾未如富家奴兹敢望縞衣乘軒乎豈東之諸侯深拒於汝乎豈新令尹之人未汝之知也由天乎有命乎雖岑子薛子引知名之士月數十百填爾逆旅請誦詩浮名耳勉之哉勉之哉夫古之君子知天下之不可蓋也故下

之知衆人之不可先也故後之嗟乎叔卿遣辭工於猛健放蕩似不能安排者以我爲聞人而已以我爲益友而已叔卿靜而思之嗟乎巢父執雌守常吾無所贈若矣太山冥冥崒以高泗水潾潾瀰以清悠悠友生復何時會于王鎬之京載歛我濁酒載呼我爲兄

秋述

秋杜子卧病長安旅次多雨生魚青苔及榻常時車馬之客舊雨來今雨不來昔襄陽龐德公至老不入州府而楊子雲草玄寂寞多爲後輩所褻近似之矣嗚呼冠冕之窟名利卒卒雖朱門之塗泥士子不見

其泥㓨抱疾窮巷之多泥乎子魏子獨踽踽然來汙
漫其僕夫夫又不假蓋不見我病色適與我神會我
棄物也四十無位子不以官遇我知我處順故也子挺生
者也無矜色無邪氣必見用則風后力牧是已於文章
則子游子夏是已無邪氣故也得正始故也噫所不至
於道者時或賦詩如曹劉談話及衛霍豈少年壯志
未息俊邁之機乎子魏子今年以進士調選名隸東天
官告余將行既縫裳既聚粮東人怵惕筆札無敵謙
謙君子若不得已知祿仕此始吾黨惡乎無述而止

杜工部集卷第十九

宋板杜工部集　王原叔洙編次本　第拾冊

杜工部集卷第二十

前劒南節度參謀宣義郎檢校尚書工部員外郎賜緋魚袋京兆杜　甫

策問文狀表碑誌十四首

乾元元年華州試進士策問五首

殿中侍御史柳公紫微仙閣畫太一天尊圖文一首

祭故相國清河房公文一首

爲遺補薦岑參狀一首

奉謝口勑放三司推問狀一首

爲華州郭使君進滅殘寇形勢圖狀一首

爲夔州栢都督謝上表一首

唐德儀贈淑妃皇甫氏碑一首

唐萬年縣君京兆杜氏墓誌一首

唐范陽縣太君盧氏墓誌一首

乾元元年華州試進士策問五首

問山林藪澤之地各以肥磽多少爲差故供甲兵士徒之役府庫賜與之用給郊廟宗社之祀奉養祿食之出辨乎名物存乎有司是謂公賦知歸地著不撓者已今聖朝紹宣王中興之洪業于上庶尹備山甫補衮之能事于下而東寇猶小梗率土未甚闢捴彼

賦稅之獲盡贍軍旅之用是官御之舊典關矣人神
之攸序乖矣欲使軍旅足食則賦稅未能充備矣欲
將誅求不時則黎元轉罹于疾苦矣子等以待問之
實知新之明觀志氣之所存於應對乎何有佇渴救
敝之通術願聞強學之所措意道在此矣得游說乎
問國有軺車廬有飲食古之按風俗遣使臣在王官
之一守得馳傳而分命蓋地有要害郊有遠近供給
之比省費相懸今茲華惟襟帶關逼輦轂行人受辭
於朝夕使者相望於道路屬年歲無蓄積之虞職司
有愁痛之歎況軍書未絕王命急宣插羽先翥於騰

鷹墩帷不供於埋馬豈芻粟之勤獨爾實騄騑之價闕如人圭之軫念屢及於茲邦伯之分憂何嘗敢怠乞恩難再近日已降水衡之錢積骨頗多無暇更入燕王之市欲使輶軒有喜主客合宜閶闔罷杼軸之嗟官吏得從容之計側佇新語當聞濟時

問通道陂澤隨山濬川經啓之理跡莫之術抑有可觀其來尚矣初聖人盡力溝洫有國作爲隄防洎後代控引淮海漕通涇渭因舟楫之利達倉庾之儲又賴此而舩亦行之自久近者有司相土決彼支渠既潰渭而亂河費功多而事寢人實勞止岸乃善崩遂

使委輸之勤中道而弃今軍用蓋寡國儲未贍雖遠
方之粟大來而助挽之車不給是以國朝仗彼天使
徵茲水工議下淇園之竹更鑿商顏之井又恐煩費
居多績用莫立空苛成雲之鍤復擁填淤之泥若然
則舟車之用大小相妨矣軍國之食轉致或闕矣矧
夫人煙尚稀牛力不足者矣子等飽隨時之要挺賡
王之資副乎求賢敷厥讜議
問足食足兵先哲雅誥蓋有兵無食是謂棄之致能
掉鞅靡旌斯可用矣況寇猶作梗兵不可去日聞將
軍之令親覩司馬之法關中之卒未息灞上之營何

遠近者鄭南訓練城下屯集贍彼三千之徒有異什一而稅竊見明發敎以戰鬬亭午放其庸保課乃菽麥以爲尋常夫恍以使人是能用古伊歲則去暮實慮休止未卜及瓜之還交比翳桑之餓羣有司自救不暇二三子謂之何哉

問昔唐堯之爲君也則天之大欽授人時十六升自唐侯者巳昔帝舜之爲臣也舉禹之功克平水土三十登爲天子者巳本之以文思聰明加之以勞身焦思旣睦九族叶和萬邦黜去四凶舉十六相故五帝之後傳載唐虞之美無得而稱焉易曰君子終日乾

乾詩曰文王小心翼翼竊觀古人之聖哲未有不以君唱于上臣和于下致乎人和年豐成乎無爲而理者也主上躬純孝之聖樹非常之功内則拳拳然事親如有關一作待外則悸悸然求賢如不及伊百姓不知帝力庶官但恭已而已寇孽未平咎徵之至數也倉廩未實物理之固然也今大軍虎步列國鶴立山東之諸將雲合淇上之捷書日至二三子議論引正詞氣高雅則遺祲盪滌之後聖朝砥礪之辰雖遭明主必致之於堯舜降及元輔必要之於稷禼驅蒼生於仁壽之域反淳朴於羲皇之上自古哲王立極大臣爲

體眇然坦途利往何順子有說否庶復見子之志豈徒瑣瑣射策趨競一第哉頃之問孝廉取備尋常之對多忽經濟之體考諸詞學自有文章在東以徵事曷成凡例焉今愚之粗徵貴切時務而已夫時患錢輕以至於量資幣權子母代復改鑄或行乎前榆莢後契刀當此之際百姓蒙利厚薄何人所制輕重又穀者所以阜俗康時聚人守位者也下至十室之邑必有千鍾之藏苟凶穰以之貴賤失度雖封丞相而猶困僕大農而謂何是以繼絕表微無或區分踰越蒙實不敢仁遠乎哉

前殿中侍御史仰公紫微仙閣畫太一天尊圖文

石鼇老放神乎始清之天遊目乎浩刼之家泠泠然馭乎風熙熙然登乎臺進而俯乎寒林退而極乎延閣見龍虎日月之君亘于踈梁塞于高壁骨者鬣者晢者黝者視遇之間若寇嚴敵者巳伊四司五帝天之徒青節崇然緑輿騈然仙官洎鬼官無央數衆陽者近陰者遠俱浮空不定目所向如一蓋知北闕帝君之尊端拱侍衛之内於天上最貴矣巳而左玄之屬吏三洞弟子某進曰經始續事前桂下史河東柳涉職是樹善攅于而家憂于而國剥私室之貲竭蒸

人之安志所至也請梗槩帝君救護之慈朝拜之功
曰若人存思我主籙生之根死之門我則制伏妖之
興毒之騰凡今之人反側未濟柳氏柱史也立乎老
君之後獲隱嘿乎忍塗炭乎先生與道而遊與學而
遊可上以昭太一之威神于下下以昭柱史之告訴
于上玉京之用事也率土之發祥也惡乎寢而庸詎
仰而先生藐然若往頹然而止曰噫夫鳥亂於雲魚
亂於河獸亂於山是畢弋鈎罟削格之智生是機變
邀退攫拾之智極故自黃帝已下干戈崢嶸流血不
乾骨蔽平原乖氣橫放淳風不返雖書載蠻夷率服

詩稱徐方大來許其慕中夏與夫容成中央氏尊盧
氏輩結繩而已百姓至死不相往來玆茂德困矣矧
賢主趣之而不及庸主聞之而不曉浩穰崩蹙數千
古哉至使世之仁者蒿目而憂世之患有是夫今聖
主誅干紀康大業物尚疵癘戰爭未息必揆當世之
變日慎一日衆之所惡與之惡衆之所善與之善勑
有司寬政去禁問疾薄斂脩其土田險其走集以此
馭賊臣惡子自然百祥攻百異有漸天下洶洶何其
撓哉已登乎種種之民舍夫啍啍之意是巍巍乎北
闕帝君者肯不乗道腴卷黒簿詔北斗削死南斗注

生與夫圓首方足施及乎蠢蠕之蟲肖翹之物盡驅之更始何病乎不得如昔在太宗之時哉石鼈老畢辭三洞弟子某又某靜如得動如失夂而却走不敢貳問

祭故相國清河房公文

維唐廣德元年歲次癸夘九月辛丑朔二十二日壬戌京兆杜甫敬以醴酒茶藕蓴鯽之奠奉祭故相國清河房公之靈曰嗚呼純朴既散聖人又殁苟非大賢孰奉天秩唐始受命羣公間出君臣和同德教充溢魏杜行之夫何畫一婁宋繼之不墜故實百餘年

間見有輔弼及公入相紀綱已失將帥干紀煙塵犯
闕王風寢頓神器圯裂關輔蕭條乘輿播越太子即
位揖讓蒼卒小臣用權尊貴倏忽公實匡救忘餐奮
發累抗直詞空聞泣血時遭祲沴國有征伐車駕還
京朝廷就列盜本乘弊誅終不滅高義沉埋赤心蕩
折貶官厭路讒口到骨致君之誠在困彌切天道闊
遠元精茫昧偶生賢達不必濟會明明我公可去時
代賈誼慟哭雖多顛沛仲尼旅人自有遺愛二聖崩
日長號荒外後事所委不在卧内因循寢疾憔悴無
悔死矢泉塗激揚風槩天柱既折安仰翊戴地維則

絶安放爽載豈無羣彥我心忉忉不見君子逝水滔

滔泄泄寒谷呑聲賊壕有車爰送有紼爰操撫墳日

落脫劒秋高我公戒子無作爾勞斂以素帛付諸蓬

蒿身瘗萬里家無一毫數子哀過他人鬱陶水漿不

入日月其慆州府救喪一二而已自古所嘆罕聞知

己曩者書札望公再起今來禮數爲態至此先帝松

栢故鄉枌梓靈之忠孝氣則依倚拾遺補闕視君所

履公初罷印人實切齒甫也備位此官蓋薄劣耳見

時危急敢愛生死君何不聞刑欲加矣伏奏無成終

身愧耻乾坤慘慘豺虎紛紛蒼生破碎諸將功勳城

邑自守鼙鼓相聞山東雖定灞上多軍憂恨展轉傷痛氳氳玄豈（一作堂）正色白亦（一作黑）不分培塿滿地崑崙無羣致祭者酒陳情者文何當旅櫬得出江雲嗚呼哀哉尚饗

爲遺補薦岑參狀

宣議郎試大理評事攝監察御史賜緋魚袋岑參

右臣等竊見岑參識度清遠議論雅正佳名早立時輩所仰今諫諍之路大開獻替之官未備恭惟近侍實藉茂才臣等謹詣閤門奉狀陳薦以聞伏聽進止

至德二載六月十二日左拾遺内供奉臣裴薦等狀

右拾遺内供奉臣孟昌浩 右拾遺内供奉臣魏齊聃

左拾遺内供奉臣杜甫 左補闕臣韋少遊

奉謝口勑放三司推問狀

右臣甫智識淺昧向所論事涉近激訐違忤聖旨旣
下有司具已舉劾甘從自弃就戮爲幸今日巳時中
書侍郎平章事張鎬奉宣口勑宜放推問知臣愚戇
舍臣萬死曲成恩造再賜骸骨臣甫誠頑誠蔽死罪
死罪臣以陷身賊庭憤惋成疾實從間道獲謁龍顔
猾逆未除愁痛難過猥廁衮職願少裨補竊見房琯
以宰相子少自樹立晚爲醇儒有大臣體時論許琯

必位至公輔康濟元元陛下果委以樞密衆望甚允
觀琯之深念主憂義形於色況晝一保大素所蓄積
者已而琯性失於簡酷嗜鼓琴董庭蘭今之琴工
遊琯門下有日貧病之老依倚爲非琯之愛惜人情
一至於玷汚臣不自度量歎其功名未垂而志氣挫
衄覬望陛下弃細録大所以冒死稱述何思慮始竟
闕於再三陛下貸以仁慈憐其懇到不書狂狷之過
復解綱羅之急是古之深容直臣勸勉來者之意天
下幸甚天下幸甚豈小臣獨蒙全軀就列待罪而已
無任先懼後喜之至謹詣閤門進狀奉謝以聞謹進

至德二載六月一日宣議郎行左拾遺臣杜甫狀奏

爲華州郭使君進滅殘寇形勢圖狀

右臣竊以逆賊東身檻中奔走無路尚假餘息蟻聚苟活之日久陛下猶覬其匍匐相率降款盡至廣務寛大之本用明惡殺之德故大軍雲合蔚然未進上以稽王師有征無戰之義下以成古先聖哲之用心茲事玄遠非愚臣所測臣聞易載隨時不俟終日先王之用刑也抑亦小者肆諸市朝大者陳諸原野今殘孽雖窮蹙日甚自救不暇尚慮其逆帥望秋高馬肥之便蓄突圍拒轍之謀大軍不可空勤轉輸之

粟諸將宜窮犄角之進頃者河北初收數州思明降表繼至實爲平盧兵馬在賊左脅賊動靜必知利制不由己則降附可知今大軍盡離河北逆黨意必寬縱若萬一軼略河縣草竊秋成臣伏請平盧兵馬及許叔冀等軍鄆州西北渡河先衝收魏或近軍志避實擊虛之義也伏惟陛下圖之遣李銑殷仲卿孫青漢等軍邐迆渡河佐之收其貝博賊之精鋭撮在相魏衛之州賊用仰魏而給賊若抽其鋭卒渡河救魏博臣則請朔方伊西北庭等軍渡沁水收相衛賊若迴戈距我兩軍臣又請郭口祁縣等軍驀嵐馳屯據

林慮縣界候其形勢漸進又遣李廣琛魯炅等軍進渡河收黎陽臨河等縣相與出入犄角逐便撲滅則慶緒之首可翹足待之而已是亦恭行天罰豈在王師必無戰哉愚臣聞見淺狹承乏待罪未精慎固之守輕議擒縱之術抑臣之夢寐貴有裨補謹進前件圖如狀伏聽進止乾元元年七月日某官臣狀進

為夔府栢都督謝上表

臣某言伏奉月日制授臣某官祗拜休命內顧殞越策駑馬之力冒累踐之寵自數勳力萬無一稱再三怵惕流汗至踵謹以某月日到任上訖臣某誠戰誠懼

頓首頓首死罪死罪伏以陛下君父任使之久掩臣
子不逮之過就其小効復分深憂察臣劒南區區恐
失臣節如彼加臣頻煩階級鎮守要衝如此勉勵疲
鈍伏揚陛下之聖德愛惜陛下之百姓先之以簡易
閭之以樂業均之以賦斂終之以敦勸然後畢禁將
士之暴弘洽主客之宜示以刑典艱犯之科寬以困
窮計無所出哀今之人庶古之道内救惸獨外攘師
寇上報君父曲盡庸拙之分下循臣子勤補失墜之
目灰粉骸骨以備守官伏惟恩慈胡忍容易愚臣之
願也明主之望也限以所領未遑謁對無任兢灼之

極謹遣某官奉表陳謝以聞臣誠喜誠懼死罪死罪

唐故德儀贈淑妃皇甫氏神道碑

后妃之制古矣而軒轅氏帝嚳氏次妃之跡最有可稱存乎舊史然則其義隱其文略周禮王者内職大備而陰敎宣詩人關雎風化之始樂得淑女葢所以敎本古訓發皇婦道居具燕寢之儀動有環珮之節進賢才以輔佐君子不淫色以取媚閨房雖彤管之地功過必紀而金屋之寵流宕一揆稽女史之華實嗣嬪則之清高亦時有其人偉夫精選淑妃諱字姓皇甫氏其先安定人也惟禼封商於赫有光伊玄祖

樹德于今不忘必宋之子莫之與比伊清風繼代惠
此餘美天其係緒蕃衍紱冕所興列爲公侯古有皇
父充石則其宗可知也夫其體元消息經術之美列
正帝圖中有玄晏先生則其家可知矣嗟乎我有弈
葉承權輿矣我有徽猷展肅雍矣積羣玉之氣自對
白虹之天生五色之毛不離丹鳳之穴曾祖烜皇朝
宋州刺史祖粹皇朝越州刺史都督諸軍事父日休
皇朝左監門衛副率妣則副率府君之元女也粤在
禨褓體如冰雪氣象受於天和詩禮傳乎胎教故列
我開元神武之嬪御者豈易其容止法度哉今上昔

在春宮之日詔詰良家女擇視可否充備淑哲太妃以內秉純一外資沈靜明珠在蚌水月鮮白美玉處石崖岸津潤結穠而金印相輝同輦而翠旗交影由是恩加婉順品列德儀雖掖庭三千爵秩十四掩六宮以取俊超羣女以見賢豈渥澤之不流曾是不敢以露才揚己畢以自牧而已夫如是言足以厚人倫化風俗彌縫坤載之失夾輔元亨之求嗚呼彼蒼也常與善何有初也不又好奈何況妃亦旣遘疾怗如憊往上以之服事最舊佳人難得送藥必經於御手見寢始迴於天步月氏使者空說返魂之香漢帝夫

人終痛歸來之像以開元二十三年歲次乙亥十月
癸未朔薨于東京某宮院春秋四十有二嗚呼哀哉
望景向夕澄華徹陰風驚碧樹霧重青岑天子悼履
綦之蕪絶惜脂粉之凝冷下麟鳳之銀床到梧桐之
金井嗚呼哀哉厥初權殯于崇政里之公宅後詔以
其月二十七日己酉卜葬于河南縣龍門之西北原
禮也制曰故德儀皇甫氏賛道中壼肅事後庭執去
疾疢奄見凋落永言懿範用愴于懷宜登四妃之列
式旌六行之美可冊贈淑妃喪事所須並宜官供河
南尹李適之充使監護非夫清門華胄積行累功序

于王者之有始有卒介于嬪御之不僭不濫是何存
榮殁哀榮視有遇之多也有子曰鄧王諱瑶兼太子太
保使持節幽州大都督事有故在疚而卒豈無樂國
今也則亡匪降自天去何吁矣有女曰臨晉公主出
降代國長公主子滎陽潛曜官曰光禄卿爵曰駙馬
都尉昔王儉以公主恩尚帝女爲榮何晏兼關内侯
是亦晉朝歸美公主禮承於訓孝自於心霜露之感
形于顔色享祀之數缺於洒埽嘗戚然謂左右曰自
我之西歲陽載紀彼都之外道理遐絶聖慈有蓬萊
之深異縣有松檟之阻思欲輕舉安得黄鵠未議巡

豫徒瞻白雲望闕塞之風煙尋常涕泗懷伊川之陵谷恐懼遷移於是下敎邑司爰度碑版甫忝鄭莊之賓客遊竇主之園林以白頭之藝阮豈獨步於崔蔡而野老何知斯文見託公子泛愛壯心未已不論官閥游夏入文學之科兼敘哀傷顔謝有后妃之誄銘曰

積氣之清積陰之靈漢曲迴月高堂麗星轟濤洶洶過雨冥冥洗滌蒼翠誕生娉婷 其一

婉彼柔惠迥然開爽綢繆之故昔在明兩恩渥未渝康哉大往展如之媛孰與爭長 其二

珩珮是加翬褕克備先德後色累功居位壼儀孔脩宫敎咸遂王于𢍰飾禮亦尊異 其三

小

苑春深離宮夜逼花間度月同輦未歸池畔臨風焚香不息嗚呼變化惠好終極其四馮相視祲太史書氛藏舟晦色逝水寒文翠幄成彩金爐罷燻燕趙一馬瀟湘片雲其五恍惚餘跡蒼茫具美王子國除匪他之恥公主愁思永懷于彼日居月諸丘隴荆杞其六巖巖禹鑿瀰瀰伊川列樹拱矣豐碑缺然爰謀述作歘就雕鐫金石照地蛟龍下天其七少室東立繚垣西走佛寺在前宮橋在後維山有麓與碑不朽維水有源與詞永久其八

唐故萬年縣君京兆杜氏墓誌

甫以世之録行跡示將來者多矣大抵家人賄賂詞客阿諛眞僞百端波瀾一揆夫載筆光芒於金石作程通達於神明立德不孤揚名歸實可以發皇內則標格女史竊見於萬年縣君得之矣其先系統於伊祁分姓於唐杜吾祖也我知之遠自周室迄于聖代傳之以仁義禮知信列之以公侯伯子男春秋傳云穆叔謂之世禄其在茲乎曾祖某隋河內郡司功獲嘉縣令王父某皇監察御史洛州鞏縣令前朝咸以士林取貴宰邑成名考某修文館學士尚書膳部員外郎天下之人謂之才子兄升國史有傳搢紳之士

誄爲孝童故美玉多出於崑山明珠必傳於江海蓋
縣君受中和之氣成肅雍之德其來尚矣作配君子
寔惟好仇河東裴君諱滎期見任濟王府録事叅軍
入在清通同行領袖素髮相敬朱紱有光縣君旣早
習于家風以陰教爲己任執婦道而純一與禮法而
始終可得聞也昔舅歿姑老承順顏色侍歷年之寢
疾力不暇於須臾苟便於人皆在於手淚積而形骸
奪氣憂深而巾櫛生塵尊卑之道然固出自於天性
孝養哀送名流稱仰允所謂能循法度則可以承先
祖供給祭祀矣維其矜莊門户節制差服功成則運

有若四時物或猶乖匪踰終日黼盡組就之事割烹
煎和之宜規矩數及於親姻脫落頗盈於歲序若其
先人後己上下敦睦懸罄知歸揖讓惟久在嫂叔則
有謝氏光小郎之才於娣姒則有鍾琰洽介婦之德
周給不礙於親踈泛愛無擇於良賤至如星霜伏臘
軒騎歸寧慈母每謂於飛來幼童亦生乎感悅加以
詩書潤業導誘爲心過悔吝於未萌驗是非於往事
內則致諸子於無過之地外則使他人見賢而思齊
爰自十載已還默一乘之理絕葷血於禪味混出處
於度門喻筏之文字不遺開卷而音義皆達母儀用

事家相導行矣至於膳食滑甘之美紉結縫線之難
展轉忽微欲參謀而縣解指麾補合猶取則於垂成
其積行累功不為薰脩所住著有如此者靈山鎮地
長吐烟雲德水連天自浮星象則其看心定惠豈近
於揚榷者哉越天寶元年某月八日終堂于東京仁
風里春秋若干示諸生滅相越六月二十九日遷殯
于河南縣平樂鄉之原禮也嗚呼哀哉琴瑟罷聲蘋
蘩晦色骨肉號兮天地慼中外痛兮鬼神惻有長子
曰朝列次朝英北海郡壽光尉次朝牧女長曰獨孤
氏次閻氏皆禀自胎教成於妙年厥初寢疾也惟長

子長女在側英牧或以遊以官莫獲同曾氏之元申號而不哭傷斷隣里慫哉少女未始聞哀又足酸鼻嗚呼縣君有語曰可以褐衣斂吾起塔而葬裴公自以從大夫之後成縣君之榮愛禮寔深遺意蓋闕但褐衣在斂而幽隧爰封其所厥飾咸遵儉素眷茲邑號未降天書各有司存成之不日嗚呼哀哉有兄子曰甫制服於斯紀德於斯刻石於斯或曰豈孝童之猶子歟奚孝義之勤若此甫泣而對曰非敢當是也亦爲報也甫昔卧病於我諸姑姑之子又病間女巫至曰處楹之東南隅者吉姑遂易子之地以安我我

是用存而姑之子卒後乃知之於走使甫嘗有說於
人客將出涕感者久之相與定謚曰義君子以爲魯
義姑者遇暴客於郊抱其所携棄其所抱以割私愛
縣君有焉是以舉茲一隅昭彼百行銘而不韻蓋情
至無文其詞曰　嗚呼有唐義姑京兆杜氏之墓

唐故范陽太君盧氏墓誌

五代祖柔隋吏部尚書容城侯大父元懿是渭南尉
父元哲是盧州慎縣丞維天寶三載五月五日故修
文館學士著作郎京兆杜府君諱某之繼室范陽縣
太君盧氏卒於陳留郡之私第春秋六十有九嗚呼

以其載八月旬有一日發引歸葬于河南之偃師以
是月三十日庚申將入著作之大塋在縣首陽之東
原我太君用甲之穴禮也墳南去大道百二十步奇
三尺北去首陽山二里凡塗車芻靈設熱置銘之名
物加庶人一等葢遵儉素之遺意塋内西北去府君墓
二十四步則壬甲可知矣遣奠之祭畢一二家相進
曰斯至止將欲啓府君之墓門安靈櫬於其右豈歔
飾未具時不練歟前夫人薛氏之合葬也初太君令
之諸子受之流俗難之太君易之今兹順壬取甲又
遺意焉嗚呼孝哉孤子登號如嬰兒視無人色且左

右僕妾洎厮役之賤皆逢首灰心嗚呼流涕寧或一
哀所感片善不忘而已哉實惟太君積德以常臨下
以恕如地之厚繼天之和運陰教之名數秉女儀之
摽格嗚呼得非太公之後必齊之姜乎薛氏所生子
適曰某故朝議大夫兖州司馬次曰外幼卒報復父
讎國史有傳次曰專歷開封尉先是不祿息女長適
鉅鹿魏上瑜蜀縣丞次適河東裴榮期濟王府録事
次適范陽盧正均平陽郡司倉參軍嗚呼三家之女
又皆前卒而某等夙遭内艱有長自太君之手者至
於昏姻之禮則盡是太君主之慈恩穆如人或不知

者咸以爲盧氏之腹生也然則某等亦不無平津孝
謹之名於當世矣登即太君所生前任武康尉二女
曰適京兆王佑任硤石尉曰適會稽賀撝卒常熟主
簿其往也既哭成位有若冢婦同郡盧氏介婦滎陽
鄭氏鉅鹿魏氏京兆王氏女適諸孫子三十人内宗
外宗寖以踈闊者或立纁玉帛自他日互有所至若
以爲杜氏之葬近於禮而可觀而家人亦不敢以時
繼年式志之金石銘曰　太君之子朝儀所尊貴因
長子澤就私門亳邑之都終天之地享年不永歿而
猶視

唐故檢校工部員外郎杜君墓係銘　元稹（江陵士曹時作）

叙曰余讀詩至杜子美而知大小之有所總萃焉始堯舜時君臣以賡歌相和是後詩人繼作歷夏殷周千餘年仲尼緝拾選練取其干預教化之尤者三百篇其餘無聞焉騷人作而怨憤之態繁然猶去風雅日近尚相比擬秦漢已還採詩之官既廢天下妖謡民謳歌頌諷賦曲度嬉戲之詞亦隨時間作至漢武賦栢梁詩而七言之體具蘇子卿李少卿之徒尤工爲五言雖句讀文律各異雅鄭之音亦雜而詞意簡遠指事言情自非有爲而爲則文不妄作建安之後

天下文士遭罹兵戰曹氏父子鞍馬間爲文往往横槊賦詩其遒壯抑揚冤哀悲離之作尤極於古晉世風槩稍存齊宋之間教失根本士子以簡慢歙習舒徐相尚文章以風容色澤放曠精清爲高蓋吟寫性靈流連光景之文也意氣格力固無取焉陵遲至於梁陳淫豔刻飾佻巧小碎之詞劇又宋齊之所不取也唐興官學大振歷世之文能者互出而又沈宋之流研練精切穩順聲勢謂之爲律詩由是而後文變之體極焉然而莫不好古者遺近務華者去實効齊梁則不逮於魏晉工樂府則力屈於五言律切則骨

格不存閑暇則纖濃莫備至于子美蓋所謂上薄風騷下該沈宋言奪蘇李氣吞曹劉掩顔謝之孤高雜徐庾之流麗盡得古今之體勢而兼人人之所獨專矣使仲尼考鍛其旨要尚不知貴其多乎哉苟以其能所不能無可無不可則詩人已來未有如子美者是時山東人李白亦以奇文取稱時人謂之李杜余觀其壯浪縱恣擺去拘束模寫物象及樂府歌詩誠亦差肩於子美矣至若鋪陳終始排比聲韻大或千言次猶數百詞氣豪邁而風清調深屬對律切而脫棄凡近則李尚不能歷其藩翰況堂奧乎予嘗欲條

析其文體別相附與來者爲之準特病嬾未就適遇
子美之孫嗣業啓子美之柩襄祔事於偃師途次于
荆雅知余愛言其大父之爲文拜余爲誌辭不能絶
余因係其官閥而銘其卒葬云係曰晉當陽成侯姓
杜氏下十世而生依藝令於鞏依藝生審言善詩官
至膳部員外郎審言生閑閑生甫閑爲奉天令甫字
子美天寶中獻三大禮賦明皇奇之命宰相試文文
善授右衛率府冑曹屬京師亂步謁行在拜左拾
遺歳餘以直言失官出爲華州司功尋遷京兆功曹
劒南節度嚴武狀爲工部員外郎參謀軍事旋又棄

去扁舟下荆楚間竟以寓卒旅殯岳陽享年五十九夫人弘農楊氏女父曰司農少卿怡四十九年而終嗣子曰宗武病不克葬歿命其子嗣業嗣業貧無以給喪收什乞匄焦勞晝夜去子美歿後餘四十年然後卒先人之志亦足為難矣銘曰

維元和之癸巳粤某月某日之佳辰合窆我杜子美於首陽之山前嗚呼千歲而下曰此文先生之古墳

後記

近世學者爭言杜詩愛之深者至剽掠句語迨所用險字而模畫之沛然自以絕洪流而窮深源矣又人

人購其亡逸多或百餘篇小數十句藏去矜大復自以爲有得翰林王君原叔尤嗜其詩家素畜先唐舊集及採秘府名公之室天下士人所有得者悉編次之事具于記於是杜詩無遺矣子美博聞稽古其用事非老儒博士罕知其自出然訛缺久矣後人妄改而補之者衆莫之遏也非原叔多得其真爲害大矣子美之詩詞有近質者如麻鞋見天子垢膩脚不襪之句所謂轉石於千仞之山勢也學者尤效之而過甚豈遠大者難窺乎然夫子之删詩也至于檜曹小國寺人女子之詩苟中法度咸取而弦歌善言詩者豈拘於人哉原叔

雖自編次余病其卷帙之多而未甚布暇日與蘇州進士何君瑑丁君脩得原叔家藏及古今諸集聚于郡齋而參考之三月而後已義有兼通者亦存而不敢削閲之者固有淺深也而又吳江邑宰河東裴君煜取以覆視乃益精密遂鏤于版庶廣其傳或俾余序于篇者曰如原叔之能文稱于世止作記于後余竊慕之且余安知子美哉但本末不可闕書故槩舉以附于卷終原叔之文今遷于卷首矣嘉祐四年四月望日姑蘇郡守太原王琪後記

杜工部集卷第二十

杜工部集補遺

瞿唐懷古

西南萬壑注，勍敵兩崖開。地與山根裂，江從月窟來。削成當白帝，空曲隱陽臺。疏鑿功雖美，陶鈞力大哉。

送司馬入京

群盜至今日，先朝忝從臣。歎君能戀主，久客羨歸秦。黄閣長司諫，丹墀有故人。向來論社稷，爲話涕霑巾。

惜別行 送劉僕射判官

聞道南行市駿馬，不限疋數軍中須。襄陽幕府天下異，主將儉省憂艱虞。祇收壯健勝鐵甲，豈因格鬬求

龍駒而今西北自反胡騏驎蕩盡一疋無龍媒眞種
在帝都子孫永落西南隅向非戎事備征伐君肯辛
苦越江湖江湖凡馬多顛頓衣冠往往乘蹇驢梁公
富貴於身疎號令明白人安居俸錢時散士子盡府
庫不為驕豪虛以茲報主寸心赤氣却西戎迴北狄
羅網群馬藉馬多氣在驅除出金帛劉侯奉使光
推擇滔滔才略滄溟窄杜陵老翁秋繫船扶病相識
長沙驛強梳白髮提胡盧手兼菊花路傍摘九州兵
革浩茫茫三歎聚散臨重陽當杯對客忍涕淚君不
覺老夫神內傷

呀鶻行

病鶻卑飛俗眼醜每夜江邊宿衰柳清秋落日已側身過鴈歸鴉錯迴首緊腦雄姿迷所向疎翮稀毛不可狀強神迷復皂鵰前俊材早在蒼鷹上風濤颼颼寒山陰熊羆欲蟄龍蛇深念爾此時有一擲失聲濺血非其心

狂歌行贈四兄

與兄行年校一歲賢者是兄愚者弟兄將富貴等浮雲弟切功名好權勢長安秋雨十日泥我曹韝馬聽晨鷄公卿朱門未開鏁我曹已到肩相齊吾兄睡穩

方舒膝不襪不巾踏曉日男啼女哭莫我知身上須
繒腹中實今年思我來嘉州嘉州酒重花繞樓樓頭
喫酒樓下臥長歌短詠還相酬四時八節還拘禮女
拜弟妻男拜弟幅巾鞶帶不掛身頭脂足垢何曾
洗吾兄吾兄巢許倫一生喜怒長任真日斜枕肘寢
已熟啾啾唧唧何爲人

祭遠祖當陽君文

維開元二十九年歲次辛巳月日十三葉孫甫謹以
寒食之奠敢昭告于先祖晉駙馬都尉鎮南大將軍
當陽成侯之靈初陶唐出自伊祁聖人之後世食舊

德降及武庫應乎亂精恭聞淵深罕得窺測勇功是立智名克彰繕甲江陵授清東吳建候于荆邦于南土河水活活造舟爲梁洪濤莽汜未始騰毒春秋主解亳隸躬親嗚呼筆跡流宕何人蒼蒼孤墳獨出高頂靜思骨肉悲憤心胷峻極于天神有所降不毛之地儉乃孔昭取象邢山全摸祭仲多藏之誡焯序前文小子築室首陽之下不敢忘本不敢違仁庶刻豐石樹此大道論次昭穆載揚顯號于以釆藻于彼中園誰其尸之有齊列孫嗚呼敢告茲辰以永薄祭尚饗

祭外祖祖母文

維年月日外孫滎陽鄭宏之京兆杜甫謹以寒食庶
羞之奠敢昭告于外王父母之靈嗚呼外氏當房祭
祀無主伯道何罪元陽誰撫緬惟夙昔追思艱窶當
太后秉柄內宗如縷紀國則夫人之門舒國則府君
之外父肁以生居貴戚豐結狂豎雌伏單栖雄鳴折
羽憂心惙惙獨行踽踽悲夫景分飛忽閭於鳳凰咄
彼讒人有詞異於鸚鵡初我父王之遘禍我母妃之
下室深狴殊塗酷吏同律夫人於是布裙屝屨提餉
潛出昊天不傭退藏于密乂成痼瘵濭至終畢葢乃
事存于義陽之誄名播于燕公之筆嗚呼哀哉宏之

等從母昆弟兩家因依弱歲俱苦慈顏永違豈無世
親不如所愛豈無舅氏不知歸嚮偏往測戀光輝漸
漬相㬌居諸造微幸遇聖主願發清機以顯内外何
當奮飛洛城之北邛山之曲列樹風煙寒泉珠玉千
秋古道王孫去兮不歸三月晴天春草萋兮增緑頃
物將牽累事未欲遂使淚流頓盡血下相續者矣捧
奠遲迴烱心依屬庶多載之洒掃循兹辰之軌躅

爲閬州王使君進論巴蜀安危表

臣某言伏自陛下平山東收燕薊洎海隅萬姓感動
喜王業再康瘡痏蘇息陛下明聖社稷之靈以至於

此然河南河北貢賦未入江淮轉輸異於曩時唯獨劒南自用兵巳來稅斂則殷部領不絕瓊林諸庫仰給最多是蜀之土地膏腴物產繁富足以供王命也近者賊臣惡子頗有亂常巴蜀之人橫被煩費猶相勸勉充備百役不敢怨嗟吐蕃今下松維等州成都巳不安矣楊琳師再發普合顆顆兩川不得相救百姓騷動未知所裁況臣本州山南所管初置節度庶事草創豈暇力及東西兩川矣伏願陛下聽政之餘料巴蜀之理亂審救援之得失定兩川之異同問分管之可否度長計大速以親賢出鎮哀罷人以安反

仄犬戎侵軼群盜窺伺庶可遏矣而三蜀天府也儻
取萬計陛下忍坐見其狼狽哉不即爲之巨竊恐蠻
夷得恣屠割耳實爲陛下有所痛惜必以親王委之
節鉞此古之維城盤石之義明矣陛下何疑哉在近
擇親賢加以醇厚明哲之老爲之師傅則萬無覆敗
之跡又何疑焉其次付重臣舊德智略經久舉事允
愜不隕穫於蒼黄之際臨危制變之明者觀其樹勲
庸於當時扶泥塗於已墜整頓理體竭露臣節必見
方面小康也今梁州既置節度與成都足以久遠相
應矣東川更分管數州於内幕府取給破弊滋甚若

兵馬悉付西川梁州益坦爲聲援是重斂之下免至
多門西南之人有活望矣必以戰伐未息勢資多軍
應須遣朝廷任使舊人授之使節留後之寄綿歷歲
時非所以塞衆望也臣於所守封界連接梓州正可
爲成都東鄙其中別作法度亦不足成要害徒擾
人矣伏惟明主裁之又天下徵收赦文減省軍用外
諸色雜賦名目伏願損之又損之劍南諸州亦困而
復振矣將相之任內外交遷西川分壺以仗賢俊愚
臣特望以親王摠戎者意在根固流長國家萬代之
利也敢輕易而言次請慎擇重臣亦願任使舊人鎮

撫不鈌借如犬戎徼擾臣素知之臣之兄承訓自没
蕃巳來長望生還僞親信於普賛探其深意意者報
復摩彌青海之役決矣同謀誓衆於前後没落之徒
曲成龝動陰合應接積有歲時每漢使迴蕃使至帛
書隱語累嘗懇論臣皆封進上聞屢達臣兄承訓憂
國家緣邊之急顑亦勤矣況臣本隨兄在蜀向二十
年兄既辱身蠻夷相見無日臣比未忍離蜀者望兄
消息時通所以戮力邊隅累踐班秩補拙之分淺待
罪之日深蜀之安危敢謁聞見臣子之義貴有所盡
於君親愚臣迂闊之説萬一少裨聖慮遠人之福也

愚臣之幸也昨竊聞諸道路出吐蕃已來草竊岐
隴逼近咸陽似是之間憂憤隕迫益增尸禄寄重之
懼寤寐報効之懇謹冒死具巴蜀成敗形勢奉表
以聞

東西兩川說

聞西山漢兵食糧者四千人皆關輔山東勁卒多經
河隴幽朔教習慣於戰守人人可用兼羌堪戰子弟
向二萬人實足以備邊守險脫南蠻侵掠邛雅子弟
不能獨制但分漢勁卒助之不足樸滅是吐蕃憑凌
本自足也推量西山邛雅兵馬卒叛援形勝明矣頃

頃三城失守罪在職司非兵之過也糧不足故也今此輩見闕兵馬使八州素歸心於其世襲刺史獨漢卒自屬裨將主一作帥之竊恐備吐蕃在羌漢兵小晛而釁隙隨之矣況軍須不足姦吏減剝未已哉愚以爲宜速擇偏裨主之主之勢明其號令一其刑賞申其哀恤致其驩忻宜先自羌子弟始自漢兒易解人意而優勸旬月大浹洽矣仍使兵羌各繫其部落刺史得自敎閱都受統於兵馬使更不得使八州都管或在一羌王或都關一世襲刺史是羌之豪族發源有遠近世封有豪家紛然聚藩落之議於中肆與奪之

權於外已然則備守之根危矣又何以藉其爲本式
遏雪嶺之西哉比羌族封王者初以授城之功得尒
城失矣䶮王如故揔統未已余諸董氊臂何王尹之
獄是矣由策嗣羌王闕王氏舊親西董族最高怨望
之勢然矣誠於此時便宜聞上使各自統領不須王
區分易制然後都靜聽取別于兵馬使不益元戎氣
壯部落無語或縱一部落怨獲羣部落喜矣無爽如
此處分豈惟邛南不足憂八州之人願賈勇復取三
城不日矣幸急擇公所素諳明了將正色遣之獠賊
內編屬自久數擾背亦自久徒惱人耳憂慮蓋不至

大邒聞受鐵券爵禄隨之今聞已小動爲之柰何若
不先招諭也穀貴人愁春事又起緣邊耕種即發猜
卒討之甚易恐賊星散於窮谷深林節度兵馬但驚
動緣邊之人供給之外未見免刼掠而還債其地豪
族兼有其地而轉富蜀之土肥無耕之地流冗之輩
近者交互其鄉村而已遠者漂寓諸州縣而已實不
離蜀也大抵秪與兼并豪家力田耳但銁畝薄斂則
田不荒以此上供王命下安疲人可矣豪族轉安是
否非蜀仍禁豪族受債罷人田管内最大誅求宜糾
富家辦而貧家創痍已深矣今富兒非不緣子弟職

掌盡在節度衙府州縣官長手下哉村正里（一作雖）見面

不敢示文書取索非不知其家處獨知貧兒家處訶

川縣令刺史有權攝者須盡罷免苟得賢良不在正

授權在進退聞上而已

先君昔年以一編授扆曰此杜工部集乃王原叔洙本也余借得宋板命蒼頭劉臣影寫之其筆畫雖不工然從宋本抄出者今世行杜集不可以計數要必以此本爲祖也汝其識之扆受書而退開卷細讀原叔記云甫集初六十卷今祕府舊藏通人家所有稱大小集者人自編摭非當時第次乃搜裒中外書九十九卷古本一卷蜀本二十卷集略十五卷樊晃序小集六卷孫光憲序二十卷鄭文寶序少陵集二十卷別題小集二卷孫僅一卷雜編三卷除其重複定取一千四百有五篇凡古詩三百九十有九近體千有六起太平時終湖南所作視居行之次若歲時爲先後分十八卷又別録賦筆雜著二十九篇爲二卷合二十卷寶元二年十月記二十卷末有嘉祐四年四月望日姑蘇郡守王祺後記此後文有補遺六葉其東西兩川說僅存六行而缺其後而第十九卷缺首二葉扆方知先君所借宋本乃王郡守鏤板

於姑蘇郡齋者深可寶也謹什襲而藏之後廿餘年吳興賈人持宋刻殘本三冊來售第一卷僅存首三葉十九卷亦缺二葉補遺東西兩川說亦止存六行其行數字數悉同乃即　先君當年所借原本也不覺悲喜交集急購得之但不得善書者成此美事且奈何又廿餘年有甥王爲玉者教導其影宋甚精覓舊紙從抄本影寫而足成之嗟乎　先君當年之授此書也豈意後日原本之復來扆之受此書也豈料今日原本復入余舍設使書賈歸于他室終作敝屣之棄爾縱歸于余而無　先君當年所授不過等閑殘帙視之爾焉能悉其源委哉應是　先君有靈不使入他人之手也抄畢記其顛末如此歲在己卯重九日隱湖毛扆謹識時年六十

（唐）杜甫　撰

宋本杜工部集

第四册

國家圖書館出版社

第四册目録

卷十四　近體詩一百首

卷十五　近體詩一百三十三首

卷十六　近體詩一百三十二首

卷十七　近體詩五十四首

宋板杜工部集 王原叔洙編次本 第柒冊

杜工部集卷第十四

前劒南節度參謀宣義郎檢校尚書工部員外郎賜緋魚袋京兆杜　甫

近體詩一百首

哭嚴僕射歸櫬一首

宴戎州楊使君東樓一首

渝州候嚴六侍御不到先下峽一首

聞高常侍亡一首忠州作　宴忠州使君姪宅一首

禹廟一首

題忠州龍興寺所居院壁一首

旅夜書懷一首　別常徵君一首

十二月一日三首　又雪一首
奉漢中王手札一首
贈崔十三評事公輔一首　長江二首
承聞故房相公靈櫬自閬州啓殯歸葬東都
有作二首
雲安九日鄭十八携酒陪諸公宴一首
荅鄭十七郎一絶　將曉二首
懷錦水居止二首　子規一首
立春一首　漫成絶句一首
老病一首　南楚一首

移居夔州郭一首
船下夔州郭宿雨濕不得上岸別王十二判官一首
入宅三首　赤甲一首
上白帝城二首　愁一首
江雨有懷鄭典設一首　雨不絶一首
崔評事弟許相迎不到應慮老夫見泥雨怯出
必愆佳期走筆戲簡一首
晝夢一首
熟食日示宗文宗武一首　又示兩兒一首
陪諸公上白帝城頭宴越公堂之作一首

傷春五首

暮春題瀼西新賃草屋五首

承聞河北諸道節度入朝歡喜口號絶句十二首

得舍弟觀書自中都已達江陵今兹暮春月末行李合到夔州悲喜相兼團圓可待賦詩

即事情見乎詞一首

喜觀即到傷題短篇二首

喜聞盜賊蕃寇摠退口號五首

即事一首　見螢火一首

送十五弟侍御使蜀一首

杜工部集卷第十四

近體詩一百首 行過戎渝州居雲安夔州作

哭嚴僕射歸櫬

素幔隨流水歸舟返舊京老親如宿昔部曲異平生風送（一作逆）蛟龍雨（晉作匣）天長驃騎營一哀三峽暮遺後見君情

宴戎州楊使君東樓

勝絶驚身老情忘發興奇座從歌妓密樂任主人為重碧酤（一作拈一作蘗一作拓）春酒輕紅擘荔枝樓高欲愁思横笛未休吹

渝州候嚴六侍御不到先下峽

聞道乘驄發沙邊待至今不知雲雨散虛費短長吟

山帶烏蠻闊江連白帝深舡經一柱觀留眼(一作滯)共登臨

聞高常侍亡(忠州作)

歸朝不相見蜀使忽傳亡虛歷金華省何殊地下郎

致君丹檻折哭友白雲長獨步詩名在秪令故舊傷

宴忠州使君姪宅

出守吾家姪殊方此日歡自須遊阮舍(陳作巷)不是怕湖

灘樂助長歌送(陳作逸)林饒旅思寬昔曾如意舞牽率強

爲看

禹廟

輕輕柳絮點人衣春來進
稀他日一杯難強進重
又雪
南雪不到地
冬熱鴛鴦
奉漢中
國有乾坤大王令
險通舟過峻陳作江長注滄
前後緘書報分明饌玉恩
已覺良宵永逸陳作何看駭浪

橘柚古屋畫龍虵
知秉四載疏鑿一云流落
孤城早閉門
居賴獨園
江流
沙鷗

緫長
細作行
處送書
何取椒花媚
蒼鹽出井此
切茨陵著書消
相將
短桃花臨水岸
微

微垣枚乘文章老河間禮樂存悲秋宋玉宅失路武陵源淹薄俱崖口東西異石根夷音迷咫尺鬼物傍（一作倚）黄昏犬馬誠爲戀狐狸不足論從容草奏罷宿昔奉清鐏

贈崔十三評事公輔

飄飄西極馬來自渥洼池颯飁定（一作寒）山桂低徊風雨枝我聞龍正直道屈爾何爲且有元戎命悲詞識者知官聯辭冗長行路洗欹危脫劍主人贈去帆春色隨陰沈鐵鳳闕教練羽林兒天子朝侵早雲臺仗數移分軍應供給百姓日支離黠吏因封己公才或守

雌燕王買（一作賈）駿骨渭差得熊羆沽國名公在拜壇群冦疑氷壺動瑶碧野水失蛟螭入幕諸彦聚渴賢高選宜騫騰坐可致九萬起於斯復進出矛戟昭然開鼎彜會看之子貴歎及老夫衰豈但江曾決還思霧一披暗塵生古鏡拂匣照西施舅氏多人物無慙困翮垂

長江二首

衆水會涪萬瞿唐爭一門朝宗人共挹盜賊爾誰尊孤石隱如馬高蘿垂飲猿歸心異波浪何事即飛翻

浩浩終不息乃知東極臨（一作深）衆流歸海意萬國奉君

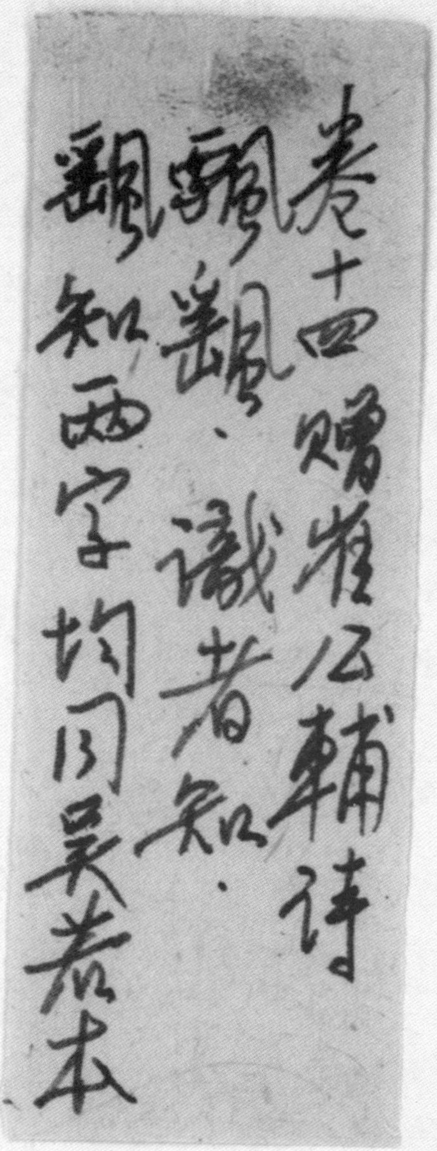
卷十四贈崔公輔詩
飄飄、識者知、
飄知西字均同吳叢本

心色借瀟湘闊聲驅灧澦深一作沉未辭添霧雨接上遇一云過衣襟

承聞故房相公靈櫬自閬州啓殯歸葬東都有作二首

遠聞房太守一作尉歸葬陸渾山一德興王後孤魂久客間孔明多故事安石竟崇班他日嘉陵涕仍霑楚水還

丹旐飛飛日初傳發閬州風塵終不解江漢忽同流劍動新身匣書歸故國樓盡哀知有處爲客恐長休

雲安九日鄭十八攜酒陪諸公宴

寒花開已盡菊蘂獨盈枝舊摘人頻異輕香酒暫隨

地偏初衣裌山擁更登危萬國皆戎馬酣歌淚欲垂

答鄭十七郎一絶

雨後過畦潤花殘步屧遲把文驚小陸好客見當時

將曉二首

石城除擊柝鐵鏁欲開關鼓角悲荒塞星河落曙山

巴人常小梗蜀使動無還垂老孤帆色飄飄犯百蠻

軍吏回官燭舟人自楚歌寒沙蒙薄霧落月去清波

壯惜身名晚衰慙應接多歸朝日簪笏筋力定如何

懷錦水居止二首

軍旅西征僻風塵戰伐多猶（一作獨）聞蜀父老不忘舜謳

歌天險終難立柴門豈重過朝朝巫峽水遠遠錦江波

萬里橋南宅百花潭北莊層軒皆面水老樹飽經霜

雪嶺界天白錦城曛日黃惜哉形勝地回首一茫茫

子規

峽裏雲安縣江樓翼瓦齊兩邊山木合終日子規啼

眇眇春風見蕭蕭夜色凄客愁那聽此故作傍人低

一云故傍旅人低

立春

春日春盤細生菜忽憶兩京梅發時盤出高門行白

玉菜傳纖手送青絲巫峽寒江那對眼杜陵遠客不

勝悲此身未知歸定處呼兒覓紙一題詩

漫成一絶

江月去人只數尺風燈照夜欲三更沙頭宿鷺聯拳靜（一作起）船尾跳魚撥（一作跋）剌鳴

老病

老病巫山裏稽留楚客中藥殘他日裏花發去年叢夜足霑沙雨春多逆水風合分雙賜筆猶作一飄蓬

南楚

南楚青春異暄寒早早分無名江上草隨意嶺頭雲正月蜂相見非時鳥共聞杖藜妨躍馬不是故離群

移居夔州郭

伏枕雲安縣遷居白帝城春知催柳別江與一作已放船

清農事聞人説山光見鳥情禹功饒斷石且就土微平

船下夔州郭宿雨濕不得上岸別王十二判官

依沙宿舸舡石瀨月娟娟風起春燈亂江鳴夜雨懸晨鐘

雲外晉作岸濕勝地石堂烟柔櫓輕鷗外含悽覺汝賢

入宅三首

奔峭背赤甲斷崖當白鹽客居媿遷次春酒漸多添花

亞欲移竹鳥窺新捲簾衰年不敢恨勝槩欲相兼

亂後居難定春歸客未還水生魚復浦雲暖麝香山半

樊作粉頂梳頭白過眉拄杖班相看多使者一一問函關

宋玉歸州宅雲通白帝城吾人淹老病旅食豈才名峽

口風常急江流氣不平只應與兒子飄轉任浮生

赤甲

卜居赤甲遷居新兩見巫山楚水春炙背可以獻天

子美芹由來知野人荆州鄭薛寄書近蜀客郗岑非

我鄰笑接郎中評事飲病從深酌道吾眞

上白帝城二首

江城含變態一上一回新天欲今朝雨山歸萬古春英

雄餘事業衰邁久風塵取醉他鄉客相逢故國人兵

戈猶擁蜀賦斂強輸秦不是煩形勝深慙（一作愁）畏損神

白帝空祠廟孤雲自往來江山城宛轉棟宇客徘徊勇略今何在當年亦壯哉後人將酒肉虛殿日塵埃谷鳥鳴還過林花落又開多慙病無力騎馬入青苔

愁 強戲爲吳體

江草日日喚愁生（巫作春）巫峽泠泠非世情盤渦鷺浴底心性獨樹花發自分明十年戎馬暗萬國異域賓客老孤城渭水秦山得見否人今罷病虎縱橫

江雨有懷鄭典設

春雨闇闇塞（晉作發）峽中早晚來自楚王宮亂波分披已打

岸弱雲狼籍不禁風寵光蕙葉與多碧點注桃花舒小紅

谷口子貞正憶汝岸高瀼滑（一作闊）限西東

雨不絕

鳴雨既過漸細（晉作細雨）微映空搖颺如絲飛堦前短草泥不亂

院裏長條風乍稀舞石旋應將乳子行雲莫自濕仙衣眼

邊江舸何怱促未待（晉作得）安流逆浪歸

崔評事弟許相迎不到應慮老夫見泥雨怯出

必愆佳期走筆戲簡

江閣要賓許馬迎午時起坐自天明浮雲不負青春色

細雨何孤白帝城身過花間霑濕好醉於馬上往來輕

虛疑皓首衝泥怯實少銀鞍傍險行

晝夢

二月饒睡昏昏然不獨夜短晝分眠桃花氣暖眼自醉
春渚日落夢相牽故鄉門巷荊棘底中原君臣豺虎邊
安得務農息戰鬬普天無吏横索錢

熟食日示宗文宗武

消渴遊江漢羇栖尚甲兵幾年逢熟食萬里逼清明松
柏卭山路風花白帝城汝曹催我老迴首淚縱横

又示兩兒

令節成吾老他時見汝心浮生看物變爲恨與年深長

葛書難得江州涕不禁團圓思弟妹行坐白頭吟

陪諸公上白帝城頭宴越公堂之作

此堂存古製城上俯江郊落構垂雲雨荒堦蔓草茅柱穿蜂溜蜜棧缺燕添巢坐接春盃氣心傷艷蘂梢英靈如過隙宴衎願投膠（古樂府云以膠投漆中誰能別離此）莫問東流水生涯未即抛

傷春五首

天下兵雖滿春光（一作青春）日自濃西京疲百戰北闕任羣凶關塞三千里烟花一萬重蒙塵清露急御宿且（一作有）誰供殷復前王道周遷舊國容蓬萊足雲氣應合總從龍

鷺入新年語花開滿故枝天青風卷幔草碧水通池牢落

官軍速蕭條萬事危鬢毛元自白淚點向來垂不是無兄

弟其如有別離巴山春色靜北望轉逶迤

日月還相鬭星辰屢合一云亦屢圍不成誅執法焉得變危機

大角纏兵氣鉤陳出帝畿烟塵昏御道耆舊把天衣行

在諸軍闕來朝大將稀賢多隱屠釣王肯載同歸

再有朝廷亂難知消息眞近傳王在洛復道使歸一作通秦

奪馬悲公主登車泣貴嬪蕭關迷北上滄海欲東巡敢料

安危體猶多老大臣豈一作得無嵇紹血霑灑屬車塵

聞說初東幸孤兒却走多難分太倉粟競棄魯陽戈胡

虜登前殿王公出御河得無（一云忍爲）中夜舞誰（一作宜）憶大風歌

春色生烽燧幽人泣薜蘿君臣重修德猶足見時和

暮春題瀼西新賃草屋五首

乂嗟三峽客再與暮春期百舌欲無語繁花能幾時谷

虛雲氣薄波亂日華遲戰伐何由定哀傷不在兹

此邦千樹橘不見比封君養拙干戈際全生麋鹿群畏人江

北草旅食瀼西雲萬里巴渝曲三年實飽聞

綵雲陰復白錦樹曉（晉作晚）來青身世雙蓬鬢乾坤一草亭哀歌

時自短醉舞爲誰醒細雨荷鋤立江猿吟翠屏

壯年（晉作志）學書劒他日委泥沙事主非無禄浮生即有涯高齋

依藥餌絶域改春華喪亂丹心破王臣未一家

欲陳濟世策已老尚書郎未息豺虎鬭空慙鴛鷺行時危人

事急（晉作惡）風逆（晉作急）羽毛傷落日悲江漢中宵淚滿牀

承聞河北諸道節度入朝歡喜口號絶句十二首

禄山作逆降天誅更有思明亦已無洶洶人寰猶不定時時戰

鬬欲何須

社稷蒼生計必安蠻夷雜種錯相干周宣漢武今王是孝子忠

臣後代看

喧喧道路多謌謡河北將軍盡入朝始（晉作 作）是乾坤王室正却交

（一作教）江漢客魂銷

不道諸公無表來茫然庶事遣人猜擁兵相學干戈鋭使者徒

勞百萬迴

鳴玉鏘金盡正臣修文偃武不無人興王會靜妖氛氣聖壽宜

過一萬春

英雄見事若通神聖哲爲心小一身燕趙休矜出佳麗宮闈不

擬選才人

抱病江天白首郎空山樓閣暮春光衣冠是日朝天子草奏
何時入帝鄉
澶漫山東一百州削成如桉抱青丘苞茅重入歸關内王祭
還供盡海頭
東逾遼水北滹沲星象風雲喜共和紫氣關臨天地闊黃金
臺貯俊賢多
漁陽突騎邯鄲兒酒酣並轡金鞭垂意氣即歸雙闕舞雄
豪復遣五陵知
李相將軍擁薊門白頭雖老赤心存竟能盡說諸侯入知有
從來天子尊

十二年來多戰場天威已息陣堂堂神靈漢代中興主功業汾陽異姓王

得舍弟觀書自中都已達江陵今茲暮春月末行李合到夔州悲喜相兼團圓可待賦詩即事情見乎詞

爾到（一作過）江陵府何時到峽州亂離生有別聚集病應瘳颯颯開啼眼朝朝上水樓老身須付託白骨更何憂

喜觀即到復題短篇二首

巫峽千山暗終南萬里春病中吾見弟書到汝爲人意荅兒童問來經戰伐新泊舡悲喜後款款話（一作議）歸秦

鵲抛書祟鸜鵒枝閒喜不去原上急曾經江閣嫌津柳風帆

數驛亭應論十年事愁絶始星星

喜聞盜賊蕃寇摠退口號五首

蕭關隴水入官軍青海黄河卷塞雲北極轉愁龍虎氣西戎

休縱犬羊群

贊普多教使入秦數通和好止烟塵朝廷忽用哥舒將殺伐虛

悲公主親

崆峒西極過崑崙駞馬由來擁國門逆氣數年吹路斷蕃人

聞道漸星奔

勃律天西采玉河堅昆碧盌最來多舊隨漢使千堆寶少

答胡晉作朝王萬匹羅

今春喜氣滿乾坤南北東西拱至尊大曆二年調玉燭玄元皇帝聖雲孫

即事

暮春三月巫峽長皛皛行雲浮一作無日光雷聲忽送千峰雨花氣渾如百和香黃鶯過水翻迴去燕子銜泥濕不妨飛閣卷簾圖畫裏虛無只少對瀟湘

見螢火

巫山秋夜螢火飛簾疎巧入坐人衣忽驚屋裏琴書冷復亂簷邊星宿稀却繞井欄添箇箇偶經花蘂弄輝輝滄

江白髮愁看汝來歲如今歸未歸

送十五弟侍御使蜀

喜弟文章進添余别興牽數盃巫峽酒百丈内江舡未息狖狼鬬空催犬馬年歸朝多便道搏擊望秋天

暮春

卧病擁塞在峽中瀟湘洞庭虚映空楚天不斷四時雨巫峽常吹千里風沙上草閣柳新闇城邊野池蓮欲紅暮春鴛鷺立洲渚挾子翻飛還一叢

晴二首

久雨巫山暗新晴錦繡文碧知湖外晉作上草紅見海東雲

亭日鶯相和摩霄鶴數群野花乾更落風處急紛紛

啼烏爭引子鳴鶴不歸林下食遭泥去高飛恨久陰

雨聲衝塞盡日氣射江深迴首周南客驅馳魏闕心

雨

始賀天休雨還嗟地出雷驟看浮（一作巫）峽過密作（舊作塞密）渡江來牛馬行無色蛟龍鬭不開干戈盛陰氣未必自陽臺

月三首

斷續巫山雨天河此夜新若無青嶂月愁殺白頭人魍魎移深樹蝦蟆動半輪故園當北斗直指（一作想）照西秦

併點巫山出新窺楚水清羈栖愁見裏（一作愁裏見）二十四迴明必驗
升沈體如知進退情不違銀漢落亦伴玉繩横
萬里瞿唐峽（一作月）春來六上弦時時開暗室故故滿青天爽合
風襟靜高當淚臉懸南飛有烏鵲夜夊落江邊

園

仲夏流多水清晨向小園碧溪摇艇濶朱果爛枝繁
始為江山靜終防市井喧畦蔬繞茅屋自足媚盤飡

歸

束帶還騎馬東西却渡舡林中才有地峽外絶無天
虚白高人靜喧卑俗累牽他鄉悦遲暮不敢廢詩篇

諸葛廟

久遊巴子國屢入武侯祠竹日斜虛寢溪風滿薄帷君臣當共濟賢聖亦同時翊戴歸先主并吞更出師蟲蚍穿畫壁巫覡醉蛛絲欻憶吟梁父躬耕也未一作起遲

豎子至

樝梨且一作纔綴碧梅杏半傳黃小子幽園至輕籠熟捺香山風猶滿把野露及新嘗欲寄江湖客提携日月長

舍弟觀歸藍田迎新婦送示兩篇

汝去迎妻子高秋念却迴即今螢已亂好與鴈同來

東望西江水南遊北户開卜居期靜處會有故人杯

楚塞難爲路一作別藍田莫滯留衣裳判白露鞍馬信清

秋滿峽重江水開帆八月舟此時同一醉應在仲宣樓

季夏送鄉弟韶陪黃門從叔朝謁

令弟尚爲蒼水使名家莫出杜陵人比來相國兼安

蜀歸赴朝廷巳入秦捨舟策馬論兵地拖玉腰金報

主身莫度清秋吟蟋蟀早聞黃閣畫騏驎

返照

楚王宫北正黃昏白帝城西過雨痕返照入江翻石

壁歸雲擁樹失山村衰年肺病唯高枕絶塞愁時早

閉門不可久留豺虎亂南方實有未招魂

熱三首

雷霆空霹靂雲雨竟虛無炎赫衣流汗低垂氣不蘇乞
爲寒水玉願作冷秋菰何（晉作耶）似兒童歲風涼出舞雩
瘴雲終不滅瀘水復西來閉户人高卧歸林鳥却迴
峽中都似火江上只空雷想見陰宮雪風門颯踏開
朱李沈不冷彫胡（晉作菰）炊屢新將衰骨盡痛被褐（一作唱）味
空頻歘翕炎蒸景飄颻征戍人十年可解甲爲爾一
霑巾

示獠奴阿段

山木蒼蒼落日曛竹竿裊裊細泉分郡人入夜爭餘
瀝豎子尋源獨不聞病渴三更迴白首傳聲一注濕
青雲曾驚陶侃胡奴異怪爾常穿虎豹羣

簡吳郎司法

有客乘舸自忠州遣騎安置瀼西頭古堂本買藉疏
豁借汝遷居停宴遊雲石熒熒高葉曙風江颯颯亂
帆秋却爲姻婭過逢地許坐曾軒數散愁

又呈吳郎

堂前撲棗任西鄰無食無兒一婦人不爲困窮寧有
此秪緣恐懼轉須親即防（一作知）遠客雖多事使（一作便）插

疏籬却甚眞已訴徵求貧到骨正思戎馬淚盈巾

杜工部集卷第十四

杜工部集卷第十五

前劒南節度參謀宣義郎檢校尚書工部貟外郎賜緋魚袋京兆杜　甫

近體詩一百三十三首

七月一日題終明府水樓二首

秋日夔府詠懷奉寄鄭監李賔客一百韻

贈李八秘書別三十韻

寄劉峽州伯華使君四十韻

王十五前閣會

寄韋有夏郎中

寄常徵君

日暮一首

秋日寄題鄭監湖上亭三首

謁眞諦寺禪師一首

覆舟二首

秋清一首

哭王彭州掄一首

夔府書懷一首

送李功曹之荆州充鄭侍御判官重贈一首

上卿翁請修武侯廟遺像闕落一首

孤鴈一首

遣愁一首

寄李十五秘書二首

即事一首

灩澦一首

白帝一首

黄草一首

吹笛一首

垂白一首

草閣一首

江月一首

洞房一首

宿昔一首

能畫一首

鬬雞一首

鸚鵡一首

歷歷一首

江上一首

中夜一首

江漢一首

洛陽一首

驪山一首

提封一首

白露一首

孟氏一首

吾宗一首

第五弟豐獨在江左近三四載寂無消息覓使

寄此二首

送李公秘書赴杜相公幕一首

巫峽弊廬奉贈侍御四舅別之澧朗一首

溪上一首

樹間一首

八月十五夜月二首

十六夜翫月一首

十七夜對月一首

傷秋一首

秋峽一首

秋興八首

社日兩篇

秋野五首

詠懷古跡五首

送田四弟將軍一首
九月一日過孟十二倉曹十四主簿兄弟一首
過客相尋一首
孟倉曹步趾領新酒醬二物見遺一首
課小豎鉏斫舍北果林枝蔓荒穢淨訖移床三首
峽口二首
村雨一首
寒雨朝行視園樹一首
偶題一首
雨晴一首

晚晴吳郎見過北舍一首

解悶十二首

復愁十二首

諸將五首

九日五首

九日諸人集于林一首

七月一日題終明府水樓二首

高棟曾軒已自涼秋風此日灑衣裳翛然欲下陰山雪不去非無漢署香絕壁過雲開錦繡疎松夾水奏笙簧看君宜著王喬履眞賜還疑出尚方終明府功曹也兼攝奉節

令故有此句佇觀奏即眞也

宓子彈琴邑宰日終軍弃繻英妙時承家節操尚不泯爲政風流今在茲可憐賓客盡傾蓋何處老翁來賦詩楚江巫峽半雲雨清簟疎簾看弈棊

秋日夔府詠懷奉寄鄭監審李賓客之芳一百韻

絕塞烏蠻北孤城白帝邊飄零仍百里消渴已三年雄劍鳴開匣群書滿繫舡亂離心不展衰謝日蕭然筋力妻孥問菁華歲月遷登臨多物色陶冶賴詩篇峽束滄江起巖排石樹圓拂雲霾楚氣朝海蹴吴天煮井爲鹽速燒畬度地偏有時驚疊嶂何處覓平川

鸂鶒雙雙舞獼猴壘壘懸碧蘿長似帶錦石小如錢春草何曾歇寒花亦可憐獵人吹戍火野店引山泉喚起搔頭急（何遜云金粟裹搔頭）扶行幾屐穿（諸阮曰一生能著幾屐）兩京猶薄宦四海絶隨肩幕府初交辟郎官幸備員瓜時猶旅寓萍泛苦夤緣藥餌虛狼籍秋風洒靜便（平）開襟驅瘴癘明目掃雲煙高宴諸侯禮佳人上客前哀箏傷老大華屋豔神仙南内開元曲常時弟子傳法歌聲變轉滿座涕潺湲（都督柏中丞筵聽梨園弟子李山奴歌）弔影夔州僻回腸杜曲煎即今龍厩水莫帶犬戎羶（兩京龍厩門苑馬門也渭水流苑馬門內）耿賈扶王室蕭曹拱御筵乘威滅蜂蠆戮力効

鷹鸇舊物森猶在凶徒惡未悛國須行戰伐人憶止
戈鋋奴僕何知禮恩榮錯與權胡星一彗孛黔首遂
拘攣哀痛絲綸切煩苛法令蠲業成陳始王兆喜出
于畋宮禁經綸密台階翊戴全熊羆載呂望鴻鴈美
周宣側聽中興主長吟不世賢音徽一柱數道里下
牢千（鄭在江陵 李在夷陵）鄭李光時論文章並我先陰何尚清省
沈宋欻聯翩律比崑崙竹音知燥濕絃風流俱善價
愜當久忘筌置驛常如此登龍蓋有焉雖云隔禮數
不敢墜周旋高視收人表虛心味道玄馬來皆汗血
鶴唳必青田羽翼商山起蓬萊漢閣連管寧紗帽淨

江令錦袍鮮東郡時題壁南湖日扣舷遠遊凌絶境佳句染華牋每欲孤飛去徒爲百慮牽生涯已寥落國步乃一作尚迍邅衾枕成蕪没池塘作弃捐平生多病卜築遺懷別離憂怛怛伏臘涕漣漣露菊班豐鎬秋蔬一作菰影澗瀍共誰論昔事幾處有新阡富貴空迴首喧爭懶著鞭兵戈塵漠漠江漢月娟娟局促看秋鷰蕭疎聽晚蟬雕蟲蒙記憶烹鯉問沉綿卜羡君平杖偷存子敬氊囊虛把釵釧米盡圻花鈿甘子陰涼葉茅齋八九椽陣圖沙北岸市暨瀼西巔八陣圖市暨夔人語也江水横通山谷處方人謂之瀼羈絆心常折棲遲病即痊紫收岷嶺芋一云紫秧岷下芋白種

陸池一作家蓮色好梨勝頰穰多栗過拳㔉厨唯一味求
飽或三鱸兒去看魚笱人來坐馬韉一云俗異鱗蛟室朋來坐馬韉
縛柴門窄窄通竹溜涓涓塹抵公畦稜京師農人指田遠近多云
幾稜稜音去聲村依野廟壖缺籬將棘拒倒石賴藤纏借問
頻朝謁何如穩晝眠誰云行不逮自覺坐能堅霧雨
銀章澁馨香粉署妍紫鸞無近遠黃雀任翩翾困學
違從衆明公各勉旃聲華夾宸極早晚到星躔懇諫
留匡鼎諸儒引服虔不逢一作過輸鯁直會是正陶甄
宵旰憂虞軫黎元疾苦駢雲臺終日畫青簡爲誰編
行路難何有招尋興已專由來具飛檝暫擬控鳴弦

身許雙峯寺門求七祖禪落帆追宿昔衣褐向眞詮安石名高晉鄭高簡得謝太傅之風昭王客赴燕李宗親有燕昭之美燕周之裔途中非阮籍查上似張騫披拂一作晤雲寧在淹留景不延風期終破浪水怪莫飛涎他日辭神女傷春怯杜鵑淡交隨聚散澤國遶迴旋本自依迦葉何曾藉去聲偓佺鑪峯生轉盼橘井尚高褰東走窮歸鶴南征盡跕鳶晚聞多妙教卒踐塞前愆顧凱丹青列頭陁琬琰鐫衆香深黷黷幾地肅芊芊勇猛為心極清羸任體孱金篦空刮眼鏡象未離銓一云平等未離銓

贈李八祕書別三十韻

往時中補右扈蹕上元初反氣凌行在妖星下直廬
六龍瞻漢闕萬騎略姚墟玄朔迴（一作還）天步神都憶帝
車一戎纔汗馬百姓免爲魚通籍蟠螭印差肩列鳳
輿事殊迎代邸喜異賞朱虛寇盜方歸順乾坤欲晏
如不才同補袞奉詔許牽裾鴛鷺叨雲閣騏驎滯玉
除（一作石渠）文園多病後中散舊交踈飄泊哀相見平生意
有餘風煙巫峽遠臺榭楚宮虛（一作除）𩚔目非論故新
文尚起予清秋凋碧柳別浦落紅蕖消息多旗幟經
過數里閭戰連脣齒國軍急羽毛書幕府籌頻問（山劒）
（元帥杜相公初屈幕府參籌畫相公朝謁今赴後期也）山家藥正鋤（秘書比卧青城山中）台星

入朝謁使節有吹噓西蜀災長弭南翁憤始攄對敭
抗士卒乾没費倉儲勢藉兵須用功無禮忽諸御鞍
金騕褭宮硯玉蟾蜍拜舞銀鉤落恩波錦帕舒此行
非不濟良友昔相於去旆依顏色沿流想疾徐沈綿
疲井臼倚薄似樵漁乞去米煩佳客鈔詩聽小胥杜
陵斜晚照潏水帶寒淤莫話青溪髮蕭蕭白映梳

寄劉峽州伯華使君四十韻

峽内多雲雨秋來尚鬱蒸遠山朝白帝深水謁一作出夷
陵遲暮嗟為客西南喜得朋哀猿更起坐落鴈失飛
騰伏枕思瓊樹臨軒對玉繩青松寒不落碧海闊逾

澄昔歲文爲理群公價盡增家聲同令聞時論以儒
稱太后當朝肅多才接迹昇翠虛捎魍魎丹極上鯤
鵬宴引春壺滿一作酒恩分夏簟冰彫章五色筆紫殿
九華燈學並盧王敏書偕褚薛能老兄眞不墜小子
獨無承近有風流作聊從月繼徵放蹄知赤驥捩翅
服蒼鷹卷軸來何晚襟懷庶可憑會期吟諷數益破
旅愁凝雕刻初誰料一作解纖毫欲自矜神融躡飛動
戰勝洗侵凌妙取筌蹄弃高宜百萬層白頭遺恨在
青竹幾人登迴首追談笑勞歌跼寢興年華紛已矣
世故莽相仍刺史諸侯貴郎官列宿應潘生驂閣遠

黃霸璽書曾乳⿱虎貝號攀石飢鼯訴落藤藥囊（一去潘安雲閣遠）親道士灰劫問胡僧憑久烏皮綻簪稀白帽稜林居看蟻穴野食行魚罾筋力交彫喪飄零免戰兢皆爲百里宰正似六安丞姹女縈新裏丹砂冷舊秤但求椿壽永莫慮杞天崩鍊骨調情性張兵撓棘矜養生終自惜伐數（一作叛）必全懲政術甘踈誕詞場媿服膺展懷詩誦魯割愛酒如澠（平生所好消渴止之）咄咄寧書字冥冥欲避矰江湖多白鳥天地有青蠅

王十五前閣會

楚岸收新雨春臺引細風情人來石上鮮鱠出江中

鄰舍煩書札肩輿強差翁病身虛後味何幸飫兒童

寄韋有夏郎中

省郎憂病士書信有柴胡飲子頻通汗懷君想報珠
親知天畔少藥味峽中無歸楫生衣卧春鷗洗翅呼
猶聞上急水早作取平途萬里皇華使爲僚記腐儒

寄常徵君

白水青山空復春徵君晚節傍風塵楚妃堂上色殊
衆海鶴堦前鳴向人萬事糺紛猶絶粒一官羈絆實
藏身開州入夏知涼冷不似雲安毒熱新

寄岑嘉州

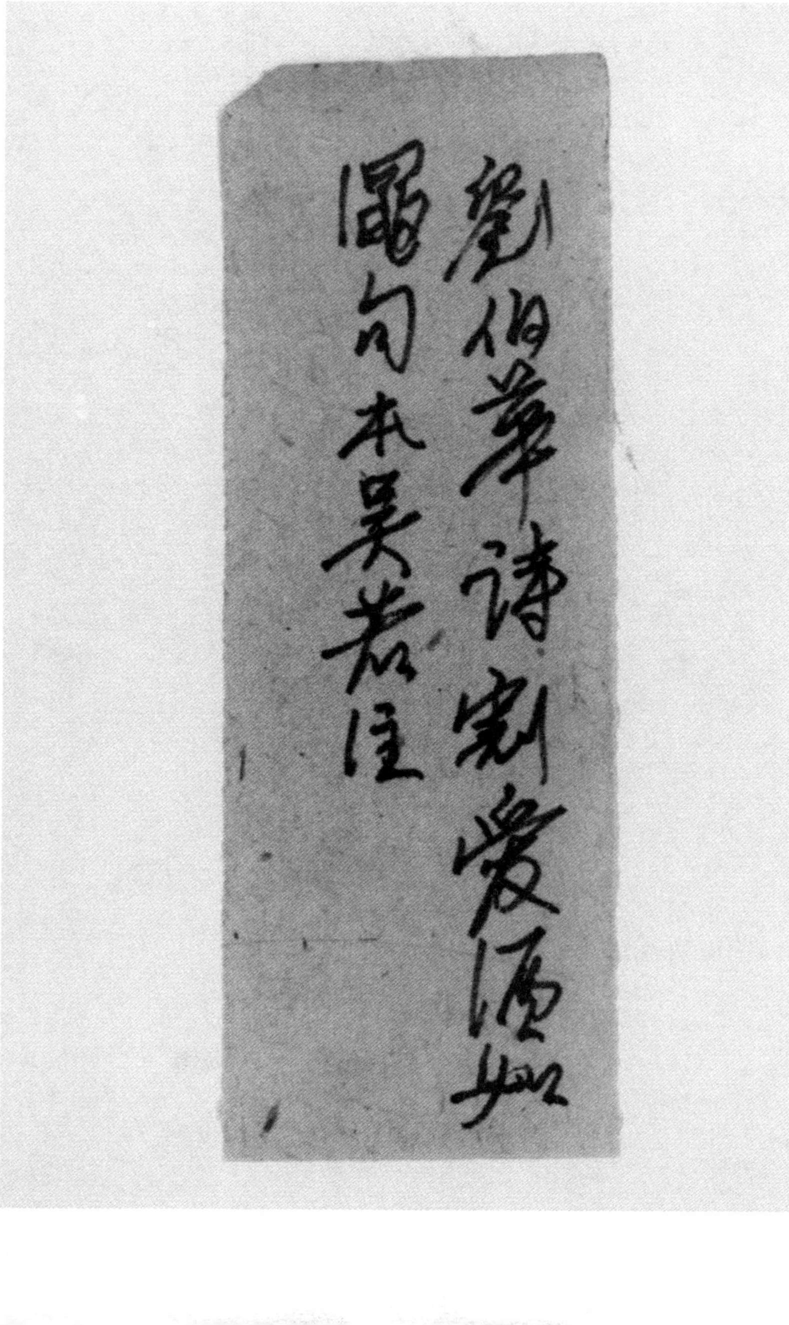

不見故人十年餘不道故人無素書願逢顏色關塞
遠豈意出守江城居外江三峽且相接斗酒新詩終
日疎謝眺每篇堪諷誦馮唐已老聽吹噓泊舡秋夜
經春草伏枕青楓限玉除眼前所寄選何物贈子雲
安雙鯉魚

覽物

曾爲掾吏趨三輔憶在潼關詩興多巫峽忽如瞻華
岳蜀江猶似見黃河舟中得病移衾枕洞口經春長
薛蘿形勝有餘風土惡幾時迴首一高謌

憶鄭南玭

鄭南伏毒守瀟洒到江心石影銜珠閣泉聲帶玉琴
風杉曾曙倚雲嶠憶春臨萬里滄浪外龍虵只自深

懷灞上遊

悵望東陵道平生霸上遊春濃停野騎夜宿敞雲樓
離別人誰在經過老自休眼前今古意江漢一歸舟

雨

萬木雲深隱連山雨未開風扉掩不定水鳥去仍廻
蛟館如鳴杼樵舟豈伐枚清涼破炎毒襄意欲登臺

晚晴

返照斜初徹浮雲薄未歸江虹明近飲峽雨落餘飛

梟鴟終高去熊羆覺自肥秋分客尚在竹露夕微微

夜雨

小雨夜復密迴風吹早秋野涼侵閉户江滿帶維舟
通籍恨多病爲郎忝薄遊天寒出巫峽醉别仲宣樓

更題

只應踏初雪騎馬發荆州直怕巫山雨眞傷白帝秋
群公蒼玉珮天子翠雲裘同舍晨趨侍胡爲淹此留

峽隘

聞説江陵府雲沙淨眇然白魚如切玉朱橘不論錢
水有遠湖樹人今何處舡青山各在眼却望峽中天

存歿口號二首

席謙不見近彈棊畢燿仍傳舊小詩玉局他年無限笑白楊今日幾人悲

鄭公粉繪隨長夜曹霸丹青已白頭天下何曾有山水人間不解重驊騮（高士滎陽鄭虔曹善畫馬）

日暮

牛羊下來久各已閉柴門風月自清夜江山非故園石泉流暗壁草露滴秋根（一作滿秋原）頭白明燈裏何須花燼繁

秋日寄題鄭監湖上亭三首

碧草違春意沅湘萬里秋池要山簡馬月淨庾公樓
磨滅餘篇翰平生一釣舟高唐寒浪減髣髴識昭丘
新作湖邊宅還聞賓客過自須開竹逕誰道避雲蘿
官序潘生拙才名賈傅多捨舟應轉地鄰接意如何
塹阻蓬萊閣終爲江海人揮金應物理拖玉豈吾身
羹煮秋蓴滑盃迎露菊新賦詩分氣象佳句莫頻頻

謁眞諦寺禪師

蘭若山高處煙霞嶂幾重凍泉依細石晴雪落長松
問法看詩妄觀身向酒慵未能割妻子卜宅近前峰

覆舟二首

巫峽盤渦曉黔陽貢物秋丹砂同隕石翠羽共沉舟
羇使空斜景龍居閟積流篙工幸不溺俄頃逐輕鷗
竹宫時望拜桂館或求仙姹女淩波日神光照夜年
徒聞斬蛟劒無復爨犀舡使者隨秋色迢迢獨上天

秋清

高秋蘇肺氣白髮自能梳藥餌憎加減門庭悶掃除
杖藜還客拜愛竹遣兒書十月江平穩輕舟進所如

哭王彭州掄

執友驚淪没斯人已寂寥新文生沈謝異骨降松喬北
部初高選東堂早見招蛟龍纏倚劒鸞鳳夾吹簫歴

職漢庭乆中年胡馬驕兵戈闇兩觀寵辱事三朝蜀
路江干窄彭門地里遥解龜生碧草諫獵阻清霄頃
壯戎麾出叨陪幕府要将軍臨氣候猛士塞風飈井
漏泉誰汲烽疎火不燒前籌詩自多暇隱几接終朝翠
石俄雙表寒松竟後凋贈詩焉敢墜染翰欲無聊再
哭經過罷離魂去住銷之官方玉折寄葬與萍漂曠
望渥洼道霏微河漢橋夫人先即世令子各清標巫
峽長雲雨秦城近斗杓馮唐毛髮白歸興日蕭蕭

夔府書懷 四十韻

昔罷河西尉初興薊北師不才名位晚敢恨省郎遲

扈聖崆峒日端居灩澦時萍流仍汲引樗散尚恩慈
遂阻雲臺宿（一作靈臺伯）常懷湛露詩翠華森遠矣白首
颯淒其拙被林泉滯生逢酒賦欺文園終寂寞漢閣自
磷緇病隔君臣議慙紆德澤私揚鑣驚主辱拔劍撥
年衰社稷經綸地風雲際會期血流紛在眼涕洒亂
交頤四瀆樓舡汎中原鼓角悲賊壕連白翟戰瓦落
丹墀先帝嚴靈（一作虛）寢宗臣切受遺恒山猶突騎遼
海競張旗田父嗟膠漆行人避蒺藜總戎存大體降
將飾卑詞楚貢何年絕堯封舊俗疑長吁翻北寇一
望卷西夷不必陪玄圃超然待具茨凶兵鑄農器講

殿闢書帷廟筭高難測天憂實在茲形容眞潦倒苔
效莫支持使者分王命羣公各典司恐乖均賦斂不
似問瘡痍萬里煩供給孤城最怨思綠林寧小患雲
夢欲難追即事須嘗膽蒼生可察眉議（一作義）堂猶集
鳳正觀是元龜處處喧飛檄家家急競錐蕭車安不
定蜀使下何之釣瀨疏墳籍耕巖進弈碁地蒸餘破
扇冬暖更纖絺豺遘哀登楚麟傷泣象尼衣冠迷適
越藻繪憶遊睢賞月延秋桂傾陽逐露葵大庭終反
樸京觀且僵尸高枕虛眠晝哀歌欲和誰南宮載勳
業凡百愼交綏

送李功曹之荆州充鄭侍御判官重贈

曾聞宋玉宅每欲到荆州此地生涯晚遥悲水國秋孤城一柱觀落日九江流使者雖光彩青楓遠自愁

上卿翁請修武侯廟遺像缺落時崔卿權夔州

大賢爲政即多聞刺史眞符不必分尚有西郊諸葛廟卧龍無首對江濆

孤鴈一云後飛鴈

孤鴈不飲啄飛鳴聲念羣一作聲聲飛念羣誰憐一片影相失萬重雲望盡似猶見哀多如更聞野鴉無意緒鳴噪自紛紛

遣愁

養拙蓬爲户茫茫何所開江通神女館地隔望鄉臺
漸惜容顏老無由弟妹來兵戈與人事回首一悲哀

奉寄李十五秘書二首

避暑雲安縣秋風早下來暫留魚復浦同過楚王臺
猿鳥千崖窄江湖萬里開竹枝歌未好畫舸莫遲迴
行李千金贈衣冠八尺身飛騰知有策意度不無神
班秩兼通貴公侯出異人玄成負文彩世業豈沉淪

即事

天畔群山孤草亭江中風浪雨冥冥一雙白魚不受

釣三寸黃甘猶自青多病馬卿無日起窮途阮籍幾
時醒未聞細柳散金甲腸斷秦川流濁涇

灔澦

灔澦既没孤根深西來水多愁太陰江天漠漠鳥雙
去風雨時時龍一吟舟人漁子歌迴首估客胡商淚
滿襟寄語舟航惡年少休翻鹽井橫黃金

白帝

白帝城中雲出門白帝城下雨翻盆高江急峽雷霆
鬭翠木蒼藤日月昏戎馬不如歸馬逸千家今有百
家存哀哀寡婦誅求盡慟哭秋原何處村

黃草

黃草峽西船不歸赤甲山下行人稀秦中驛使無消息蜀道兵戈有是非萬里秋風吹錦水誰家別淚濕羅衣莫愁劒閣終堪據聞道松州已被圍

吹笛

吹笛秋山風月清誰家巧作斷腸聲風飄律呂相和切月傍關山幾處明胡騎中宵堪北走武陵一曲想南征故園楊柳今摇落何得愁中曲盡生

垂白 一云白首

垂白馮唐老清秋宋玉悲江喧長少睡樓迥獨移時

多難身何補無家病不辭甘從千日醉未許七哀詩

草閣

草閣臨無地柴扉永不關魚龍迴夜水星月動秋山

夂夕一作露清初濕高雲薄未還汎舟慙小婦飄泊損

紅顏

江月

江月光於水高樓思殺人天邊長作客老去一霑巾

玉露團清影銀河没半輪誰家挑錦字滅燭翠眉嚬

洞房

洞房環珮冷玉殿起秋風秦地應新月龍池滿舊宮

繫舟今夜遠清漏往時同萬里黃山北園陵白露中

宿昔

宿昔青門裏蓬萊仗數移花嬌迎雜樹龍喜出平池落日留王母微風倚少兒宮中行樂秘少有外人知

能畫

能畫毛延壽投壺郭舍人每蒙天一笑復似物皆春政化平如水皇恩斷若神時時用抵戲亦未雜風塵

鬭雞

鬭雞初賜錦舞馬既登牀簾下宮人出樓前御柳一作曲長仙遊終一閟女樂久無香寂寞驪山道清秋草木黃

鸚鵡 一云翦羽

鸚鵡含愁思聰明憶別離翠衿渾短盡紅觜漫多知

未有開籠日空殘舊宿枝世人憐復損何用羽毛奇

歷歷

歷歷開元事分明在目前無端盜賊起忽已歲時遷

巫峽西江外秦城北斗邊爲郎從白首卧病數秋天

江上

江上日多雨蕭蕭荊楚秋高風下木葉永夜攬貂裘

勳業頻看鏡行藏獨倚樓時危思報主衰謝不能休

中夜

中夜江山靜危樓望北辰長爲萬里客有媿百年身
故國風雲氣高堂戰伐塵胡鶵負恩澤嗟爾太平人

江漢

江漢思歸客乾坤一腐儒片雲天共遠永夜月同孤
落日心猶壯秋風病欲蘇古來存老馬不必取長途

洛陽

洛陽昔陷没胡馬犯潼關天子初愁思都人慘别顔
清笳去宫闕翠蓋出關山故老仍流涕龍髯幸再攀

驪山

驪山絶望幸花蕚罷登臨地下無朝燭人間有賜金

鼎湖龍去遠銀海鴈飛深萬歲蓬萊日長懸舊羽林

提封

提封漢天下萬國尚同心借問懸車守何如儉德臨

時徵俊乂入草竊一作莫慮犬羊侵願戒兵猶火恩加四

海深

白露

白露團甘子清晨散馬蹄圃開連石樹舡渡入江溪

憑几看魚樂迴鞭急鳥棲漸知秋實美幽徑恐多蹊

孟氏

孟氏好兄弟養親唯小園承顏胝手足坐客強盤飧

負米力葵外讀書秋樹根卜鄰慙近舍訓子學誰門

吾宗 衛倉曹崇簡

吾宗老孫子質朴古人風耕鑿安時論衣冠與世同

在家常早起憂國願年豐語及君臣際經書滿腹中

第五弟豐獨在江左近三四載寂無消息覓使

寄此二首

亂後嗟吾在羇棲見汝難草黃騏驥病沙晚鶺鴒

寒楚設關城險吴吞水府寛十年朝夕淚衣袖不曾乾

聞汝依山寺杭州定越州風塵淹別日江漢失一作共

清秋影著啼猿樹魂飄結蜃樓明年下春水東盡白

雲求

送李八秘書赴杜相公幕

青簾白舫益州來巫峽秋濤天地迴石出倒聽楓葉下灩澦堆櫓搖皆指菊花開貪趨相府今晨發恐失佳期後命催南極一星朝北斗五雲多處是三台

巫峽弊廬奉贈侍御四舅別之澧朗

江城秋日落山鬼閉門中行李淹吾舅誅茅問老翁赤眉猶世亂青眼只途窮傳語桃源客人今出處同

溪上

峽內淹留客溪邊四五家古苔生迮一作濕地秋竹隱疎

花塞俗人無井山田飯有沙西江使舡至時復問京華

樹間

岑寂雙甘樹婆娑一院香交柯低几杖垂實礙衣裳

滿歲如松碧同時待菊黄幾迴霑葉露乘月坐胡床

八月十五夜月二首

滿目飛明鏡歸心折大刀轉蓬行地遠攀桂仰天高

水路疑霜雪林棲見羽毛此時瞻白兔直欲數秋毫

稍下巫山峽猶銜白帝城氣沈全浦暗輪仄半樓明

刁斗皆催曉蟾蜍且自傾張弓倚殘魄不獨漢家營

十六夜翫月

舊挹金波爽皆傳玉露秋關山隨地闊河漢近人流谷口樵歸唱孤城笛起愁巴童渾不寢半夜有行舟

十七夜對月

秋月仍圓夜江村獨老身捲簾還照客倚杖更隨人光射潛虬動明翻宿鳥頻茅齋依橘柚清切露華新

傷秋

村僻來人少山長去鳥微高秋收畫扇一云藏羽扇久客掩荊扉懶慢頭時櫛艱難帶減圍將軍猶汗馬天子尚戎衣白蔣風飈脆殷檉曉夜稀何年減豺虎似有故園歸

秋峽

江濤萬古峽肺氣久衰翁不寐防巴虎全生狎楚童
衣裳垂素髮門巷落丹楓常怪商山老兼存翊贊功

秋興八首

玉露凋傷楓樹林巫山巫峽氣蕭森江間波浪兼天
湧塞上風雲接地陰叢菊兩（一作重）開他日淚孤舟一繫
故園心寒衣處處催刀尺白帝城高急暮砧

夔府孤城落日斜每依南斗望京華聽猿實下三聲
淚奉使虛隨八月查畫省香爐違伏枕山樓粉堞隱
悲笳請看石上藤蘿月已映洲前蘆荻花

千家山郭靜朝暉一日一作百處江樓坐翠微信宿漁人還汎汎清秋燕子故飛飛匡衡抗疏功名薄劉向傳經心事違同學少年多不賤五陵衣馬自輕肥

聞道長安似弈棊百年世事不勝悲王侯第宅皆新主文武衣冠異昔時直北關山金鼓振征西車馬羽書遲魚龍寂寞秋江冷故國平居有所思

蓬萊宮闕對南山承露金莖霄漢間西望瑶池降王母東來紫氣滿函關雲移雉尾開宮扇日繞龍鱗識聖顔一卧滄江驚歲晚幾迴青瑣點朝班

瞿唐峽口曲江頭萬里風煙接素秋花萼夾城通御

氣芙蓉小苑入邊愁朱簾繡柱圍黃鶴錦纜牙檣起白鷗迴首可憐謌舞地秦中自古帝王州

昆明池水漢時功武帝旌旗在眼中織女機絲虛月夜石鯨鱗甲動秋風波漂菰米沉雲黑露冷蓮房墜粉紅關塞極天唯鳥道江湖滿地一漁翁

昆吾御宿自逶迤紫閣峯陰入渼陂香稻啄餘鸚鵡粒碧梧棲老鳳凰枝佳人拾翠春相問仙侶同舟晚更移綵筆昔遊干氣象白頭吟望苦低垂

社日兩篇

九農成德業百祀發光輝報効神如在馨香舊不違

南翁巴曲醉北鴈塞聲微尚想東方朔詼諧割肉歸
陳平亦分肉太史竟論功今日江南老他時渭北（一作水）童
歡娛看絶塞涕淚落秋風鴛鷺廻金闕誰憐病峽中

秋野五首

秋野日疏蕪寒江動碧虚繫舟蠻井絡卜宅楚村墟
棗熟從人（一作行）打葵荒欲自（一作且）鋤盤飱老夫食分
減及溪魚
易識浮生理難教一物違水深魚極樂林茂鳥知歸
吾老甘貧病榮華有是非秋風吹几杖不厭此山薇
禮樂攻吾短山林引興長掉頭紗帽仄曝背竹書光

風落收松子天寒割蜜房稀疎小紅翠駐屐近微香

遠岸秋沙白連山晚照紅潛鱗輸駭浪歸翼會高風

砧響家家發樵聲箇箇同飛霜任青女賜被隔南宮

身許騏驎畫年衰鴛鷺羣大江秋易盛空峽夜多聞

逕隱千重石帆留一片雲兒童解蠻語不必作參軍

詠懷古跡五首

支離東北風塵際漂泊西南天地間三峽樓臺淹日

月五溪衣服共雲山羯胡事主終無賴詞客哀時且

未還庾信平生最蕭瑟暮年詩賦動江關

搖落深知宋玉（一作為主）悲風流儒雅亦吾師悵望千秋

一灑淚蕭條異代不同時江山故宅空文藻雲雨荒
臺豈夢思最是楚宮俱泯滅舟人指點到今疑
羣山萬壑赴荊門生長明妃尚有村一去紫臺連朔
漠獨留青塚向黃昏畫圖省識春風面環珮空歸月
夜魂千載琵琶作胡語分明怨恨曲中論歸州有昭君村
蜀主窺吴幸三峽崩年亦在永安宮翠華想像空一作寒
山裏玉殿虛無野寺中古廟杉松巢水鶴歲時伏臘
走村翁武侯祠屋長鄰近一體君臣祭祀同殿今爲寺廟在宮東
諸葛大名垂宇宙宗臣遺像肅清高三分割據紆籌
策萬古雲霄一羽毛伯仲之閒見伊呂指揮若定失

蕭曹福移漢祚難恢復志決身殲軍務勞

送田四弟將軍將夔州栢中丞命起居江陵節度陽城郡王衛公幕

離筵罷多酒起地發寒塘迴首中丞座馳牋異姓王

鸑𪈧楓樹日鴈度麥城霜空醉山翁酒遥憐似葛強

九月一日過孟十二倉曹十四主簿兄弟

藜杖侵寒露蓬門啓曙煙力稀經樹歇老困撥書眠

秋覺追隨盡來因孝友偏清談見滋味爾輩可忘年

過客相尋

窮老眞無事江山已定居地幽忘盥櫛客至罷琴書

挂壁移筐果呼兒問煑魚時聞繫舟楫及此問吾廬

孟倉曹步趾領新酒醬二物滿器見遺老夫

楚岸通秋屐胡牀面夕畦藉糟分汁滓甕醬落提携

飯糲添香味朋來有醉泥理生那免俗方法報山妻

課小豎鉏斫舍北果林枝蔓荒穢淨訖移牀三首

病枕依茅棟荒鉏淨果林背堂資僻遠在野興清深

山雉防求敵江猿應獨吟洩雲高不去隱几亦無心

衆壑生寒早長林卷霧齊青蟲懸就日朱果落封泥

薄俗防人面全身學馬蹄吟詩坐迴首隨意葛巾低

籬弱門何向沙虛岸只摧日斜魚更食客散鳥還來

寒水光難定秋山響易哀天涯稍曛黑倚杖更徘徊

峽口二首

峽口大江閒西南控百蠻城欹連粉堞岸斷更青山

開闢多天險防隅一水關亂離聞鼓角秋氣動衰顔

時清關失險世亂戟如林去矣英雄事荒哉割據心

蘆花留客晚楓樹坐猿深疲苶煩親故諸侯數賜金

村雨

雨聲傳兩夜寒事颯高秋挈帶看朱紱開箱覩黑裘

世情只益睡盜賊敢忘憂松菊新霑洗茅齋慰遠遊

寒雨朝行視園樹

柴門雜樹向千株丹橘黃甘此地無江上今朝寒雨

歌籬中秀（一作邊新）色畫屏紆桃蹊李徑年雖故梔子紅椒艷復殊鍊石藤梢元自落倚天松骨見來枯林香出實垂將盡葉蔕辭枝不重蘇愛日恩光蒙借貸清霜殺氣得憂虞衰顏動覓藜牀坐緩步仍須竹杖扶散騎未知雲閣處啼猿僻在楚山隅

偶題

文章千古事得失寸心知作者皆殊列名聲豈浪垂騷人嗟不見漢道盛於斯前輩飛騰入餘波綺麗爲後賢兼舊制歷代各清規法自儒家有心從弱歲疲永懷江左逸多病鄴中奇騄驥皆良馬騏驎帶好兒

車輪徒已斲堂構惜仍虧漫作潛夫論虛傳幼婦碑
緣情慰漂蕩抱疾屢遷移經濟慙長策飛棲假一枝
塵沙傍蜂蠆江峽繞蛟螭蕭瑟唐虞遠聯翩楚漢危
聖朝兼盜賊異俗更喧卑鬱鬱星辰劒蒼蒼雲雨池
兩都開幕府萬寓插軍麾南海殘銅柱東風避月支
音書恨烏鵲號怒怪熊羆稼穡分詩興柴荊學土宜
故山迷白閣秋水憶黃陂不敢要佳句愁來賦別離

雨晴

雨時山不改晴罷峽如新天路看殊俗秋江思殺人
有猿揮淚盡無犬附書頻故國愁眉外長歌欲損神

晚晴吴郎見過北舍

圃畦新雨（一作佳）潤媿子廢鉏來竹杖交頭挂柴扉掃徑開欲栖羣鳥亂未去小童催明日重陽酒相迎自醱醅

解悶十二首

草閣柴扉星散居浪翻江黑雨飛初山禽引子哺紅果溪友（一作女）得錢留白魚

商胡離別下揚州憶上西（一作蘭）陵故驛樓爲問淮南米貴賤老夫乘興欲東流

一辭故國十經秋每見秋瓜憶故丘（一作侯）今日南湖采薇蕨何人爲覔鄭瓜（一作表）州（今鄭監審）

沈范早知何水部曹劉不待薛郎中獨當省署開文苑兼泛滄浪學釣翁水部郎中據

李陵蘇武是吾師孟子論文更不疑一飯未曾留俗客數篇今見古人詩校書郎虞卿

復憶襄陽孟浩然清詩句句盡堪傳即今耆舊無新語漫釣槎頭縮頸鯿

陶冶性靈在底物新詩改罷自長吟孰知二謝將能事頗學陰何苦用心

不見高人王右丞藍田丘壑漫寒藤最傳秀句寰區滿未絕風流相國能右丞弟今相國縉

先帝貴妃今寂寞荔枝還復入長安炎方每續朱櫻獻玉座應悲白露團

憶過瀘戎摘荔枝青楓隱映石逶迤京中舊見君顏色紅顆酸甜只自知

翠瓜碧李沈玉甃赤梨蒲萄寒露成可憐先不異枝蔓此物娟娟長遠生

側生野岸及江蒲不熟丹宮滿玉壺雲壑布衣鮐背死勞生重馬翠眉蹤

復愁十二首

人煙生處僻虎跡過新蹄野鶻翻窺草村舡逆上溪

釣艇收緡盡昏鴉一作鷗接翅稀月生初學扇雲細不成衣

萬國尚防寇故園今若何昔歸相識少早已戰場多

身覺省郎在家須農事歸年深荒草逕老恐失柴扉

金絲鏤箭鏃皁尾製旗竿一自風塵起猶嗟行路難

胡虜何曾盛干戈不肯休閭閻聽小子談話覓封侯

正觀銅牙弩開元錦獸張花門小前一作箭好此物棄沙場

今日翔麟馬先宜駕鼓車無勞問河北諸將覺一云角榮華

任轉江淮粟休添苑囿兵由來貔虎士不滿鳳皇城

江上亦秋色火雲終不移巫山猶錦樹南國且黃鸝

每恨陶彭澤無錢對菊花如今九日至自覺酒須賒

病減詩仍拙吟多意有餘莫看江總老猶被賞時魚

諸將五首

漢朝陵墓對南山胡虜千秋尚入關昨日玉魚蒙葬

地早時金盌出人間見愁汗馬西戎逼曾閃朱旗北

斗閑多少材官守涇渭將軍且莫破愁顔

韓公本意築三城擬絶天驕拔漢旌豈謂盡煩回紇

馬翻然遠救朔方兵胡來不覺潼關隘龍起猶聞晉

水清獨使至尊憂社稷諸君何以荅升平
洛陽宮殿化爲烽休道秦關百二重滄海未全歸禹
貢薊門何處盡堯封朝廷衮職雖多預天下軍儲不
自供稍喜臨邊王相國肯銷金甲事春農
迴首扶桑銅柱標冥冥氛祲未全銷越裳翡翠無
消息南海明珠久寂寥殊錫曾爲大司馬揔戎皆插侍
中貂炎風朔雪天王地只在忠臣翊聖朝
錦江春色逐人來巫峽清秋萬壑哀正憶往時嚴僕
射共迎中使望鄉臺主恩前後三持節軍令分明數
舉盃西蜀地形天下險安危須仗出羣材

九日五首 闕一首

重陽獨酌盃中酒抱病起一云豈登江上臺竹葉於人

既無分菊花從此不須開殊方日落玄猿哭舊國霜

前白鴈來弟妹蕭條各何往干戈衰謝兩相催

舊日重陽日傳盃不放盃即今蓬鬢改但媿菊花開

北闕心長戀西江首獨迴茱萸賜朝士難得一枝來

舊與蘇司業兼隨鄭廣文采花香泛泛坐客醉紛

紛野樹歌還倚秋砧醒却聞歡娛兩冥莫西北有孤雲

故里樊川菊登高素滻源他時一笑後今日幾人存

巫峽蟠江路終南對國門繫舟身萬里伏枕淚雙痕

爲客裁烏帽從兒具緑樽佳辰對羣[一作帶]盗愁絶更堪論

九日諸人集于林

九日明朝是相要舊俗非老翁難早出賢客幸知歸舊采黄花賸新梳白髮微漫看年少樂忍淚已霑衣

杜工部集卷第十五

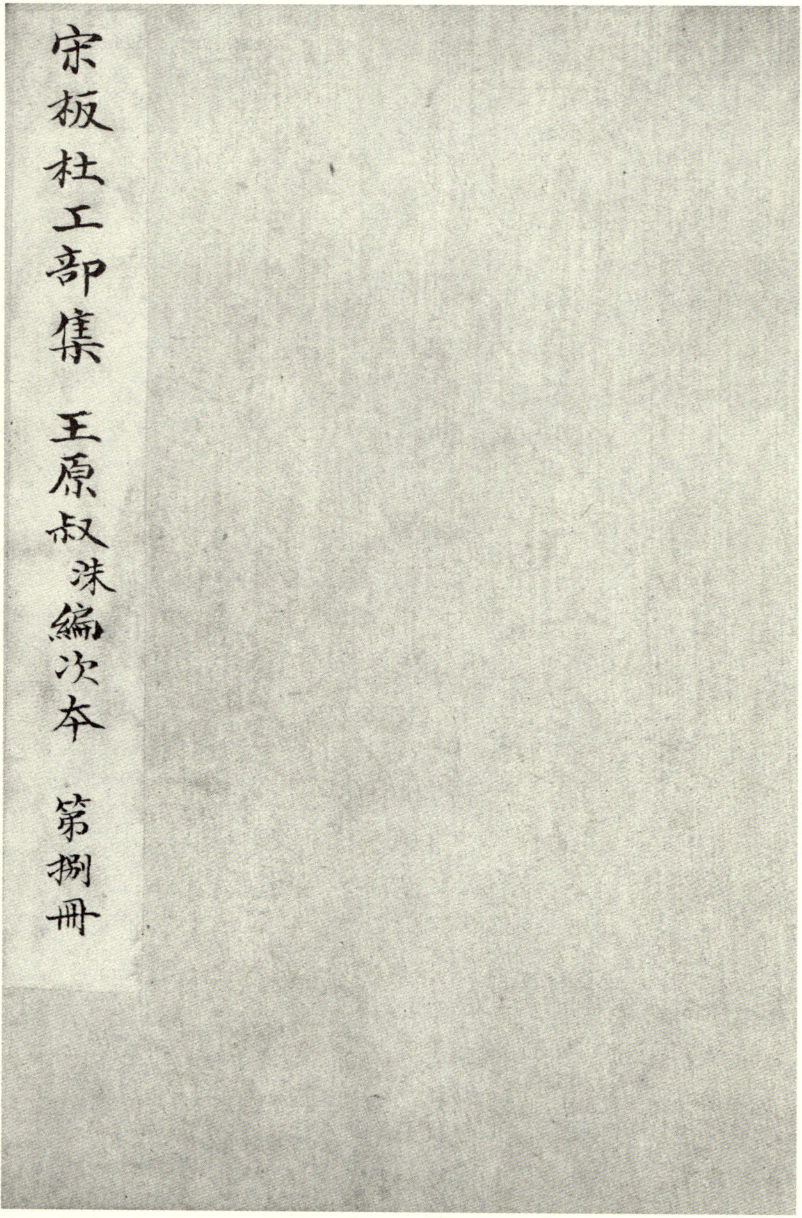

宋板杜工部集　王原叔洙編次本　第捌册

杜工部集卷第十六

前劒南節度叅謀宣義郎檢校尚書工部員外郎賜緋魚袋京兆杜　甫

近體詩一百三十二首

宗武生日一首

又示宗武一首

夜一首

上白帝城一首

宿江邊閣一首

別崔潩因寄薛據孟雲卿一首

武侯廟一首

八陣圖一首
奉送韋中丞之晉赴湖南一首
謁先主廟一首
白鹽山一首
灩澦堆一首
白帝城樓一首
寄杜位一首
冬深一首
不寐一首
奉送十七舅下邵桂一首

送覃二判官一首

夜宿西閣曉呈元二十一曹長一首

西閣口號一首

有歎一首

西閣雨望一首

西閣二首

送鮮于萬州遷巴川一首

西閣三度期大昌嚴明府同宿不到一首

曉望白帝城鹽山一首

不離西閣二首

別蘇徯一首

月圓一首

中宵一首

白帝樓一首

送王十六判官一首

奉送卿二翁統節度鎮軍還江陵一首

閣夜一首

白帝城最高樓一首

覽鏡呈栢中丞一首

西閣夜一首

耳聾一首

小園一首

自瀼西荆扉且移居東屯茅屋四首

題栢大兄弟山居屋壁二首

暝一首

茅堂檢校收稻二首

朝二首

晚一首

夜二首

東屯月夜一首

東屯北俺一首

雲一首

月一首

獨坐二首

雨四首

戲寄崔評事表姪蘇五表弟韋大少府諸姪一首

有感五首

夜一首

遠遊一首

從驛次草堂復至東屯茅屋二首

暫往白帝復還東屯一首

晨雨一首

天池一首

反照一首

向夕一首

曉望一首

覃山人隱居一首

柏學士茅屋一首

大曆二年九月三十日一首

十月一日一首

戲作俳諧體遣悶二首
刈稻了詠懷一首
瞿唐兩崖一首
柳司馬至一首
孟冬一首
悶一首
雷一首
冬至一首
小至一首
舍弟觀赴藍田取妻子到江陵喜寄三首

夔州歌十絶

雨一首

奉送蜀州栢二别駕將中丞命赴江陵

起居衛尚書太夫人因示從弟行軍司馬佐一首

宗武生日

小子何時見高秋此日生自從都邑語已伴老夫名

詩是吾家事人傳世上情熟精文選理休覓綵衣輕

凋瘵筵初秩欹斜坐不成流霞分片片涓滴就徐傾

宗武小名驥子曾有詩驥子好男兒

又示宗武

覔句新知律攤書解滿牀試吟青玉案莫羨紫羅囊
假日從時飲明年共我長應須飽經術已似愛文章
十五男兒志三千弟子行曾參與游夏達者得升堂

夜

露下天高秋水清空山獨夜旅魂驚踈燈自照孤帆
宿新月猶懸雙杵鳴南菊再逢人卧病北書不至鴈
無情步蟾一作簷倚杖看牛斗銀漢遥應接鳳城

上白帝城

城峻隨天壁樓高更女墻江流思夏后風至憶襄王
老去聞悲角人扶報夕陽公孫初恃險躍馬意何長

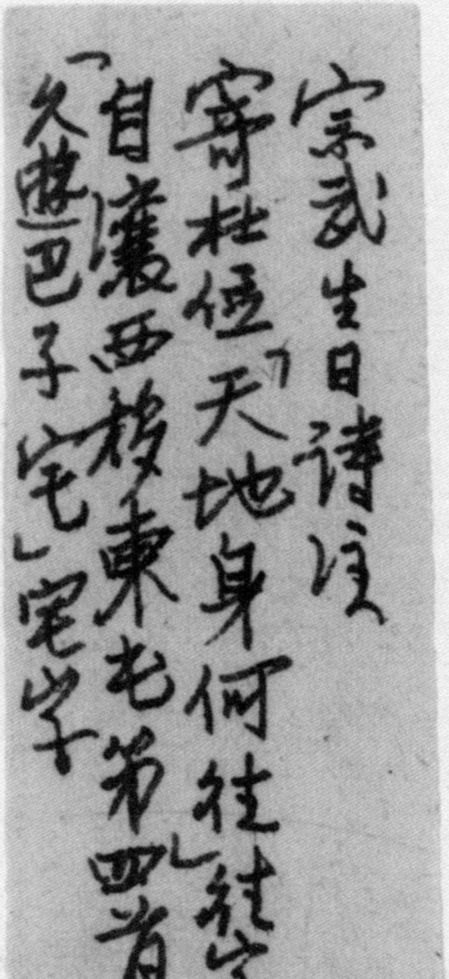
寄武生日詩後
寄杜侄」天地身何往」往字
「自攘西移東老第四首
「久勞巴子宅」宅字

宿江邊閣

暝色延山徑高齋次水門薄雲巖際宿孤月浪中翻鸛鶴追飛靜豺狼得食喧不眠憂戰伐無力正乾坤

別崔潩因寄薛據孟雲卿内弟潩赴湖南幕職

志士惜妄動知深難固辭如何久磨礪但取不磷緇夙夜聽憂主飛騰急濟時荆州過薛孟爲報欲論詩

武侯廟

遺廟丹青落空山草木長猶聞辭後主不復卧南陽

八陣圖

功蓋三分國名成八陣圖江流石不轉遺恨失吞吴

奉送韋中丞之晉赴湖南

寵渥徵黃漸權宜借寇頻湖南安背水峽內憶行春王室仍多故蒼生倚大臣還將徐孺子處處待高人

謁先主廟

慘澹風雲會乘時各有人力侔分社稷志屈偃經綸復漢留長策中原仗老臣雜耕心未已歐血事酸辛霸氣西南歇雄圖曆數屯錦江元過楚劍閣復通秦舊俗存祠廟空山立鬼神虛簷交（一作扶）鳥道枯木半龍鱗竹送清溪月苔移玉座春閭閻兒女換歌舞歲時新絕域歸舟遠荒城繫馬頻如何對搖落況乃久

風塵孰與關張並功臨耿鄧親應（一作繼）天才不小得

士契無鄰遲暮堪帷幄飄零且釣緡向來憂國淚

寂寞洒衣巾

白鹽山

卓立羣峯外蟠根積水邊他皆任厚地爾獨近高天

白牓千家邑清秋萬估舡詞人取佳句刻畫竟誰傳

灔澦堆

巨積水中央江寒出水長沈牛荅雲雨如馬戒舟航

天意存傾覆神功接混茫干戈連解纜行止憶垂堂

白帝城樓

江度寒山閣城高絶塞樓翠屏宜晚對白谷會深遊急急能鳴鴈輕輕不下鷗夷陵春色起漸擬放扁舟

寄杜位 頃者與位同在故嚴尚書幕

寒日經簷短窮猿失木悲峽中爲客恨江上憶君時天地身何往風塵病敢辭封書兩行淚霑洒裛新詩

冬深

花葉隨天意江溪共石根早霞隨類影寒水各依痕易下楊朱淚難招楚客魂風濤暮不穩捨棹宿誰門

不寐

瞿唐夜水黑城内改更籌翳翳月沉霧輝輝星近樓

氣衰甘少寐心弱恨和一作知愁多壘滿山谷桃源無處求

奉送十七舅下邵桂

絕域三冬暮浮生一病身感深辭舅氏別後見何人

縹緲蒼梧帝推遷孟母鄰昏昏阻雲水側望苦傷神

送覃二判官

先帝弓劍遠小臣餘此生蹉跎病江漢不復謁承明

餞爾白頭日永懷丹鳳城遲遲戀屈宋渺渺卧荆衡

魂斷航舸失天寒沙水清肺肝若稍愈亦上赤霄行

夜宿西閣曉呈元二十一曹長

城暗更籌急樓高雨雪微稍通綃幕霽遠帶玉繩稀

門鵲晨光起（一作喜）檣烏宿處飛寒江流甚細有意待人歸

西閣口號

山木抱雲稠寒江繞上頭雪崖纔變石風幔不依樓
社稷堪流涕安危在運籌看君話王室感動幾銷憂

有歎

壯心久零落白首寄人間天下（一作泣）兵常鬬江東客未
還窮猿號雨雪老馬泣關山武德開元際蒼生豈重攀

西閣雨望

樓雨霑雲幔山寒著水城逕添沙面出湍減石稜生
菊蘂淒疎放松林駐遠情滂沲朱檻濕萬慮傍簷楹

不離西閣二首

江柳非時發，江花冷色頻。地偏應有瘴，臘近已含春。失學從愚子，無家任老身。不知西閣意，肯別定留一作何人。

西閣從人別，人今亦故亭。江雲飄素練一作葉，石壁斷空青。滄海先迎日，銀河倒列星。平生耽勝事，吁駭始初經。

送鮮于萬州遷巴州

京兆先時傑，琳琅照一門。朝廷偏注意，接近與名藩。祖帳排舟數，寒江觸石喧。看君妙爲政，他日有殊恩。

西閣三度期大昌嚴明府同宿不到

問子能來宿今疑索故要匣琴虛夜夜手板自朝朝

金吼霜鐘徹花摧臘炬銷早凫江檻底雙影漫飄飖

曉望白帝城鹽山

徐步移班杖看山仰白頭翠深開斷壁紅（一作江）遠結

飛樓日出清江望暄和散旅愁春城見松雪始擬進

歸舟

西閣二首

巫山小摇落碧色見松林百鳥各相命孤雲無自心

層軒俯江壁要路亦高深朱紱猶紗帽新詩近玉琴

功名不早立衰疾謝知音哀世無王粲終然學越吟
懶心似江水日夜向滄洲不道含香賤其如鑷白休
經過調碧柳蕭索倚朱樓畢娶何時竟消中得自由
豪華看古往服食寄冥搜詩盡人間興兼須入海求

卜居

歸羨遼東鶴吟同楚執珪未成遊碧海著處覔丹梯
雲障寬江北春耕破瀼西桃紅客若至定似昔人迷

玉腕騮 江陵節度衛公馬也

聞說荆南馬尚書玉腕騮頓驂飄赤汗跼蹐顧長楸
胡虜三年入乾坤一戰收舉鞭如有問欲伴習池遊

見王監兵馬使說近山有白黑二鷹羅者久取
竟未能得王以爲毛骨有異他鷹恐臘後春
生騫飛避暖勁翮思秋之甚眇不可見請余賦詩

雲飛玉立盡清秋不惜奇毛恣遠遊在野只教心力
破千人何事網羅求一生自獵知無敵百中爭能恥
下韝鵬礙九天須却避兔藏三穴莫深憂

黑鷹不省人間有度海疑從北極來正翮摶風超紫
塞立冬幾夜宿陽臺虞羅自各虛施巧春鴈同歸必
見猜萬里寒空秖一日金眸玉爪不凡材

鷗

江浦寒鷗戲無他亦自饒却思翻玉羽隨意點春苗
雪暗還須浴風生一任飄幾羣滄海上清影日蕭蕭

猿

裊裊啼虛壁蕭蕭挂冷枝艱難人不免隱見爾如知
慣習元從衆全生或用奇前林騰每及父子莫相離

黃魚

日見巴東峽黃魚出浪新脂膏兼飼犬長大不容身
筒桶相沿久風雷肯爲神泥沙卷涎沫迴首怪龍鱗

白小

白小羣分命天然二寸魚細微霑水族風俗當園蔬

入肆銀花亂傾箱雪片虛生成猶拾夘盡取義何如

鹿

永與清溪別蒙將玉饌俱無才逐仙隱不敢恨庖廚亂世輕全物微聲及禍樞衣冠兼盜賊號餮用斯須

雞

紀德名標五初鳴度必三殊方聽有異失次曉無慙問俗人情似充庖爾輩堪氣交亭育際巫峽漏司南

別蘇傒 赴湖南幕

故人有遊子弃擲傍天隅他日憐才命居然屈壯圖十年猶塌翼絶倒爲驚吁消渇今如在提攜媿老夫

豈知臺閣舊先拂鳳凰鶵得實翻蒼竹栖枝把翠梧
北辰當宇宙南岳據江湖國帶風塵色兵張虎豹符
數論封内事揮發府中趨贈爾秦人策莫鞭轅下駒

月圓

孤月當樓滿寒江動夜扉委波金不定照席綺逾依
未缺空山靜高懸列宿稀故園松桂一作菊發萬里共
清輝

中宵

西閣百尋餘中宵步綺踈飛星過水白落月動沙虚
擇木知幽鳥潛波想巨魚親朋滿天地兵甲少來書

白帝樓

漠漠虛無裏，連連睥睨侵。樓光去日遠，峽影入江深。
臘破思端綺，春歸待一金。去年梅柳意，還欲攬邊心。

送王十六判官

客下荊南盡，君今復入舟。買薪猶白帝，鳴櫓少沙頭。（江陵吴舡至泊於郭外沙頭）
衡霍生春早，瀟湘共海浮。荒林庾信宅，
爲仗主人留。

奉送卿二翁統節度鎮軍還江陵

火旗還錦纜，白馬出江城。嘹唳吟笳發，蕭條別浦清。
寒空巫峽曙，落日渭陽明。留滯嗟衰疾，何時見息兵。

閣夜

歲暮陰陽催短景天涯霜雪霽寒宵五更鼓角聲悲
壯三峽星河影動揺野哭幾家聞戰伐夷謌是處起
漁樵卧龍躍馬終黄土城上有白帝祠郭外有孔明廟人事依依漫寂
寥一云人事音塵日寂寥

白帝城最高樓

城尖徑昃一作翼旌旆愁獨立縹緲之飛樓峽坼雲霾龍
虎睡江清日抱黿鼉遊扶桑西枝對斷石弱水東影
隨長流杖藜歎世者誰子泣血迸空迴白頭

覽鏡呈栢中丞

渭水流關内終南在日邊膽銷豺虎窟淚入犬羊天
起晚堪從事行遲更覺仙鏡中衰謝色萬一故人憐

西閣夜

恍惚寒山暮逶迤白霧昏山虚風落石樓靜月侵門
擊柝可憐子無衣何處村時危關百慮盜賊爾猶存

瀼西寒望

水色含羣動朝光切太虚年侵頻悵望興遠一蕭疎
猿挂時相學鷗行炯自如瞿塘春欲至定卜瀼西居

陪栢中丞觀宴將士二首

極樂三軍士誰知百戰場無私齊綺饌久坐密金章

醉客霑鸚鵡佳人指鳳皇幾時來翠節特地引紅粧
繡段裝簷額金花帖鼓腰一夫先舞劒百戲後歌樵
江樹城孤遠雲臺使寂寥漢朝頻選將應拜霍嫖姚

奉漢中王手札報韋侍御蕭尊師亡

秋日蕭韋逝淮王報峽中少年疑柱史多術怪仙公
不但時人惜衹應吾道窮一哀侵疾病相識自兒童
處處鄰家笛飄飄客子蓬強吟懷舊賦已作白頭翁

南極

南極青山衆西江白谷分古城疏落木荒戍密寒雲
歲月蚍常見風飇虎或聞近身皆鳥道殊俗自人羣

睥睨登哀柝矛弧照夕曛亂離多醉尉愁殺李將軍

摇落

摇落巫山暮寒江東北流煙塵多戰鼓風浪少行舟鵝費羲之墨貂餘季子裘長懷報明主卧病復高秋

季秋江村

喬木村墟古踈籬野蔓懸素琴一作清將暇日白首望霜天登俎黄甘重支牀錦石圓遠遊雖寂寞難見此山川

季秋蘇五弟纓江樓夜宴崔十三評事韋少府姪三首

峽險江驚急樓高月迥明一時今夕會萬里故鄉情

星落黃姑渚秋辭白帝城老人因酒病堅坐看君傾

明月生長好浮雲薄漸遮悠悠照邊塞悄悄憶京華清動盃中物高隨海上查不眠瞻白兎百過落烏紗

對月那無酒登樓況有江聽謌蕭白髮笑舞拓秋窻樽蟻添相續沙鷗並一雙盡憐君醉倒更覺片（一作我）心降

送孟十二倉曹赴東京選

君行別老親此去苦家貧藻鏡留連客江山憔悴人秋風楚竹冷夜雪鞏梅春朝夕高堂念應宜綵服新

憑孟倉曹將書覔土婁舊莊

平居喪亂後不到洛陽岑爲歷雲山問無辭荆棘深

北風黃葉下南浦白頭吟十載江湖客茫茫遲暮心

耳聾

生年鶡冠子歎世鹿皮翁眼復幾時暗耳從前月聾

猿鳴秋淚缺雀噪晚愁空黃落驚山樹呼兒問朔風

小園

由來巫峽水本自楚人家客病留因藥春深買爲花

秋庭風落果瀼岸雨頹沙問俗營寒事將詩待物華

自瀼西荆扉且移居東屯茅屋四首

白鹽危嶠北赤甲古城東平地一川穩高山四面同

煙霜淒野日秔稻熟天風人事傷蓬轉吾將守桂叢

東屯復瀼西一種住青溪來往皆茅屋淹留爲稻畦市

喧宜近利西居近市林僻此無蹊若訪衰翁語須令賸客迷

道北馮都使高齋見一川子能渠細石吾亦沼清泉枕

帶一作席還相似柴荊即有焉斫畬應費日解纜不知年

牢落西江外參差北戶間久遊巴子宅卧病楚人山

幽獨移佳境清深隔遠關寒空見鴛鷺迴首憶朝班

題柏大兄弟山居屋壁二首

叔父朱門貴郎君玉樹高山居精典籍文雅涉風騷

江漢終吾老雲林得爾曹哀弦繞白雪未與俗人操

野屋流寒水山籬帶薄雲靜應連虎穴喧已去人羣
筆架霑窻雨書籤映隙曛蕭蕭千里馬箇箇五花文
暝
日下四山陰山庭嵐氣侵牛羊歸徑險鳥雀聚枝深
正枕當星劒收書動玉琴半扉開燭影欲掩見清砧
茅堂檢校收稻二首
香稻三秋末平田百頃閒喜無多屋宇幸不礙雲山
御裌侵寒氣嘗新破旅顔紅鮮終日有玉粒未吾慳
稻米炊能白秋葵煑復新誰云滑易飽老藉軟俱匀
種幸房州熟苗同伊闕春無勞映渠盌自有色如銀

朝二首

清旭楚宮南霜空萬嶺含野人時獨往雲木曉相參
俊鶻無聲過飢烏下食貪病身終不動搖落任江潭
浦帆晨初發郊扉冷未開村疎黃葉墜野靜白鷗來
礎潤休全濕雲晴欲半迴巫山冬可怪昨夜有奔雷

晚

杖藜尋晚巷炙背近墻暄人見幽居僻吾知拙養尊
朝廷問府主耕稼學山村歸翼飛棲定寒燈亦閉門

夜二首

白夜月休弦燈花半委眠號山無定鹿落樹有驚蟬

暫憶江東鱠兼懷雪下舡蠻謌犯星起重覺在天邊

城郭悲笳暮村墟過翼稀甲兵年數久賦斂夜深歸

暗樹依巖落明河繞塞微斗斜人更望月細鵲休飛

東屯月夜

抱疾漂萍老防邊舊穀屯春農親異俗歲月在衡門

青女霜楓重黄牛峽水喧泥留虎鬭跡月挂客愁村

喬木澄稀影輕雲倚細根數驚聞雀噪暫睡想猿蹲

日轉東方白風來北斗昏天寒不成寢無夢有歸魂

東屯北俺

盗賊浮生困誅求異俗貧空村惟見鳥落日未（一作不）

逢人步登風吹面看松露滴身遠山迴白首戰地有黄塵

雲

龍以（一作自）瞿唐會江依白帝深終年常起峽每夜必通林收穫辭霜渚分明在夕岑高齋非一處秀氣豁煩襟

月

四更山吐月殘夜水明樓塵匣元開鏡風簾自上鈎兎應疑鶴髮蟾亦戀貂裘斟酌姮娥寡天寒奈九秋

獨坐二首

亭日雨冥冥雙崖洗更青水花寒落岸山鳥暮過庭
煖老須燕玉充飢憶楚萍胡笳在樓上哀怨不堪聽
白狗斜臨北黄牛更在東峽雲常照夜江日會兼風
曬藥安垂老應門試小童亦知行不逮苦恨耳多聾

雨四首

微雨不滑道斷雲踈復行紫崖奔處黒白鳥去邊明
秋日新霑影寒江舊落聲柴扉臨野碓半濕擣香秔
江雨舊無時天晴忽散絲暮秋霑物冷今日過雲遲
上馬迴休出看鷗坐不辭高軒當灩澦潤色靜書帷
物色歲將晏天隅人未歸朔風鳴淅淅寒雨下霏霏

多病𠂆加飯衰容新授衣時危覺凋喪故舊短書稀

楚雨石苔滋京華消息遲山寒青兕叫江晚白鷗飢

神女花鈿落蛟人織杼悲繁憂不自整終日灑如絲

戲寄崔評事表姪蘇五表弟韋大少府諸姪

隱豹深愁雨潛龍故起雲泥多仍徑曲心醉阻賢羣

忍待江山麗還披鮑謝文高樓憶踈豁秋興坐氛氳

有感 五首

將帥蒙恩澤兵戈有歲年至今勞聖主何以報皇天

白骨新交戰雲臺舊拓邊乘槎斷消息無處覓張騫

幽薊餘虵豕乾坤尚虎狼諸侯春不貢使者日相望

慎勿呑青海無勞問越裳大君先息戰歸馬華山陽
洛下舟車入天中貢賦均日聞紅粟腐寒待翠華春
莫取金湯固長令宇宙新不過行儉德盜賊本王臣
丹桂風霜急青梧日夜凋由來強幹地未有不臣朝
受鉞親賢往卑宮制詔遥終依古封建豈獨聽簫韶
胡滅人還亂兵殘將自疑登壇名絶假報主一作執玉爾何
遲領郡輒無色之官皆有詞願聞哀痛詔端拱
問瘡痍

夜

絶岸風威動寒房燭影微嶺猿霜外宿江鳥夜深飛

獨坐親雄劒哀歌嘆短衣煙塵繞閶闔白首壯心違

遠遊

江闊浮高棟雲長出斷山塵沙連越巂風雨暗荆蠻
鴈矯銜蘆内猿啼失木閒弊裘蘇季子歷國未知還

從驛次草堂復至東屯茅屋二首

峽内歸田客江邊借馬騎非尋戴安道似向習家池
山險風煙僻天寒橘柚垂築場看斂積一學楚人爲
短景難高卧衰年強此身山家蒸栗暖野飯射麋新
世路知交薄門庭畏客頻牧童斯在眼田父實爲鄰

暫往白帝復還東屯

復作歸田去猶殘穫稻功築場憐穴蟻拾穗許村童

落杵光輝白除芒子粒紅加飡可扶老倉庾慰飄蓬

晨雨

小雨晨光内初來葉上聞霧交纔洒地風逆旋隨雲

暫起柴荆色輕霑鳥獸群麝香山一半亭午未全分

天池

天池馬不到嵐壁鳥纔通百頃青雲杪曾波白石中

鬱紆騰秀氣蕭瑟浸寒空直對巫山出（一作峽）兼疑夏

禹功魚龍開闢有菱芡古今同聞道奔雷黑初看浴

日紅飄零神女雨斷續楚王風欲問支機石如臨獻

寶宮九秋驚鴈序萬里狎漁翁一作樵童更是無人處誅勞任薄躬

反照

反照開巫峽寒空半有無已低魚復暗不盡白鹽孤荻岸如秋水松門似畫圖牛羊識童僕既夕應傳呼

向夕

畎畝孤城外江村亂水中深山催短景喬木易高風鶴下雲汀近雞栖草屋同琴書散明燭長夜始堪終

曉望

白帝更聲盡陽臺曙色分高峯寒上日疊嶺宿霾雲

地坼江帆隱天清木葉聞荆扉對麋鹿應共爾爲群

覃山人隱居

南極老人自有星北山移文誰勒銘徵君已去獨松菊哀壑無光留户庭予見亂離不得已子知出處必須經高車駟馬帶傾覆悵望秋天虚翠屏

栢學士茅屋

碧山學士焚銀魚白馬却走身巖居古人已用三冬足年少今（一作曾）開萬卷餘晴雲滿户團傾蓋秋水浮堦溜決渠富貴必從勤苦得男兒須讀五車書

大曆二年九月三十日

爲客無時了悲秋向夕終瘴餘夔子國霜薄楚王宮草敵虛嵐翠花禁冷葉紅年年小揺落不與故園同

十月一日

有瘴非全歇爲冬不亦難夜郎溪日煖白帝峽風寒蒸裹如千室焦糟（一作糖）幸一柈兹辰南國重舊俗自相歡

戲作俳諧體遣悶二首

異俗可吁怪斯人難並居家家養烏鬼頓頓食黃魚舊識難爲態新知已暗疎治生且耕鑿只有不關渠西歷青羌板南留白帝城於菟（一作縠於）侵客恨粔籹作人

情瓦卜傳神語畬田費火聲一作耕是非何處定高枕

笑浮生頃歲自秦涉隴從同谷縣出游蜀留滯於巫山也

刈稻了詠懷

稻穫空雲水川平對石門寒風踈草木旭日散雞豚

野哭初聞戰樵謌稍出村無家問消息作客信乾坤

瞿唐兩崖

三峽傳何處雙崖壯此門入天猶石色穿水忽雲根

猱玃鬚髯古蛟龍窟宅尊羲和冬一作驂馭近愁畏日

車飜

柳司馬至

有使歸三峽相過問兩京函關猶出將渭水更屯兵
設備邯鄲道和親邏逤城幽燕唯鳥去商洛少人行
衰謝身何補蕭條病轉嬰霜天到宮闕戀主寸心明

孟冬

殊俗還多事方冬變所爲破甘霜落爪嘗稻雪飜匙巫峀
寒都薄烏蠻（一作黔溪）瘴遠隨終然減灘瀨暫喜息蛟螭

悶

瘴癘浮三蜀風雲暗百蠻卷簾唯白水隱几亦青山
猿捷長難見鷗輕故不還無錢從滯客有鏡巧催顔

雷

巫峽中宵動滄江十月雷龍蛇不成蟄天地劃爭迴
却碾空山過深蟠絶壁來何須妬雲雨霹靂楚王臺

冬至

年年至日長爲客忽忽窮愁泥殺人江上形容吾獨
老天涯（一作邊）風俗自相親杖藜雪後臨丹壑鳴玉朝來
散紫宸心折此時無一寸路迷何處是三秦

小至

天時人事日相催冬至陽生春又來刺繡五文添弱
線吹葭六琯動浮灰岸容待臘將舒柳山意衝寒欲
放梅雲物不殊鄉國異教兒且覆掌中杯

舍弟觀赴藍田取妻子到江陵喜寄三首

汝迎妻子達荆州消息眞傳解我憂鴻鴈影來連峽内鶺鴒飛急到沙頭嶢關險路今虛遠禹鑿寒江正穩流朱紱即當隨綵鷁青春不假報黄牛

馬度（一作瘦）秦山雪正深北來肌骨苦寒侵他鄉就我生春色故國移居見客心剩欲提携如意舞喜多行坐白頭吟巡簷索共梅花笑冷蕊踈枝半不禁

庾信羅含俱有宅春來秋去作誰家短墻若在從殘草喬木如存可假花卜築應同蔣詡徑爲園須似邵平瓜比年（一作因）病酒開消滴弟勸兄酬何怨嗟

夔州歌十絶句

中巴之東巴東山江水開闢流其閒白帝高爲三峽鎮夔州險過百牢關

白帝夔州各異城蜀江楚峽混殊名英雄割據非天意霸王幷吞在物情

羣雄競起問前朝王者無外見今朝比訝漁陽結怨恨元聽舜日舊簫韶

赤甲白鹽俱刺天閭閻繚繞接山巔楓林橘樹丹青合複道重樓錦繡懸

瀼東瀼西一萬家江北江南春冬花背飛鶴子遺瓊

藻相趂鳬鷖入蔣芽
東屯稻畦一百頃北有澗水通青苗晴浴狎鷗分處處
雨隨神女下朝朝
蜀麻吴鹽自古通萬斛之舟行若風長年三老長歌
裏白晝攤錢高浪中
憶昔咸陽都市合山水之圖張賣時巫峽曾經寶屏
見楚宫猶對碧峯疑
閬風玄圃與蓬壺中有高唐天下無借問夔州壓何
處峽門江腹擁城隅
武侯祠堂不可忘中有松栢參天長干戈滿地客愁

破雲日如火炎天凉

杜工部集卷第十七

前劒南節度參謀宣義郎撿校尚書工部員外郎賜緋魚袋京兆杜　甫

近體詩五十四首　大曆三年正月起峽中至江陵及湖南作

太歲日一首

元日示宗武一首

遠懷舍弟潁觀等一首

續得觀書迎就當陽居山正月中旬定出三峽一首

將別巫峽贈南鄉兄瀼西果園四十畝一首

送大理封主簿五郎親事不合却赴通州一首

人日二首
江梅一首
庭草一首
大曆三年春白帝城放船出瞿唐峽一首
巫山縣汾州唐使君十八弟宴别兼諸公携酒樂相送一首
春夜峽州田侍御長史津亭留宴一首
泊松滋江亭一首
行次古城店汎江作不揆鄙拙奉呈江陵幕府諸公一首

乘雨入行軍六弟宅一首

宴胡侍御書堂一首

書堂飲既夜復邀李尚書下馬月下賦絶

句一首

上巳日徐司録林園宴集一首

奉送蘇州李二十五長史丈之任一首

暮春江陵送馬大卿公恩命追赴闕下一首

暮春陪李尚書李中丞過鄭監湖亭汎舟一首

夏日楊長寧宅送崔侍御常正字入京一首

和江陵宋大少府暮春雨後同諸公及舍弟

舟中一首

遣悶一首

江陵節度陽城郡王新樓成王請嚴侍御判官賦七字句同作一首

又作此奉衛王一首

舟中出江陵南浦奉寄鄭少尹一首

江南逢李龜年一首

官亭夕坐戲簡顏十少府一首

秋日荆南述懷一首

秋日荆南送石首薛明府辭滿告别奉寄

薛尚書頌德敘懷一首

哭李尚書一首

重題一首

獨坐一首

暮歸一首

移居公安敬贈衛大郎鈞一首

公安送韋二少府匡贊一首

贈虞十五司馬一首

公安縣懷古一首

公安送李二十九弟晉肅入蜀余下沔鄂一首

宴王使君宅題二首

留别公安太易沙門一首

太歲日

楚岸行將老巫山坐復春病多猶是客謀拙竟何人閶闔開黃道衣冠拜紫宸榮光懸日月賜與出金銀愁寂鴛行斷參差虎穴鄰西江元下蜀北斗故臨秦散地逾高枕生涯脫要津天邊野柳樹相見幾回新

元日示宗武

汝啼吾手戰吾笑汝身長處處逢正月迢迢滯遠方飄零還栢酒衰病只藜牀訓喻青衿子名慙白首郎

賦詩猶落筆獻壽更稱觴不見江東弟高歌淚數行

遠懷舍弟穎觀等

弟五弟豐漂泊江左近無消息

陽翟空知處荆南近得書積年仍遠別多難不安居江漢春風起冰霜昨夜除雲天猶錯莫花萼尚蕭踈對酒都疑夢吟詩正憶渠舊時元日會鄉黨羨吾廬

續得觀書迎就當陽居山正月中旬定出三峽

自汝到荆府書來數喚吾頌椒添諷詠禁火卜歡娱舟檝因人動形骸用杖扶天旋夔子峽春近岳陽湖發日排南喜傷神散北盱飛鳴還接翅行序密銜蘆

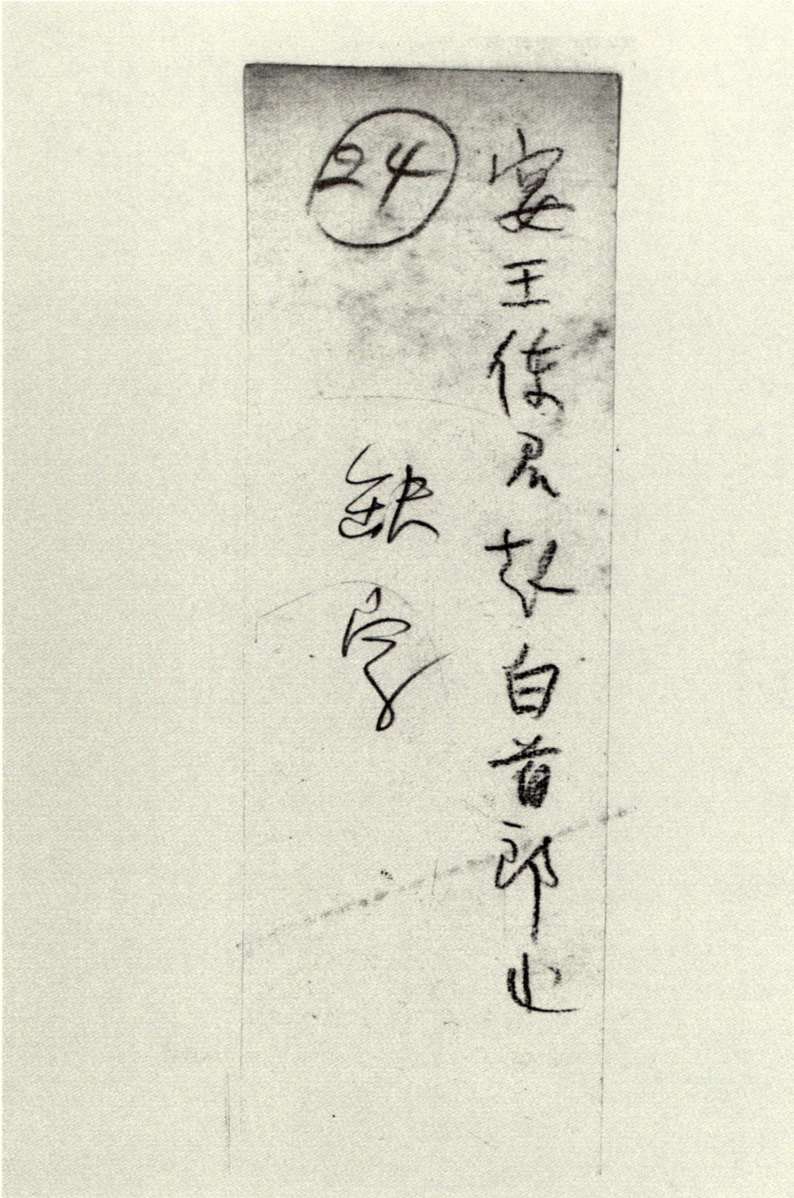
24
安王使君故白首郎也

俗薄江山好時危草木蘇馮唐雖晚達終覲在皇都

將别巫峽贈南鄉兄瀼西果園四十畝

苔竹素所好萍蓬無定居遠遊長兒子幾地别林廬

雜蘂紅相對他時錦不如具舟將出峽巡圃念携鋤

正月喧鶯末茲辰放鷁初雪籬梅可折風榭柳微舒

託贈鄉家有因歌野興疎殘生逗江漢何處狎樵漁

送大理封主簿五郎親事不合却赴通州主簿

前閬州賢子余與主簿平章鄭氏女子垂欲

納采鄭氏伯父京書至女子已許他族親事遂停

禁臠去東牀趨庭赴北堂風波空遠涉琴瑟幾（音洎）虛

張渥水出騏驥崑山生鳳皇兩家誠欵欵中道許蒼
蒼頒謂秦晉匹從來王謝郎青春動才調白手鈇輝
光玉潤終孤立珠明得闇藏餘寒折花卉恨别滿江鄉

人日兩篇

元日到人日未有不陰時冰雪鶯難至春寒花較遲
雲隨白水落風振紫山悲蓬鬢稀疎久無勞比素絲
此日此時人共得一談一笑俗相看罇前栢葉休隨酒
勝裏金花巧耐寒佩劒衝星聊暫拔匣琴流水自
須彈早春重引江湖興直道無憂行路難

江梅

梅蘂臘前破梅花年後多絶知春意好最奈客愁何
雪樹元同色江風亦自波故園不可見巫岫鬱嵯峨

庭草

楚草經寒碧庭春入眼濃舊低收葉舉新掩卷牙重
步履宜輕過開筵得屢供看花隨節序不敢強為容

大曆三年春白帝城放船出瞿唐峽久居夔
府將適江陵漂泊有詩凡四十韻

老向巴人裏今辭楚塞隅入舟翻不樂解纜獨長吁
窄轉深啼狖虛隨亂浴鳬石苔凌几杖空翠撲肌膚
疊壁排霜劍奔泉濺水珠杳冥藤上下濃淡樹榮枯

神女峯娟妙昭君宅有無曲留明怨惜夢盡失歡娛
擺闔盤渦沸㰅斜激浪輸風雷纒地脉冰雪耀天衢
鹿角眞走險狼頭如跋胡惡灘寧變色（向者二灘名）高卧
負微軀書史全傾撓裝囊半壓濡生涯臨臬兀死地
脫斯須不有平川決（一作快）焉知衆壑趨乾坤霾漲海
雨露洗春蕪鷗鳥牽絲颺驪龍濯錦紆落霞沉綠
綺殘月壞金樞泥筍苞初荻沙茸出小蒲鴈兒争水馬
燕子逐檣烏絶島容煙霧環洲納曉晡前聞辨陶牧
轉眄拂宜都縣郭南畿好（路入松滋縣）津亭北望孤勞心依
憩息朗詠劃昭蘇意遣樂還笑衰迷賢與愚飄蕭

將素髮汩没聽洪鑪丘壑曾忘返文章敢自誣此

生遭聖代誰分哭窮途卧疾淹爲客蒙恩早厠儒

廷爭酬造化樸直乞去江湖灩澦險相迫滄浪深可逾

浮名尋已已嬾計却區區喜近天皇寺先披古畫圖

此寺有晉右軍書張僧繇畫孔子洎顔子十哲形像

應經帝子渚同泣舜蒼梧朝士兼

戎服君王按湛盧旄頭初俶擾鶉首麗泥塗甲卒身

雖貴書生道固殊出塵皆野鶴歷塊匪轅駒伊吕

終難降韓彭不易呼五雲高太甲六月曠搏扶迴首

黎元病爭權將帥誅山林託疲苶未必免崎嶇怨惜一作怨别

巫山縣汾州唐使君十八弟宴别兼諸公携

酒樂相送率題小詩留于屋壁

卧病巴東久今年強作歸故人猶遠謫兹日倍多違接宴身兼杖聽歌淚滿衣諸公不相棄擁别借光輝

春夜峽州田侍御長史津亭留宴得筵字

北斗三更席西江萬里船杖藜登水榭揮翰宿春天白髮煩多酒明星惜此筵始知雲雨峽忽盡下牢邊

泊松滋江亭

紗帽隨鷗鳥扁舟繫此亭江湖深更白松竹遠還青一柱全應近高唐莫再經今宵南極外甘作老人星

行次古城店汎江作不揆鄙拙奉呈江陵幕府

諸公

老年常道路遲日復山川白屋花開裏孤城麥秀邊

濟江元自闊下水不勞牽風蝶勤依槳春鷗懶避船

王門高德業幕府盛才賢行色兼多病蒼茫泛愛前

乘雨入行軍六弟宅

曙角凌雲罷春城帶雨長水花分塹弱巢燕得泥忙

令弟雄軍佐凡才汚省郎萍漂忍流涕衰颯近中堂

宴胡侍御書堂李尚書之芳鄭祕監審同集歸字韻

江湖春欲暮牆宇日猶微闇闇書籍滿輕輕花絮飛

翰林名有素墨客興無違今夜文星動吾儕醉不歸

書堂飲既夜復邀李尚書下馬月下賦絶句

湖水林風相與清殘罇下馬復同傾夊拚野鶴如雙鬢遮莫鄰雞下五更

上巳日徐司録林園宴集

鬢毛垂領白花蘂亞枝紅敧倒衰年廢招尋令節同薄衣臨積水吹面受和風有喜留攀桂無勞問轉蓬

奉送蘇州李二十五長史丈之任

星坼台衡地曾爲人所憐公侯終必復經術亨相傳食德見從事克家何妙年一毛生鳳穴三尺獻龍泉赤壁浮春暮姑蘇落海邊客間頭最白惆悵此離筵

暮春江陵送馬大卿公恩命追赴闕下

自古求忠孝名家信有之吾賢富才術此道未磷緇
王府標孤映霜蹄去不疑激揚音韻徹籍甚衆多推
潘陸應同調孫吳亦異時北宸徵事業南紀赴恩私
卿月昇金掌王春度玉墀薰風行應律湛露即歌詩
天意高難問人情老易悲樽前江漢闊後會且深期

暮春陪李尚書李中丞過鄭監湖亭汎舟 得過字韻

海內文章伯湖邊意緒多玉樽移晚興桂楫帶酣歌
春日繁魚鳥江天足芰荷鄭莊賓客地衰白遠來過

夏日楊長寧宅送崔侍御常正字入京 得深字韻

醉酒楊雄宅升堂子賤琴不堪垂老鬢還對欲分襟

天地西江遠星辰北斗深烏臺俯麟閣長夏白頭吟

和江陵宋大少府暮春雨後同諸公及舍弟宴書齋

渥洼汗血種天上麒麟兒才士得神秀書齋聞爾爲

棣華晴雨好綵服暮春宜朋酒日歡會老夫今始知

夏夜李尚書筵送宇文石首赴縣聯句

愛客尚書重之官宅相賢子美 酒香傾坐側帆影駐

江邊之芳 翟表郎官瑞鳧看令宰仙或 雨稀雲葉斷

夜久燭花偏子美 數語歆一作敲 紗帽高文擲彩牋之芳

輿饒行處樂離惜醉中眠或 單父長多暇河陽

實少年子美客居逢自出爲别幾悽然之芳
宇文晁尚書之甥崔彧司業之孫尚書之子
重泛鄭監前湖審
郊扉俗遠長幽寂野水春來更接連錦席淹留還
出浦葛巾欹側未回舡樽當霞綺輕初散棹拂
荷珠碎却圓不但習池歸酩酊君看鄭谷去夤緣
多病執熱奉懷李尚書之芳
衰年正苦病侵凌首夏何須氣鬱蒸大水淼茫炎
海接奇峯硉兀火雲昇思霑道暍黄梅雨敢望宫
恩玉井冰不是尚書期不顧山陰野雪興難乘

水宿遣興奉呈羣公

魯鈍仍多病逢迎遠復迷耳聾須畫字髮短不勝篦
澤國雖勤雨炎天竟淺泥小江還積浪弱纜且長堤
歸路非關北行舟却向西暮年漂泊恨今夕亂離啼
童稚頻書札盤飧詎糝藜我行何到此物理直難齊
高枕飜星月嚴城疊鼓鼙風號聞虎豹水宿伴鳧鷖
異縣驚虛往同人惜解携蹉跎長汎鷁展轉屢鳴雞
嶷嶷瑚璉器陰陰桃李蹊餘波期救涸費日苦輕賫
支策門闌邃肩輿羽翮低自傷甘賤役誰愍強幽棲
巨海能無釣浮雲亦有梯勳庸思樹立語默可端倪

贈粟囷麾指登橋柱必題丹心老未祈時訪武陵溪

奉賀陽城郡王太夫人恩命加鄧國太夫人

衛幕銜恩重潘輿送喜頻濟時瞻上將錫號戴慈親富貴當如此尊榮邁等倫郡依封土舊國與太名新紫誥鸞迴紙清朝燕賀人遠傳冬笋味更覺綵衣春弈葉班姑史芬芳孟母鄰義方兼有訓詞翰兩如神委曲承顏體騫飛報主身可憐忠與孝雙美畫麒麟

江陵望幸

雄都元壯麗望幸欻威神地利西通蜀天文北照秦風煙含越鳥舟楫控吳人未枉周王駕終期漢武巡

甲兵分聖旨居守付宗臣早發雲臺仗恩波起涸鱗

江邊星月二首

驟雨清秋夜金波耿玉繩天河元自白江浦向來澄映物連珠斷緣空一鏡升餘光隱更漏況乃露華凝

江月辭風纜江星别霧舡雞鳴還曙色鷺浴自清川歷歷音誰種悠悠何處圓客愁殊未已他夕始相鮮

舟月對驛近寺

更深不假燭月朗自明舡金刹青楓外朱樓白水邊城烏啼眇眇野鷺宿娟娟皓首江湖客鈎簾獨未眠

舟中

風餐江柳下雨卧驛樓邊結纜排魚網連檣並米舡

今朝雲細薄昨夜月清圓飄泊南廷老秖應學水仙

遣悶

地闊平沙岸舟虚小洞房使塵來驛道城日避烏檣(一作墻)

暑雨留蒸濕江風借夕涼行雲星隱見疊浪月

光芒瑩鑒縁帷徹蛛絲罥鬢長哀箏猶凭几鳴笛

竟霑裳倚著如秦贅過逢類楚狂氣衝看劔匣

頴脱撫錐囊妖孽關東臭兵戈隴右瘡時清疑武略

世亂跼文場餘力浮于海端憂問彼蒼百年從萬事故

國耿難忘

江陵節度陽城郡王新樓成王請嚴侍御判官賦七字句同作

樓上炎天冰雪生，高飛燕雀賀新成。碧窗宿霧濛濛濕，朱栱浮雲細細輕。杖鉞褰帷瞻具美，投壺散帙有餘清。自公多暇延參佐，江漢風流萬古情。

又作此奉衛王

西北樓成雄楚都，遠開山岳散江湖。二儀清濁還高下，三伏炎蒸定有無。推轂幾年唯鎮靜，曳裾終日盛文儒。白頭授簡焉能賦，媿似相如爲大夫。

舟中出江陵南浦奉寄鄭少尹審

更欲投何處飄然去此都形骸元土木舟楫復江湖
社稷纏妖氣干戈送老儒百年同棄物萬國盡窮途
雨洗平沙淨天銜闊岸紆鳴螿隨汎梗別燕起秋菰
棲託難高臥飢寒迫向隅寂寥相呴沫浩蕩報恩珠
溟漲鯨波動衡陽鴈影徂南征問懸榻東逝想乘桴
濫竊商歌聽時憂卞泣誅經過憶鄭驛斟酌旅情孤

江南逢李龜年

岐王宅裏尋常見崔九堂前幾度聞正是江南好風景落花時節又逢君崔九即殿中監滌也中書令湜之弟也

宮亭夕坐戲簡顏十少府

南國調寒杵西江浸日車客愁連蟋蟀亭古帶蒹葭
不返青絲鞚虛燒夜燭花老翁須地主細細酌流霞

秋日荆南述懷三十韻

昔承推奬分媿匪挺生村遲暮宮臣忝艱危衮職陪
揚鑣隨日馭折檻出雲臺罪戾寬猶活干戈塞未開
星霜玄鳥變身世白駒催伏枕因超忽扁舟任往來
九鑽巴噀火三蟄楚祠雷望帝傳應實昭王問不迴
蛟螭深作横豺虎亂雄猜素業行已矣浮名安在哉
琴烏曲怨憤庭鶴舞摧頽秋水漫湘竹陰風過嶺梅
苦摇求食尾常曝報恩鰓結舌防讒柄深腸有禍胎

蒼茫步兵哭展轉仲宣哀飢籍入聲家家米愁徵處處
盃休爲貧士嘆任受衆人咍得喪初難識榮枯劃易
該差池分組冕合沓起蒿萊不必伊周地皆登屈宋
才漢庭和異域晉史圻中台霸業尋常體宗臣忌諱
災羣公紛戮力聖慮窅徘徊數見銘鍾鼎眞宜法斗
魁願聞鋒鏑鑄莫使棟梁摧盤石圭多翦凶門轂少
推垂旒資穆穆祝網但恢恢赤雀翻然至黃龍詎假
媒賢非夢傳野隱幾鑿顏坏自古江湖客冥心若死灰

秋日荊南送石首薛明府辭滿告別奉寄薛尚
書頌德敘懷斐然之作三十韻

南征爲客夂西候別君初歲滿歸凫舄秋來把鴈書荆
門留美化萎祓就離居闡道和親入垂名報國餘
連枝不日並八座幾時除往者胡星孛恭惟漢網踈
風塵相澒洞天地一丘墟殿瓦鴛鴦坼宮簾翡翠虚
鈎陳摧徼道槍纍失儲胥文物陪巡守親賢病拮据
公時呵猰㺄首唱却鯨魚勢慪宗蕭相郭令公材非一
范雎諸名將鼍埴太行道血走浚儀渠滏口師仍會函
關憤已攄紫微臨大角皇極正乘輿賞從頻峩冕殊
私再直廬公舊執金吾新授羽林前後二將軍豈惟高衛霍曾是接應徐
降集翻翔鳳追攀絶衆狙侍臣雙宋玉戰策兩穰苴

鑒澈勞懸鏡荒蕪已荷鋤嚮來披述作石首處見公新文一卷重此憶吹噓白髮甘凋喪青雲亦卷舒經綸功不朽跋涉體何如公頃奉使和蕃已見上應訝躭湖橘常餐占野蔬十年嬰藥餌萬里狎樵漁楊子淹投閣鄒生惜曳裾但驚飛熠燿不記改蟾蜍煙雨封巫峽江淮略孟諸湯池雖險固遼海尚闐淤努力輸肝膽休煩獨起予

哭李尚書之芳

漳濱與蒿里逝水竟同年欲挂留徐劍猶迴憶戴舡相知成白首此別間黃泉風雨嗟何及江湖涕泣然修文將管輅奉使失張騫史閣行人在詩家秀句傳

客亭鞍馬絶旅櫬綱蟲懸復魄昭丘遠歸魂素滻偏

樵蘇封葬地喉舌罷朝天秋色凋春草王孫若箇邊

重題

涕泗不能收哭君余白頭兒童相顧盡宇宙此生浮

江雨銘旌濕湖風井逕秋還瞻魏太子賓客減應劉

公歷禮部尚書薨于太子賓客

獨坐

悲愁迴白首倚杖背孤城江斂洲渚出天虛風物清滄

溟服一作根衰謝朱紱負平生仰羨黄昏鳥投林羽翮輕

暮歸

霜黃碧梧白鶴棲城上擊柝復烏啼客子入門月皎皎誰家擣練風淒淒南渡桂水闕舟楫北歸秦川多鼓鞞年過半百不稱意明日看雲還杖藜

一作洛

移居公安敬贈衛大郎鈞

衛侯不易得余病汝知之雅量極高遠清襟照等夷平生感意氣少小愛文辭河海由來合風雲若有期形容勞宇宙質朴謝軒墀自古幽人泣流年壯士悲水煙通徑草秋露接園葵入邑豺狼鬬傷弓鳥雀飢白頭供宴語烏几伴棲遲交態遭輕薄今朝豁所思

公安送韋二少府匡贊

逍遥公後世多賢送爾維舟惜此筵念我能書一作常能數字至將詩不必萬人傳時危兵甲黄塵裏日短江湖白髮前古往今來皆涕淚斷腸分手各風煙

贈虞十五司馬

遠師虞秘監今喜識玄孫形象丹青逼家聲器宇存凄涼憐筆勢浩蕩問詞源爽氣金天豁清談玉露繁佇鳴南岳鳳欲化北溟鯤交態知浮俗儒流不異門過逢連客位日夜倒芳罇沙岸風吹葉雲江月上軒百年嗟已半四坐敢辭喧書籍終相與青山隔故園

公安縣懷古

野曠吕蒙營江深劉備城寒天催日短風浪與雲平

灑落君臣契飛騰戰伐名維舟倚前浦長嘯一含情

公安送李二十九弟晉肅入蜀余下沔鄂

正解柴桑纜仍看蜀道行檣烏相背發塞鴈一行鳴

南紀連銅柱西江接錦城憑將百錢卜飄泊問君平

宴王使君宅題二首

漢主追韓信蒼生起謝安吾徒自飄泊世事各艱難

逆旅招邀近他鄉思緒寛不才甘朽質高卧豈泥蟠

汎愛容霜髮留歡卜夜閑一作上夜關自吟詩送老相勸酒

開顏、戎馬今何地鄉園獨舊山江湖墮清月酩酊任

扶還

留別公安太易沙門

隱居欲就廬山遠麗藻初逢休上人數問舟航留製作長開篋笥擬心神沙村白雪仍含凍江縣紅梅已放春先踏鑪峯置蘭若徐飛錫杖出風塵

杜工部集卷第十七

(唐)杜甫 撰

宋本杜工部集

第三册

國家圖書館出版社

第三册目録

卷十　近體詩一百二十二首

卷十一　近體詩一百一十五首

卷十二　近體詩一百三首

卷十三　近體詩一百首

宋板杜工部集　王原叔洙編次本　第伍冊

杜工部集卷第十

前劍南節度參謀宣義郎檢校尚書工部員外郎賜緋魚袋京兆杜　甫

近體詩一百三十二首

寓目一首　山寺一首

即事一首　遣懷一首

天河一首　初月一首

歸鴈一首　擣衣一首

促織一首　螢火一首

蒹葭一首　苦竹一首

除架一首　廢畦一首

夕烽一首　秋笛一首

送遠一首　觀兵一首

不歸一首　天末懷李白一首

寄彭州高三十五使君適虢州岑二十七丈參一首

寄岳州賈司馬六丈巴州嚴八使君兩閣老一首

寄張十二山人彪一首　寄李十二白一首

杜工部集卷第十

近體詩一百二十二首

喜達行在所三首 自京竄至鳳翔

避賊至鳳翔及收復京師在諫省出華州轉至秦州作

西憶岐陽信無人遂却迴眼穿當一作看落日心死著寒灰霧一作茂樹行相引蓮峯一作連山望忽開所親驚老瘦辛苦賊中來

愁思胡笳夕淒涼漢苑春生還今日事閒道暫時人司

隷章初覩南陽氣已新喜心翻倒極嗚咽淚沾巾
死去憑誰報歸來始自憐猶瞻太白雪喜遇武功天影
靜千官一云門裏心蘇七校前今朝漢社稷新數中興年

得家書

去憑遊客寄一云休汲騎來為附家書今日知消息他鄉且
舊居熊兒幸無恙驥子最憐渠臨老羈孤極傷時
會合疏二毛趨帳殿一命侍鸞輿北闕妖氛滿西郊
白露初涼風新過鴈秋雨欲生魚農事空山裏眷言
終荷鋤一云終篇言荷鋤

奉贈嚴八閣老

扈聖一作今日登黃閣明公獨妙年蛟龍得雲雨鵰鶚在秋

天客禮容踈放官曹可接聯新詩句句好應任老夫傳

留別賈嚴二閣老兩院補闕 得雲字 嚴武賈至

田園須暫往戎馬惜離群去遠留詩別愁多任酒醺

一秋常苦雨今日始無雲山路時一云晴吹角那堪處處聞

晚行口號

三川不可到歸路晚山稠落鴈浮寒水飢烏集戍樓

市朝今日異喪亂幾時休遠媿梁江揔還家尚黑頭

獨酌成詩

燈花何太喜酒綠一作色正相親醉裏從爲客詩成覺有

神兵戈猶在眼儒術豈謀身共（一作苦）被微官縛低頭媿野人

收京三首

仙仗離丹極妖星照玉除須爲下殿走不可好樓居（一云得非羣盜起難作九重居）暫屈汾陽駕聊飛燕將書依然七廟略更與萬方初

生意甘衰白天涯正寂寥忽聞哀痛詔又下聖明朝羽翼懷（一作慙）商老文思憶帝堯叨逢罪已日霑灑（一作灑涕）望青霄

汗馬收宮闕春城鏟賊壕賞應歌杕杜歸（一作福）及薦櫻

桃雜虜橫戈數功日甲第高萬方頻一作同送喜無乃聖
躬勞

月

天上秋期近人間月影清入河蟾不沒擣藥兎長生
只益丹心苦能添白髮明干戈知滿地休照國西營

哭長孫侍御

道為謀一作謀 一作詩書重名因賦頌雄禮闈曾擢桂憲府舊
乘驄流水生涯盡浮雲世事空唯餘舊臺柏蕭瑟九
原中

奉送郭中丞兼太僕卿充隴右節度使三十

韻英乂

詔發西山將秋屯隴右兵淒涼餘部曲燀一作烜赫舊家聲鵰鶚乘時去驊騮顧主鳴艱難須上策容易即前程斜日當軒蓋高一作歸風卷旆旌松悲天水冷沙亂雪山清和虜猶懷惠防邊不一作詎敢驕古來於異域鎮靜示一作得專征燕薊奔封豕周秦觸駭鯨中原何慘黷餘一作遺孽尚縱橫箭入昭陽殿笳吟細柳營內人紅一作工袖泣一作短王子白衣行宸極袄星動一作大園陵一作林殺氣平空餘金椀出無復繐帷輕毀廟天飛雨焚宮火徹明罘罳朝共落棆桷夜同傾三月師逾整群胡勢就烹

瘖瘦（一云恭承）親接戰勇决（一云餘勇）冠垂成妙譽期元宰殊恩

且列鵷綫時廻節鉞勠力掃欃槍圭竇（一云蓬户）三千士雲

梯七十城恥非齊說客秖（荆作卄）似曾諸生通籍微班忝

周行獨坐榮隨肩趨漏刻短鬓寄（一作媿）簪纓徑欲依

劉表還疑（一云能無）厭禰衡漸衰那（一作寧）此別忍淚獨含情

廢邑狐狸語空村虎豹爭人頻墜塗炭公豈忘精誠

元帥調新律（樊作鼎）前軍壓舊京安邊仍息從莫作（一云無使）後功名

送楊六判官使西蕃

送遠秋風落西征海氣寒帝京氛祲滿人世別離難

絶域遥懷怒和親願結歡勑書憐贊普兵甲望長安宣命(一作令)前程急惟良待士寛子雲清自守今日起爲官垂涙方投筆傷時即據鞍儒衣山鳥怪漢節野童看邊酒排金盞(一作盌)夷歌捧玉盤草輕(一作肥)蕃馬健雪重拂廬乾愼爾叅籌畫從茲正羽翰歸來權可取九萬一朝摶

憶弟二首 時歸在南陸渾莊

喪亂聞吾弟飢寒傍濟州人稀吾不到兵在見何由憶昨狂催走無時病去憂即今千種恨惟共水東流

且喜河南定不問鄴城圍百戰今誰在三年望汝歸

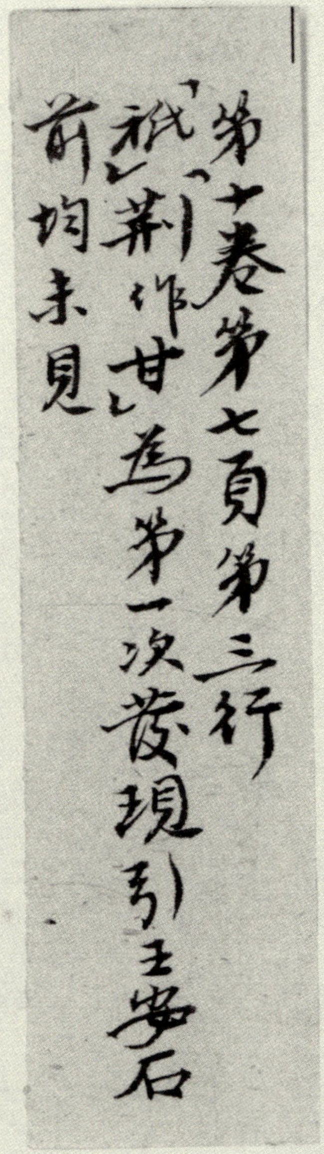

第十卷第七頁第三行
「祇」「荊」作「甘」為第一次發現到王安石
前均未見

故園花自發，春日鳥還飛。斷絶人煙久，東西消息稀。

得舍弟消息

亂後誰歸得，他鄉勝故鄉。直（一作共）為心厄苦，久念（一作得）與存（刋作汝）亡。汝書猶在壁，汝妾已辭房。舊犬知愁恨，垂頭傍我床。

鄭駙馬池臺喜遇鄭廣文同飲

不謂生戎馬，何知共酒盃。燃臍郿塢敗，握（宋景文作秃）節漢臣迴。白鬓千莖雪，丹心一寸（晉作片）灰。別離經死地，披寫忽登臺。重對秦簫發，俱過阮宅來。留連（一作醉留）春夜舞（一作席），淚落強徘徊（一云醉連春夜舞，淚落強徘徊）。

臘日

臘日常年（一作年年）暖尚遥今年臘日凍全消侵陵雪色還萱
草漏洩春光有（一作是）柳條縱酒欲謀良（一作長）夜醉還（一作歸）家初
散（一云放）紫（一云北）宸朝口脂面藥隨恩澤翠管銀罌下九霄

紫宸殿退朝口號

戶外昭容紫袖垂雙瞻御座引朝儀香飄合殿春風
轉花覆千官淑景移晝漏希聞（一作聲）高閣報天顔有喜
近臣知宮中每出歸東省會送夔龍集（一作到）鳳池

曲江二首

一片花飛減却春風飄萬點正愁人且看欲盡花經眼

莫厭傷多酒入脣江上小堂（作川棠）巢翡翠花（一作苑）邊高塚

卧麒麟細推物理須行樂何用（晉作事）浮名（一作榮）絆此身

朝迴日日典春衣每日江頭盡醉歸酒債尋常行處

有人生七十古來稀穿花蛺蝶深深見（一作舞）點水蜻蜓

款款（一云緩緩）飛傳語風光共流轉暫時相賞莫相違

曲江對酒

苑外江頭坐不歸水精春（一云宮）殿轉霏微桃花細逐楊花

落（一云欲共梨花語）黃鳥時（一作仍）兼白鳥飛縱飲久判人共棄懶朝

眞與世相違吏（一作舍）情更覺滄州遠老大悲傷未拂衣

曲江對雨（晉作值雨）

城上春雲覆苑牆江亭晚色靜年（一作天）芳林花著雨燕脂（一作支）落水荇牽風翠帶長龍武新軍深（一作經）駐輦芙蓉別殿謾焚香何時詔（一作重）此金錢會暫（一作爛）醉佳人錦瑟傍

早朝大明宮呈兩省寮友　賈至

銀燭朝天紫陌長禁城春色曉蒼蒼千條弱柳垂青瑣百轉流鸎滿建章劍佩聲隨玉墀步衣冠身染御鑪香共沐恩波鳳池裏朝朝染翰侍君王

奉和賈至舍人早朝大明宮（舍人先世嘗掌絲綸）

五夜漏聲催曉箭九重（一作天）春色醉仙桃旌旗日暖龍

虵動宮殿風微鷰雀高朝罷香煙携滿袖詩成珠玉在揮毫欲知世掌絲綸美池上于（一作如）今有（一作得）鳳毛

同前　王維

絳幘雞人送曉籌尚衣方進翠雲裘九天閶闔開宮殿萬國衣冠拜冕旒日色纔臨仙掌動香煙欲傍衮龍浮朝罷須裁五色詔佩聲歸到鳳池頭

同前　岑參

雞鳴紫陌曙光寒鸎囀皇州春色闌金闕曉鍾開萬戶玉堦仙仗擁千官花迎劍佩星初落柳拂旌旗露未乾獨有鳳凰池上客陽春一曲和皆難

宣政殿退朝晚出左掖

天門日射黃金牓，春殿晴曛赤羽旗。宮草微微（一云霏霏）承委珮，鑪煙細細駐遊絲。雲近蓬萊常好（一作五）色，雪殘鳷鵲亦多時。侍臣緩步歸青瑣，退食從容出每遲。

題省中院壁

掖垣竹埤梧十尋，洞門對霤（一作雪）常陰陰。落花遊絲白日靜，鳴鳩乳鷰青春深。腐儒衰晚謬通籍，退食遲迴違寸心。袞職曾無一字補，許身媿比雙南金。

春宿左省

花隱掖垣暮，啾啾棲鳥過。星臨萬戶動，月傍九霄多。

不寢聽金鑰因風想玉珂明朝有封事數問夜如何

送翰林張司馬（一云學士）南海勒碑　相國製文

冠冕通南極文章落上台詔從三殿（一云天上）去碑到百蠻

開野館濃花發春帆細雨來不知滄海上（一云使）天遣幾時迴

晚出左掖

晝刻傳呼淺春旗簇仗齊退朝花底散歸院柳邊迷

樓雪融城濕宮雲去殿低避人焚諫草騎馬欲雞栖

朱仲卿車如雞栖馬如狗

曲江陪鄭八丈南史飲

雀啄江頭黃柳花鵁鶄鸂鶒滿晴沙自知白髮非春

事且盡芳樽戀物華近侍即今難浪跡此身那得更
無家丈人文（一作才）力猶強健豈傍青門學種瓜

送賈閣老出汝州

西掖梧桐樹空留一院陰艱難歸故里去住損春心
宮殿青門隔雲山紫邏深人生五馬貴莫受二毛侵

送鄭十八虔貶台州司戶傷其臨老陷賊之故
闕為面別情見于詩

鄭公樗散鬢成絲酒後常稱老畫師萬里傷心嚴譴
日百年垂死中興時蒼惶（一作倉皇）已就長途往邂逅無端
出餞遲便與先生應永訣九重泉路（一作下）盡交期

題鄭十八著作主人

合州地闊（一作遊）海冥冥雲水長和島嶼青亂後（一作繾綣）故人雙别淚春深（一作飄颻）逐客一浮萍酒酣懶舞誰相拽詩罷能吟不復聽第五橋東流恨水皇陂岸北結愁亭賈生對鵩傷王傅蘇武看羊陷賊庭可念此翁懷（一作常）直道也霑新國用輕刑禰衡實恐遭江夏方朔虛傳是歲星窮巷悄然（一云一朝）車馬絶案頭乾死讀書螢

端午日賜衣

宮衣亦有名端午被恩榮細葛含風軟香羅疊雪輕自天題處濕當暑著來清意內稱（一云恰稱身）長短終身荷聖情

贈畢四 曜

才大今詩伯家貧苦官卑飢寒奴僕賤顏狀老翁爲

同調嗟誰惜論文笑自知流傳江鮑體相顧免無兒

酬孟雲卿

樂極傷頭白更長愛燭紅相逢難衮衮告別莫怱怱

但恐天河落寧辭酒盞空明朝牽世務揮淚各西東

奉贈王中允 維

中允聲名久如今契闊深共傳收庾信不比得陳琳

一病緣明主三年獨此心窮愁應有作試誦白頭吟

奉陪鄭駙馬韋曲二首

韋曲花無賴家家惱殺人淥樽雖盡日白髮好禁一作傷春石角鈎衣破藤枝一作蘿刺眼新何時占叢竹頭戴小烏巾

野寺垂楊裏春畦亂水間美花多映竹好鳥不歸山城郭終何事風塵豈駐顏誰能共公子薄暮欲俱還

寄左省杜拾遺　岑參

聯步趨丹陛分曹限紫微曉隨天仗入暮惹御香歸白髮悲花落青雲羨鳥飛聖朝無闕事自覺諫書稀

奉荅岑參補闕見贈

窈窕清禁闥罷朝歸不同君隨丞相後我往一作住日華

東冉冉柳枝碧娟娟花藥紅故人得佳句獨（一作猶）贈白頭翁

送許八拾遺歸江寧覲省甫昔時常客遊此縣於許生處乞瓦棺寺維摩圖様志諸篇末

詔許辭中禁慈顔赴（一作拜）北堂（一云天語辭中禁家榮赴北堂）聖朝新孝理祖席倍輝光（一云行子倍思光）內（一作贈）帛騁偏重宮衣著更香淮陰清夜（一云續花）驛京口渡江航春隔雞人晝秋期鸛子涼賜書誇父老壽酒樂城隍（一云竹引趨庭曙山添扇枕涼十年過父老幾日賽城隍）看畫曾飢渴追蹤恨（一作限）淼淼茫虎頭金粟影神妙獨難忘

因許八奉寄江寧旻上人

不見旻公三十年，封書寄與淚潺湲。舊來好事今能否，老去新詩誰與（一作為）傳。碁局動隨尋（一作幽）澗竹，袈裟憶上泛湖船。聞君話我為官在，頭白昏昏只醉眠。

至德二載，甫自京金光門出，間（樊作閒）道歸鳳翔。乾元初，從左拾遺移華州掾，與親故別，因出此門，有悲往事

此道昔歸順，西郊胡（一作騎）正繁（一云煩）。至今殘破膽，應（一作猶）有未招魂。近得（一作侍）歸京邑，移官豈（一作遠）至尊。無才日衰老，駐馬望千門。

寄高三十五詹事　適

安穩高詹事兵戈久索居時來如（一云知）官達歲晚莫情疎天上多鴻鴈池中足鯉魚相看過半百不寄一行書

路逢襄陽少府入城戲呈楊員外綰（甫赴華州日許員外茯苓）

寄語楊員外山寒少茯苓歸來稍暄（一云候和）暖當爲斸青冥翻動（一作倒）神仙窟封題鳥獸形兼將老藤杖扶汝醉初醒

題鄭縣亭子

鄭縣亭子澗之濱戶牖憑高發興新雲斷岳蓮臨大路（一作道）天晴（一作清）宮柳暗長春（宮名）巢邊野雀群欺燕花底山蜂遠趁人更欲題詩滿青竹晚來幽獨恐傷神

望岳

西岳崚嶒（一云峗稜）竦處尊諸峯羅立（一作列）如兒孫安得仙人
九節杖拄到玉女洗頭盆車箱入谷無歸（一作間）路箭栝（晉作闊）
通天有一門稍待秋風涼冷後高尋白帝問眞源

至日遣興奉寄北省舊閣老兩院故人（一作補遺）二首

去歲茲辰捧御床五更三點入鵷行欲知趨走傷心地
正想氛氳滿眼香無路從容陪語笑有時顛倒著衣
裳何人錯憶窮愁日愁日愁隨一線長（刋作日日愁隨一線長）
憶昨逍遙供奉班去年今日侍龍顏麒麟不動鑪煙
上孔雀徐開扇影還玉几（一作座）由來天北極朱衣只在
殿中間孤城此日堪腸斷愁對寒雲雪（一作白）滿山

得弟消息二首

近有平陰信遥憐舍弟存側身千里道寄食一家村
烽舉新酣戰啼垂舊血痕不知臨老日招得幾人（一作時）魂
汝懦歸無計吾衰往未期浪傳烏鵲喜深負鶺鴒詩
生理何顔面憂端且歲時兩京三十口雖在命如絲

秦州雜詩二十首

滿目悲生事因人作遠遊遲迴度隴怯浩蕩及（一作入）關愁
水落魚龍夜山空（一作通）鳥鼠秋西征問烽火心折此淹留
秦州山（一作城）北寺勝跡（一作傳是）隗囂宫苔蘚山門古（一作故）丹青
野殿空月明垂葉露雲逐渡溪風清渭無情極愁時

獨向東

州圖領同谷驛道出流沙降虜兼千帳居人有萬家

馬驕珠汗落胡舞白蹄（一作題）斜年少臨洮子（一云至）西來亦

自誇

鼓角緣邊郡川原欲夜時秋聽殷地發風散入雲悲

抱葉寒蟬靜歸來（一作山）獨鳥遲萬方（一云年）聲一槩吾道

竟何之

南使宜天馬由來萬匹強浮雲連陣沒秋草徧（一云滿）山

長聞說真龍種仍殘（一云空餘）老驌驦哀鳴思戰鬭迥立向

蒼蒼

城上胡笳奏山邊漢節歸防河赴滄海奉詔發金微（一云徽）士苦形骸黑旌疎鳥獸稀那（一作堪）聞往來戍恨解鄴城圍

莽莽萬重山孤城山（一作石）谷間無風雲出塞不夜月臨關屬國歸何晚樓蘭斬未還煙塵獨（一云一）長望衰颯正摧（一云催）顏

聞道尋源使從天此路迴牽牛去幾許宛馬至今來一望幽燕隔何時郡國開東征健兒盡羌笛暮吹哀

今日明人眼臨池好驛亭叢篁低地碧高柳半天青稠疊多幽事喧呼閱使星老夫如有此不異在郊坰

雲氣接崑崙涔涔塞雨繁羌童看渭水使（一云估）客向河源煙火軍中幕牛羊嶺上村所居秋草淨正閉小蓬門

蕭蕭古塞冷漠漠秋雲低黃鵠翅垂雨蒼鷹飢啄泥

薊門誰自北漢將獨征西不意書生耳（一云眼）臨衰厭（一云見）

鼓鞞

山頭南（一云東）郭寺水號北流泉老樹空庭得清渠一邑

傳秋花危石底晚景臥鍾邊（一云前）俛御悲身世溪風爲

颯然

傳道東柯谷深藏數十家對門藤蓋瓦映竹水穿沙瘦

地翻宜粟陽坡可種瓜船人近相報但恐失桃花

萬古仇池穴潛通小有天神魚人不見福地語眞傳近

接西南境長懷十九泉何時一茅屋送老白雲邊

未暇泛滄海悠悠兵馬間塞門風落木（一云塞風落木）客舍雨
連山阮籍行多興龐公隱不還東柯遂疎懶（一云放）休
鑷鬢毛班

東柯好崖谷不與衆峯群落日邀雙鳥晴天養（一云卷）片雲
野人矜險絶水竹會平分採藥吾將老童兒未遣聞

邊秋陰易久不復辨晨光簷雨亂淋幔山雲低度牆鸕
鷀窺淺井蚯蚓上深（一作高）堂車馬何蕭索門前百草長

地僻秋將盡山高客未歸塞雲多斷續邊日少光輝
警急烽常報傳聞（一作聲）檄屢飛西戎外甥國何得迕（一云逆）
天威

鳳林戈未息魚海路常難候火雲烽(一作峯)峻懸軍幕(一作暮)井乾風連西極動月過北庭寒故老思飛將何時(一作人)議築壇

唐堯真自聖野老復何知曬藥能無婦應門幸(一作利亦)有兒藏書聞禹穴讀記憶(一作悟)仇池為報鴛行舊鷦鷯在一枝

月夜憶舍弟

戍鼓斷人行邊秋一鴈聲露從今夜白月是故鄉明有弟皆分散(一作羈旅)無家問死生寄書長不避(一作達)況乃未休兵

宿賛公房 京中大雲寺主謫此安置

杖錫何來此秋風已颯然雨荒深院菊霜倒半池蓮放逐寧違性虛空不離禪相逢成夜宿隴月向人圓

東樓

萬里流沙道西征（一云行一云征西）過此門但添新戰骨不返舊征魂（一云但添征戰骨不返死生魂）樓角凌風迥城陰帶水（一作雨）昏傳聲看驛使送節向河源

雨晴（一云秋霽）

天際（一云外）秋雲薄從西萬里風今朝好晴景久雨不妨農塞（一云岸）柳行踈翠山梨結小紅胡笳樓上發一鴈入

高空

寓目

一縣蒲萄熟秋山苜蓿多關雲常帶雨塞水不成河羌女輕（一作搖）烽燧胡兒制（一作掣）駱駝自傷遲暮眼喪亂飽經過

山寺

野寺殘僧少山園細路高麝香眠石竹鸚鵡啄金桃亂石（一云水）通人過懸崖置屋牢上方重閣晚百里見秋毫（一作纖）

即事

聞道花門破和親事却非人憐漢公主生得渡河歸
秋思拋雲髻（一作鬢）腰支勝（一作賸）寶衣羣凶猶索戰迴首意
多違

遣懷

愁眼看霜露寒城菊自花天風隨斷柳客淚墮清（一作晴）
笳水淨樓陰直山昏塞日斜夜來歸鳥盡啼殺後栖鴉

天河

常時任顯晦秋至輒（一作最）分明縱被微雲掩終能（一云當 一云輪）
永夜清含星動雙闕伴月落邊城牛女年年渡何曾
風浪生

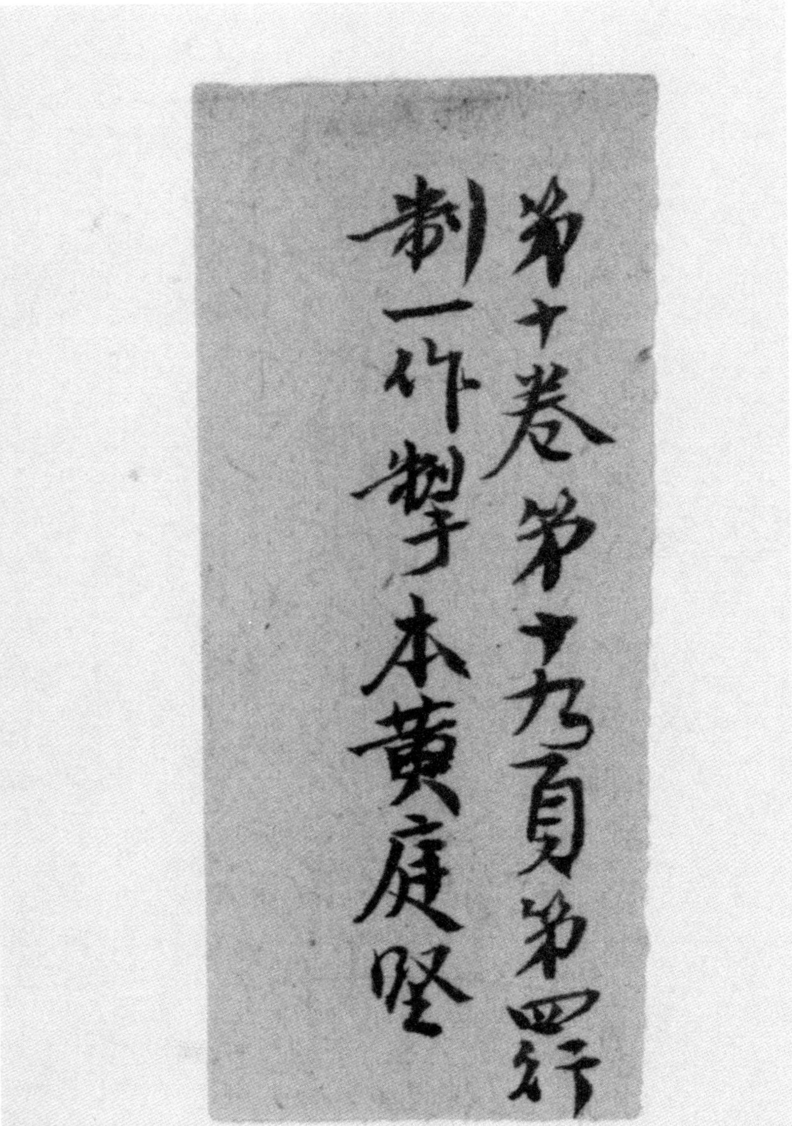
第十卷第十九頁第四行
劃一作擘本黄庭堅

初月

光細（一云常時）弦豈（刋作初 陳作欲）上影斜輪未安微升古塞外已隱暮雲端河漢不改色關山空自寒庭前有白露暗滿菊花團（一云欄）

歸鷰

不獨避霜雪其如儔侶稀四時無失序八月自知歸春色豈相訪（一云誤）衆雛還識機故巢儻未毀會傍主人飛

擣衣

亦知戍不返秋至拭清砧已近苦（一云暮）寒月況經（一云驚）長別心寧辭擣熨（一云衣）倦一寄塞垣深用盡閨中力君聽

空外音

促織

促織甚微細，哀音何動人。草根吟（一云冷）不穩，牀下夜相親。久客得無淚，放（一云故）妻難及晨。悲絲（一云絃）與急管，感激異天真。

螢火

幸因腐草出，敢近太陽飛。未足臨書卷，時能點客衣。隨風隔幔小，帶雨傍林微。十月清霜重，飄零何處歸。

蒹葭

摧折不自守（一云輿），秋風吹若何。暫時花戴雪，幾處（一云隨水）葉

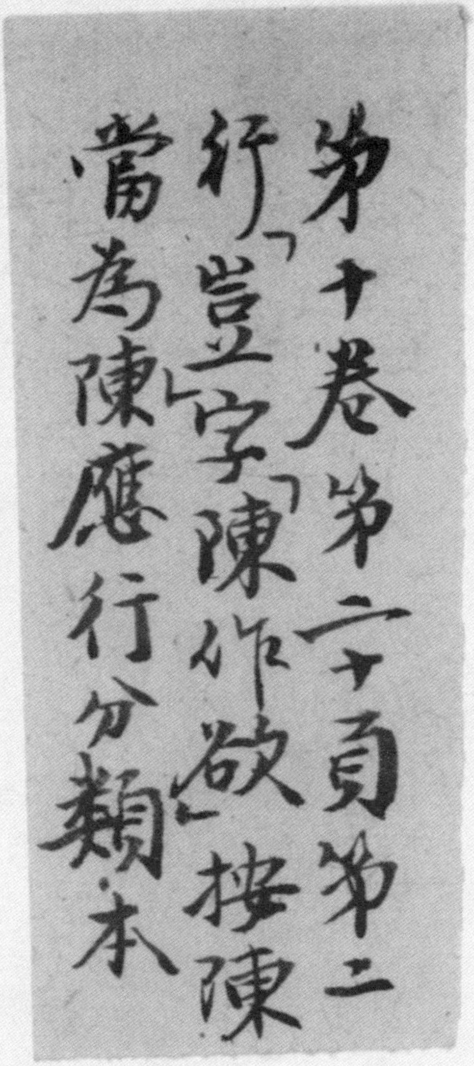
第十卷第二十頁第二行「豈」字「陳」作「欲」按陳當為陳應行分類本

沉波體弱春甲一云風早叢長夜露多江湖後搖落亦一作只恐歲蹉跎

苦竹

青冥亦自守軟弱強扶持味苦夏蟲避叢卑春鳥疑軒墀曾不重翦伐欲一云亦無辭幸近幽人屋霜根結在茲

除架

束薪已零落瓠葉轉一云卷蕭一云相疏幸結白花了寧辭青蔓除秋蟲聲不去暮雀意何如寒事今牢落人生亦有初

廢畦

秋蔬擁霜露豈敢惜凋殘暮景數枝葉天風吹汝寒
緑霑泥滓盡香與歲時闌生意春如昨悲君白玉盤

夕烽

夕烽來不近一云止每日報平安一云夕烽明照灼了了報平安塞上傳光一云聲小
雲邊落一云數點殘照秦通警急過隴自艱難一云焰銷仍再滅煙過不勝寒
闡道蓬萊殿千門立馬看一云恐照蓬萊殿城中幾道看

秋笛

清商欲盡奏奏苦血霑衣他日傷心極征人白骨歸
相逢恐恨過故作發聲微不見秋雲動悲風稍稍飛

送遠

帶甲滿天地胡爲君遠行親朋盡一哭鞍馬去孤城草木歲月晚關河霜雪清別離已昨日因見古人情

觀兵

北庭送壯士貔虎數尤多精銳舊無敵邊隅今若何袄氛擁白馬元帥待彫戈莫守鄴城下斬鯨遼海波

不歸

河間尚征（一云戰）伐汝骨在空城從弟人皆有終身恨不平數金憐俊邁總角愛聰明面上三年土春（一作秋）風草又生（一云吹）

天末懷李白

涼風起天末君子意如何鴻鴈幾時到江湖秋水多
文章憎命達魑魅喜人過應共冤魂語投詩贈汨羅

獨立

空外一鷙鳥河間雙白鷗飄颻搏擊便容易往來遊
草露亦多濕蛛絲仍未收天機近人事獨立萬端憂

日暮

日落風亦起城頭鳥晉作烏尾訛黃雲高未動白水已揚波
羌婦語還哭胡兒行且歌將軍別換馬一云換駿馬夜出擁彫戈

空囊

翠柏苦猶食晨霞高一作朝可餐世人共鹵莽吾道屬艱難

不爨井晨凍無衣床夜寒囊空恐羞澁留得一錢看

病馬

乗爾亦已久天寒關塞深塵中老盡力歲晚病傷心毛骨豈殊衆馴良猶至今物微意不淺感動一沉吟

蕃劍

致此自僻遠又非珠玉裝如何有奇怪每夜吐光芒虎氣必騰趠上去龍身寧久藏風塵苦未息持汝奉明王

銅瓶

亂後碧井廢時清瑤殿深銅瓶未失水百丈有哀音側想美人意應悲寒甃沉蛟龍半缺落猶得折黃金

觀安西兵過赴關中待命二首

四（一云西）鎮富精鋭摧鋒皆絶倫還聞獻（一云就）士卒足以静風塵老馬夜知道蒼鷹饑（一云秋）著人臨危經久戰用急始（一云使）如神

奇兵不在衆萬馬救中原談笑無河北心肝奉至尊孤雲隨殺氣飛鳥避轅門竟日留歡樂（一云觀樂）城池未覺喧

送人從軍

弱水應無地陽關已近天今君渡沙磧累月斷人煙好武寧論命封侯不計年馬寒防失道雪没錦鞍韉

野望

清秋望不極迢遞起曾陰遠水兼天淨孤城隱霧深
葉稀風更落山迥日初沉獨鶴歸何晚昏鴉已滿林

示姪佐 佐草堂在東柯谷

多病秋風落君來慰眼前自聞茅屋趣只想竹林眠滿
谷山雲起侵籬澗水懸嗣一云沉宗諸子姪早覓仲容賢

佐還山後寄三首

山晚浮雲合歸時恐路迷澗寒人欲到村黑鳥應栖野
客茅茨小田家樹木低舊諳疎懶叔須汝故相携

白露黃粱熟分張素有期已應舂得細頗覺寄來遲味
豈同金菊甘一作晉香宜配綠葵老人佗日愛正想滑流匙

幾道泉澆圃交橫落慢坡葳蕤秋葉少(一作葉色)隱映野雲
多隔沼連香芰通林帶女蘿甚聞霜薤白重惠(一云蕙)意
如何

從人覔小胡孫許寄

人說南州路山猨樹樹懸舉家聞若駭(一云共愛)爲寄小如
拳預哂愁胡面初(一作何)調見馬鞭許求聰惠者童稚捧
應癲

秋日阮(一作陳)隱居致薤三十束

隱者柴門(一云荊)内畦蔬繞舍秋盈筐承露薤不待致書
求束比青芻色圓齊玉筯頭衰年關鬲冷味煖併(一作腹)

無憂

秦州見勑一云除目薛三璩授司議郎畢四曜除監察與二子有故遠喜遷官兼述索居凡三十韻

大雅何寥闊一云廓斯人尚典刑交期余潦倒材力爾精靈二子聲同日諸生困一經文章開突一作窔烏吊切奧一云隩遷擢潤朝廷舊好何由展新詩更憶聽別來頭併白相見眼終青伊昔貧皆甚同憂心一作歲不寧栖遑分半菽浩蕩逐流萍俗態猶猜忌袄氛忽杳冥獨慚投漢閣俱議哭秦庭還蜀祇無補囚梁亦固扃華夷相混合宇宙一羶腥帝力收三統天威揔四溟舊都俄望幸清廟

肅惟馨雜種雖（一作難）高壁長驅甚建瓴焚香淑景殿漲
水望雲亭法駕初還日羣公若會星宮臣仍點染柱
史正零丁官忝趨栖鳳朝迴歎（一作欲）聚螢喚人看騕褭
不嫁惜娉婷掘劍知埋獄提刀見發硎侏儒應共飽
漁父忌偏醒旅泊窮清渭長吟望濁涇羽書還似急
烽火未全停師老資殘寇戎生及近坰忠臣辭憤激
烈士涕飄（一云小）零上將盈邊鄙元勳溢鼎銘仰思調玉
燭誰定握（一作淬）青萍（劍名）隴俗輕鸚鵡原情類鶺鴒秋風
動關塞高臥想儀形

寄彭州高三十五使君適虢州岑二十七長史參

三十韻　時患瘧病

故（古）人（一云去）何寂寞今我獨淒涼老去才難（一云雖）盡秋來興

甚長物情尤可見辭客未能忘海內知名士雲端各

異方高岑殊緩步沈鮑得同（一作問）行意愜關飛動篇終

接混茫舉天悲富駱近代惜盧王似爾官仍貴前賢命

可傷諸侯非棄擲半刺已翱翔詩好幾時見書成無

信（一云使）將男兒行處是客子鬬身強羇旅推賢聖沉綿

抵咎殃三年猶瘧疾一鬼不（一云未）銷亡隔日搜脂髓增寒

抱雪霜徒然潛隙地有靦屢鮮粧何太龍鍾極于今

出處妨無錢居帝里盡室在邊疆劉表雖遺恨龐公

至死藏心微傍魚鳥肉瘦怯豺狼隴草蕭蕭白洮雲片片黃彭門（一云天彭）劒閣外虢略鼎湖傍荆玉簪頭冷巴牋染翰光烏麻蒸續曬丹橘露應嘗豈異神仙宅俱兼山水鄉竹齋燒藥竈花嶼讀書床更得新清否遥知對屬忙舊官寧改漢淳俗本歸唐濟世宜公等安貧亦士常蚩尤終戮辱胡羯漫猖狂會待祆氛靜論（一云減）文暫裹粮

寄岳州賈司馬六丈巴州嚴八使君兩閣老五十韻

衡岳啼猿裏巴州鳥道邊故人俱不利（一云別）謫官兩悠

（舊作茫）然開闢乾坤正（一作大）榮枯雨露偏長沙才子遠釣瀨
客星懸憶昨趨行殿殷憂（捧拜）御筵討胡愁李廣奉使
待張騫無復雲臺仗虛修水戰船蒼茫城七十流落
劒三千畫角吹（一云歌）秦晉（一云壁）旄頭俯澗瀍小儒輕董卓有
識笑苻堅浪作禽填海那將血射天萬方思助順一
鼓氣無前陰散陳倉北晴熏太白巔亂麻屍積衞破
竹勢臨燕法駕還雙闕王師下八川此時霑奉引佳氣
拂周旋貔虎開金甲（一作列里）麒麟受玉鞭侍臣諳入仗厩馬
解登仙花動朱樓雪城凝碧樹煙衣冠心慘愴故老
淚潺湲哭廟悲風急朝正霽景鮮月分梁漢米春得

給刋作衣衡錢內藥繁於纈宮莎刋作花軟勝綿恩榮同拜手
出入一作處最隨肩曉著華堂醉寒重繡被眠轡齊兼秉
燭書枉滿懷牋每覺昇元輔深期列大賢秉鈞方咫
尺鎩翮再聯翩禁掖朋從改一作援微班性命全青蒲甘
受一作就戮白髮竟誰憐弟子貧原憲諸生老伏虔師資
謙未達鄉黨敬何一作推先舊好腸堪斷新愁一云秋眼欲穿翠
乾危棧竹紅膩小湖一作池蓮貫筆論孤憤嚴詩賦幾篇
定知深意苦一云將莫使衆人傳貝錦無停織朱絲有斷絃
浦鷗防碎首霜鶻不空拳地僻昏炎瘴山稠隘石泉
且將棊度日應用酒爲年典郡終微眇治中實棄捐

安排求傲吏比興展歸田去去才難得蒼蒼理又玄
古人稱逝矣吾道卜終焉隴外翻投跡漁陽復控弦
笑爲妻子累甘與歲時遷親故行稀少兵戈動接聯
他鄉饒夢寐失侶自迍邅多病加（一云成）淹泊長吟阻靜
便如公盡雄俊志在必騰騫（一云公如盡憂患何事有陶甄 樊言如公盡雄俊何事負陶甄）

寄張十二山人彪三十韻

獨臥嵩陽（一云雲）客三違潁水春艱難隨老母慘澹向時
人謝氏尋山屐陶公漉酒巾群凶彌宇宙此物在風
塵歷下辭姜被關西得孟鄰早通交契密晚接道流
新靜者心多妙（一云好）先生藝絕倫草書何太古（一云應甚苦）詩興

不無神曹植休前輩張芝更後身數篇吟可老一字買
堪貧將恐曾防寇深潛一云情託所親寧聞倚門夕盡力
潔飧晨踈懶為名誤驅馳喪我真索居猶一作尤寂寞相
遇益愁辛流轉一云轉徙依邊徼逢迎念席珍時來故舊少
亂後別離頻世祖修高廟文公賞從臣商山猶入楚
源水不離一作知秦刻作湍水不流秦存想青龍祕騎行白鹿馴耕巖
非谷口結草即一云欲河濵肘後符應驗囊中藥未陳旅
懷殊不愜良覿渺無因自古皆悲恨浮生有屈伸此
邦今一作全尚武何處且依仁鼓角凌天籟關山信一作倚月
輪官場一作塲羅鎮一作錦磧賊火近洮岷蕭瑟論兵一云功地蒼

莅鬬將辰大軍多處所餘薛尚紛綸高興知籠鳥斯文起言（一云）獲麟窮秋正搖落迴首望松（一云湘）筠

寄李十二白二十韻（會稽賀知章一見白號爲天上謫仙人）

昔年有狂客號爾謫仙人筆落驚（一云鬪）風雨詩成泣鬼神聲名從此大汩沒一朝伸文彩承殊渥流傳必絕倫龍舟移棹晚獸錦奪袍新白日來深殿青雲滿後塵乞歸優詔許遇我宿（一云夙）心親未負（一云遂）幽棲志兼全寵辱身劇談憐野逸嗜酒見天眞醉舞梁園夜行謌泗水春才高心不展道屈善無鄰處士禰衡俊諸生原憲貧稻粱求未足薏苡謗何頻五嶺炎蒸地三危放

逐臣幾年遺鵩鳥獨泣（一云立）向麒麟（一云不獨泣麒麟）蘇武先還漢

黃公豈事秦楚筵辭醴日梁獄上書辰已用當時法

誰將此義（一云議）陳老吟秋月下病起暮江濱莫怪恩波

隔乘槎與（一云得）問津

杜工部集卷第十

杜工部集卷第十二

前劍南節度参謀宣義郎檢校尚書工部員外郎賜緋魚袋京兆杜　甫

近體詩一百二十五首

蜀相一首　卜居一首

一室一首　梅雨一首

爲農一首　有客一首

狂夫一首　賓至一首

王十五司馬弟出郭相訪兼遺營茅屋貲一首

堂成一首　田舍一首

進艇一首　西郊一首

所思一首　江村一首

江漲一首　野老一首

雲山一首　遣興一首

北鄰一首　南鄰一首

赴青城縣出成都寄陶王二少尹一首

因崔五侍御寄高彭州一絕、

野望因過常少仙一首　山郭一首

過南鄰朱山人水亭一首　恨別一首

寄賀蘭銛一首　寄楊五桂州一首

逢唐興劉主簿弟一首

客至一首　遣意二首
漫成二首　春水一首
江亭一首　村夜一首
早起一首　畏人一首
可惜一首　落日一首
獨酌一首　遠遊一首
徐步一首　寒食一首
高柟一首　惡樹一首
石鏡一首　琴臺一首
問斛斯六官未歸一首　絶句漫興九首

戲爲六絶句　江漲一首

晩晴一首　朝雨一首

送裴五赴東川一首　奉簡高三十五使君一首

送韓十四江東覲省一首　贈杜二拾遺一首 高適作

酬高使君相贈一首　草堂即事一首

廣州段功曹到得楊五長史譚書功曹却歸聊寄此詩一首

得廣州張判官叔卿書使還以詩代意一首

送段功曹歸廣州一首

魏十四侍御就弊廬相別一首

徐九少尹見過一首

范員外吴侍御特枉駕闕展待聊寄此一首

王十七侍御掄許攜酒至草堂奉寄此詩便請邀

高三十五使君同到一首

王竟攜酒高亦同過一首　少年行二首

野人送朱櫻一首　即事一首

贈花卿一首　少年行一首

蕭八明府處覓桃栽一首

從韋二明府處覓綿竹一首

憑何十一少府覓榿木栽一首

憑韋少府覓松樹子一首

又於韋處乞大邑瓷盌一首

詣徐卿覓果栽一首　贈別何邕一首

贈別鄭鍊赴襄陽一首　重贈鄭絶句一首

杜工部集卷第十一

近體詩一百一十五首 此下在成都作

蜀相

丞相祠堂何處尋錦官城外柏森森映堦碧草自春色隔葉黄鸝空一作多好音 介甫云映堦隔葉一聯非止詠孔明而託意在其中 三顧頻繁天下計兩朝開濟老臣心出師未捷一作用身先死長使

英雄淚滿襟

卜居

浣花流一作之水水西頭主人為卜林塘幽已知出郭少塵事更有澄江銷客愁無數蜻蜓齊上下一雙鸂鶒對沉浮東行萬里堪乘興須向山陰上小舟

一室

一室他鄉遠一云老空林暮景懸正愁聞塞笛獨立見江舡巴蜀來多病荊蠻去幾年一云千應同王粲宅留井峴山前

梅雨

南京西浦道西一作犀 明皇以成都為南京犀浦乃屬邑四月熟黃梅湛湛長江去

冥冥細雨來茅茨踈易濕雲霧密難開竟日蛟龍喜盤渦與岸迴

爲農

錦里煙塵外江村八九家圓荷浮小葉細麥落輕花（一作𨊥）卜宅從茲老為農去國賒遠慚勾漏令不得問丹砂

有客

幽棲地僻經過少老病人扶再拜難豈有文章驚海內漫勞車馬駐江干竟日淹留佳客坐百年麤糲腐儒餐不嫌野外無供給乘興還來看藥欄

狂夫

萬里橋西一草堂百花潭水即滄浪風含翠篠娟娟
靜雨裛紅蕖冉冉香厚祿故人書斷絕恒飢稚子色
淒涼欲填溝壑唯疎放自笑狂夫老更狂

賓至

患氣經時久臨江卜宅新喧卑方避俗疎快頗宜人
有客過茅宇呼兒正葛巾自鋤稀菜甲小摘爲情親

王十五司馬弟出郭相訪兼遺營茅屋貲

客裏何遷次江邊正寂寥肯來尋一老愁破是今朝
憂我營茅棟攜錢過野橋他鄉惟表弟還往莫辭遙

堂成

背郭堂成蔭白茅緣江路熟俯青郊榿林礙日吟風
葉籠竹和煙滴露梢暫止（一作下）飛烏將數子頻來語鷰
定新巢旁人錯比揚雄宅嬾墮（一作慢）無心作解嘲

田舍

田舍清江曲（一作上）柴門古道旁草深迷市井地僻嬾衣裳
櫸柳枝枝弱枇杷樹樹香鸕鷀西日照曬翅滿魚梁

進艇

南京久客耕南畝北望傷神坐北窻晝引老妻乘小
艇晴看稚子浴清江俱飛蛺蝶元相逐並蔕芙蓉本
自雙茗飲蔗漿攜所有瓷甖無謝玉為缸

西郊

時出碧雞坊西郊向草堂市橋官柳細江路（晉作岸）野梅香傍架齊書帙看題減（晉作撿）藥囊無人（一云音與見一云與）來往踈懶意何長

所思

苦憶荊州醉司馬（崔吏部漪）謫官（一作居）樽俎（一作酒）定常開九江日落醒何處一柱觀頭眠幾迴可憐懷抱向人盡欲問平安無使來故憑錦水將雙淚好過瞿唐灩澦堆

江村

清江一曲抱村流長夏江村事事幽自去自來堂上燕

相親相近水中鷗老妻畫紙為（一作成）棋局稚子敲針作釣鉤多病所須唯藥物（一云但有故人供祿米供一作分）微軀此外更何求（一作無求）

江漲

江漲柴門外兒童報急流下牀高數尺倚杖沒中洲細動迎風鷰輕搖逐浪鷗漁人縈小楫容易拔（一作捩）舡頭

野老

野老籬前江岸迴柴門不正逐江開漁人網集澄潭下賈客船隨返照來長路關心悲劒閣片雲何意（一作事又云行雲幾處）傍琴臺王師未報收東郡城闕秋生畫角哀（南京同兩都得去城闕也）

雲山

京洛雲山外音書靜不來神交作賦客力盡望鄉臺（隋蜀王秀所築）
衰疾江邊卧親朋日暮迴白鷗元水宿何事有餘哀

遣興

干戈猶未定弟妹各何之拭淚霑襟（一作巾）血梳頭滿面絲地
卑荒野大天遠暮江遲衰疾那能久應無見汝時（一作期）

北鄰

明府豈辭滿藏身方告勞青錢買野竹白幘岸江皐
愛酒晉山簡能詩何水曹時來訪老疾步屧到蓬蒿

南鄰

錦里先生烏角巾園收芋栗（一作粟）不全貧慣看賓客

（一云門户）兒童喜得食，階除鳥雀馴。秋水纔（一云池雖）深四五尺，野航（魯直作艇。舫，方舟也）恰受兩三人。白沙翠竹江村暮，相對柴門（一作籬南）月色新。

赴青城縣出成都寄陶王二少尹

老恥妻孥笑（一云老被樊籠役），貧嗟出入勞。客情投異縣，詩態憶吾（一作君）曹。東郭滄江（一云滄浪）合，西山白雪高。文章差底病，迴首興滔滔。

因崔五侍御寄高彭州一絶

百年已過半，秋至轉飢寒。為問彭州牧，何時救急難。

野望因過常少仙

野橋齊度馬秋望轉悠哉竹覆青城合江從灌口來入村樵徑引嘗果栗皺開落盡高天日幽人未遣迴

出郭

霜露晚淒淒高天逐望低遠煙鹽井上斜景雪峯西故國猶兵馬他鄉亦（一作正）鼓鼙江城今夜客還與舊烏啼

過南鄰朱山人水亭

相近竹參差相過人不知幽花欹滿樹小水細通池歸客村非遠殘罇席更移看君多道氣從此數追隨

恨別

洛城一別四（一作三）千里胡騎長驅五六（一作六七）年草木變衰行

劒外兵戈阻絶老江邊思家步月清宵立憶弟看雲

白日眠聞道河陽近乘勝司徒急爲破幽燕

寄賀蘭銛

朝野歡娛後乾坤震蕩中相隨萬里日摠作白頭翁

歲晚仍分袂江邊更轉蓬勿云俱異域飲啄幾迴同

寄楊五桂州譚 因州參軍段子之任

五嶺皆炎熱宜人獨桂林梅花萬里外雪片一冬深

聞此寬相憶爲邦復好音江邊送孫楚遠附白頭吟

逢唐興劉主簿弟

分手開元末連年絶尺書江山且相見戎馬未安居

劒外官人冷關中驛騎疎輕舟下吳會主簿意何如

和裴迪登新津寺寄王侍郎 王時牧蜀

何限一作恨倚山木吟詩秋葉黃蟬聲集古寺鳥影度寒塘風物悲遊子登臨憶侍郎老夫貪佛一作肯一作費日隨意宿僧房

敬簡王明府

葉縣郎官宰周南太史公神仙才有數流落意無窮驥病思偏秣鷹愁一作秋怕苦籠看君用高義耻與萬人同

重簡王明府

甲子西南異冬來只薄寒江雲何夜盡蜀雨幾時乾行

李須相問窮愁豈有（一作自）寬君聽鴻鴈響恐致稻粱難

建都十二韻

蒼生未蘇息胡馬半乾坤議在雲臺上誰扶黃屋尊
建都分魏闕下詔闢荆門恐失東人望其如西極存
時危當雪恥計大豈輕論雖倚三階正終愁萬國翻
牽裾恨不死漏網辱殊恩永負漢庭哭遥憐湘水魂
窮冬客江劍隨事有田園風斷青蒲節霜埋翠竹根
衣冠空穰穰關輔久（一作遠）昏昏願枉（一作唯駐 一作頻駐）長安日光
輝照北原

歲暮

歲暮遠爲客邊隅還用兵煙塵犯雪嶺鼓角動江城

天地日流血朝廷誰請纓濟時敢愛死寂寞壯心驚

和裴迪登蜀州東亭送客逢早梅見寄

東閣官梅動詩興還如何遜在楊州（何遜集有早梅詩）此時對

雪遥相憶送客逢春（一作花）可（一作更）自由幸不折來傷歲

暮若爲看去亂鄉（一作春）愁江邊一樹垂垂發朝夕催人

自白頭

寄贈王十將軍承俊

將軍膽氣雄臂懸兩角弓纏結青驄馬出入錦城中

時危未授鉞勢屈難爲功賓客滿堂上何人高義同

遊修覺寺 前遊

野寺江天豁山扉花竹幽詩應有神助吾得及春遊徑石相（一云課）縈帶川雲自（一云晚）去留禪枝宿衆鳥漂轉暮歸愁

後遊

寺憶新遊處橋憐再渡時江山如有待花柳更無私野潤煙光薄沙暄日色遲客愁全爲減捨此復何之

題新津北橋樓 得郊字

望極春城上開筵近鳥巢白花簷外朶青柳檻前梢池水觀爲政廚煙覺遠（一云遠）庖西川供客眼唯有（一云偏愛）此

江郊　奉詶李都督表丈早春作

力疾坐清曉來時（一云詩）悲早春轉添愁伴客更覺老隨人（一作身）紅入桃花嫩青歸柳葉新望鄉應未已四海尚風塵

登樓

花近高樓傷客心萬方多難此登臨錦江春色來（一云水流）天地玉壘浮雲變古今北極朝廷終不改西山寇盜莫相侵可憐後主還祠廟日暮聊爲梁甫吟

春歸

苕遞臨江竹茅簷覆地花別來顛甲子歸到忽春華倚杖看孤石傾壺就淺沙遠鷗浮水靜輕鷰受風斜世路雖多梗吾生亦有涯此身(一作且應)醒復醉乘興即爲家

歸鴈

東來萬里客亂定(一云走)幾年歸腸斷江城鴈高高正北飛

三絕句

楸樹馨香倚釣磯斬新花蘂未應飛不如醉裏風吹盡可(一作何)忍醒時雨打稀

門外鸕鷀去(一作久)不來沙頭忽見眼相猜自今已後知人意一日須來一百迴

無數春筍滿林生柴門密掩斷人行會須上番（去聲）看成竹客至從嗔不出迎

客至（喜崔明府相遇）

舍南舍北皆春水但見（一作有）羣鷗日日來花逕不曾緣客掃蓬門今始爲君開盤飧市遠無兼味樽酒家貧只舊醅肯與鄰翁相對飲隔籬呼取盡餘盃

遣意二首

囀枝黃鳥近泛渚白鷗輕一逕野花落孤村春水生衰年催（一作醺）釀黍細雨更移橙漸喜交遊絶幽居不用名

簷影微微落津流脉脉斜野船明細火宿鴈取圓（一作聚寒）沙

雲掩初弦月香傳小樹花鄰人有美酒稚子夜能賒（一作也）

漫成二首

野日荒荒（一作野月茫茫）白春流泯泯清渚蒲隨地有村逕逐門成只作披衣慣常從漉酒生眼邊無俗物多病也身輕

江皐已仲春花下復清晨仰面貪看鳥迴頭錯應人讀書難字過對酒滿壺頻近識峨眉老知余懶是眞

（東山隱者又作陳山）

春水

三月桃花浪江流復舊痕朝來沒沙尾碧色動柴門

接縷垂芳餌連筒灌小園已添無數鳥爭浴故相喧

江亭

坦腹江亭暖長吟野望時水流心不競雲在意俱遲寂寂春將晚欣欣物自私故林歸未得排悶強裁詩

村夜

蕭蕭風色暮一作風色蕭蕭暮江頭人不行村春雨外急鄰火夜深明胡羯何多難樵漁寄此生中原有兄弟萬里正含情

早起

春來常早起幽事頗相關帖石防隤岸開林出遠山

一丘藏曲折緩步有躋攀童僕來城市餅中得酒還

畏人

早花隨處發春鳥異方啼萬里清江上三年（一云峯）落日低畏人成小築褊性合幽棲門逕（一云逕没）從榛草無心走（一作待）馬蹄

可惜

花飛有底急老去願春遲可惜歡娛地都非少壯時寛心應是酒遣興莫過詩此意陶潛解吾生後汝期

落日

落日在簾鈎溪邊春事幽芳菲緣岸圃樵爨倚灘舟

啅雀爭枝墜飛蟲滿院遊濁醪誰造汝一酌(一云酌罷)散

千憂(一云一酌罷人憂)

獨酌

步屧(一作履一作倚杖)深林晚開樽獨酌遲仰蜂粘落絮(一云蕊)行

(音杭)蟻上枯梨薄劣慙真隱幽偏得自怡本無軒冕意

不是傲當時

遠遊

賤子何人記迷芳(荆作方)著處家竹風連野色江沫擁春沙

種藥扶衰病吟詩解嘆嗟似聞胡騎走失喜問京華

徐步

第十一卷十四頁下第八行

「迷芳」剩作方

整履（一作屐，晉作蹝）步青蕪，荒庭日欲晡。芹泥隨鷰觜，花蘂（一作蘂粉）上蜂鬚。把酒從衣濕，吟詩信杖扶。敢論才見忌，實有醉如愚。

寒食

寒食江村路（一云落），風花高下飛。汀煙輕冉冉，竹日淨暉暉。田父（一云舍）要皆去，鄰家鬧（晉作問）不違。地偏相識（晉作失）盡，雞犬亦忘歸（一作機）。

高柟

柟樹色冥冥，江邊一蓋青。近根開藥圃，接葉製茅亭。落景陰猶合，微風韻可聽。尋常絶醉困，卧此片時醒。

惡樹

獨遶虛齋徑常持小斧柯幽陰成頗雜惡木剪還多枸杞因吾有雞棲柰汝何方知不材者一云木生長漫婆娑

石鏡

蜀王將此鏡送死置空山冥寞憐香骨提攜近玉顏衆妃無復歎千騎亦虛還獨有傷心石埋輪月宇閒

琴臺

茂陵多病後尚愛卓文君酒肆人間世琴臺日暮雲野花留寶靨蔓草見羅裙歸鳳求皇意寥寥不復聞

問斛斯六官未歸

故人南鄰去去索作碑錢本賣文爲活翻令室倒懸

荆扉深蕞草土銼冷疎煙老罷休無賴歸來省醉眠（蜀人呼釜爲銼）

絶句漫興九首

眼見（一作前）客愁愁不醒無賴春色到江亭即遣花開（一作飛）深（一作從）造次便覺（一作教）鶯語太丁寧

手種桃李非無主野老牆低還是家恰似春風相（入聲）欺得夜來吹折數枝花

熟知（晉作孰知）茅齋絶低小江上燕子故來頻嘲泥點污琴書內更接飛蟲打著人

二月巳破三月來漸老逢春能幾迴莫思身外無窮事且盡生前有限杯

腸斷江春欲盡（一作白）頭杖藜徐步立芳洲顛狂柳絮隨風去輕薄桃花逐水流

懶慢無堪不出村呼兒日在掩柴門蒼苔濁酒林中靜碧水春風野外昏

糝逕楊花鋪白氈點溪荷葉疊（一作累）青錢筍（一作竹）根稚子（一作雉子漢鐃歌有雉子班一云稚子筍也）無人見沙上鳧雛傍母眠

舍西柔桑葉可拈江畔細麥復纖纖人生幾何春已夏不放香醪如蜜甜

隔户楊柳弱嫋嫋恰似十五女兒要[腰]誰謂朝來不作意

狂風挽斷最長條

戲為六絶句

庾信文章老更成淩雲健筆意縱横今人嗤點流傳

賦不覺前賢畏後生

楊王一二六王楊盧駱當時體輕薄為文哂未休爾曹身與

名俱滅不廢江河萬古流

縱使盧王操翰墨劣於漢魏近風騷龍文虎脊皆君

馭歷塊過都見爾曹

才力應難跨數公凡今誰是出羣雄或看翡翠蘭苕

上未掣鯨魚碧海中

不薄今人愛古人清詞麗句必爲隣竊攀屈宋宜方駕恐與齊梁作後塵

未及前賢更勿疑遞相祖述復先誰別裁僞體親風雅轉益多師是汝師

江漲

江發蠻夷漲山添雨雪流大聲吹地轉高浪蹴天浮魚鼈爲人得蛟龍不自謀輕帆好去便吾道付滄洲

晚晴

村晚驚風度庭幽過雨霑夕陽薰細草江色映疎簾

書亂誰能帙杯乾可自添時聞有餘論未怪老夫潛

朝雨

涼氣晚（一作曉）蕭蕭江雲亂眼飄風鴛藏近渚雨鶩集深條黃綺終辭（一作投）漢巢由不見堯草堂樽酒在幸得過清朝（一作宵）

送裴五赴東川

故人亦流落高義動乾坤何日通燕塞相看老蜀門東行應暫別北望苦銷魂凜凜悲秋意非君誰與論

奉簡高三十五使君

當代論才子如公復幾人驊騮開道路鷹隼出風塵

行邑秋將晚交情老更親天涯喜相見披豁對一作道吾君

送韓十四江東覲省

兵戈不見老萊衣歎息人間萬事非我已無家尋弟妹君今何處訪庭闈黄牛峽靜灘聲轉白馬江寒樹影稀此別還須各努力故鄉猶恐未同一作堪歸

贈杜二拾遺　高適

傳道招提客詩書自討論佛香時入院僧飯屢過門聽法還應難尋經剩欲翻草玄今已畢此後更何言

酬高使君相贈

古寺僧牢落空房客一作得寓居故人供禄米鄰舍與園

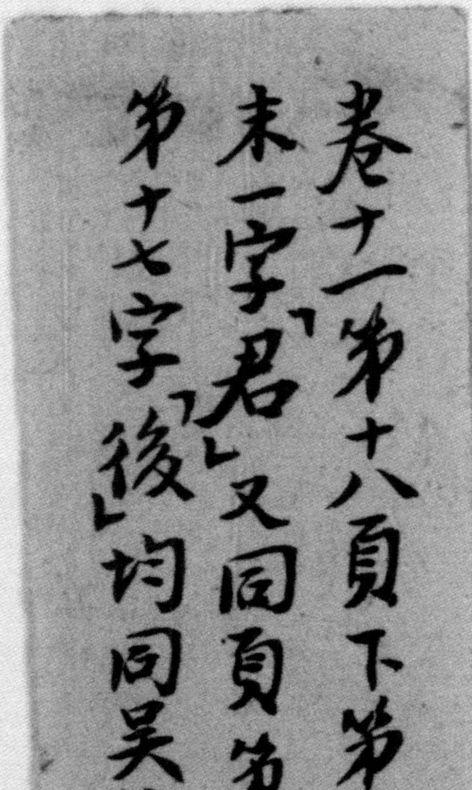
卷十一第十八頁下第一行
末一字「君」又同頁第八行
第十七字「後」均同吴若本

蔬饌樹容聽法三車肯載書草玄吾豈敢賦或似相如

草堂即事

荒村建子月獨樹老夫家霧舊作雪裏江船渡風前逕竹斜

寒魚依密藻宿鷺起圓沙蜀酒禁愁得無錢何處賒

廣州段功曹到得楊五長史譚書功曹却歸

聊寄此詩

衛青開幕府楊僕將樓船漢節梅花外春城海水邊

銅梁書遠及珠浦使將旋貧病他鄉老煩君萬里傳

得廣州張判官叔卿書使還以詩代意

鄉關胡騎遠一云滿宇宙蜀城偏忽得炎州信遙從月峽

傳雲深驃騎幕夜隔孝廉船却寄雙愁眼相思一作望淚點懸

送段功曹歸廣州

南海春天外功曹幾月程一作行峽雲籠樹小湖日落一作蕩船明交趾丹砂重韶州白葛輕幸君因旅一作估客時寄錦官城

魏十四侍御就弊廬相別

有客騎驄馬江邊問草堂遠尋留藥價惜別到文場入幕旌旗動歸軒錦繡香時應念衰疾書疏一作跡及滄浪

徐九少君見過

晩景孤村僻行軍數騎來交新徒有喜禮厚媿無才
賞靜憐雲竹忘歸步月臺何當看花蕊欲發照江梅

范二員外邈吳十侍御郁特枉駕闕展待聊寄此

蹔往比鄰去（晉作至）空聞二妙歸幽棲誠簡略衰白已光暉
野外貧家遠村中好客稀論文或不媿肯重款柴扉

王十七侍御掄許攜酒至草堂奉寄此詩便請
邀高三十五使君同到

老夫臥穩朝慵起白屋寒多暖始開江鸛（一作鶴）巧當幽
徑浴鄰雞還過短牆來繡衣屢許攜家醞皂蓋能忘
折野梅戲假霜威促山簡須成一醉（一云醉裏）習池迴

王竟攜酒高亦同過共用寒字

臥疾荒郊遠通行小徑難故人能領客攜酒重相看自愧無鮭一作蝦菜空煩卸馬鞍移時勸山簡頭白恐風寒高每云汝年幾且不必小於我故此句戲之

少年行二首

莫笑田家老瓦盆自從盛酒長一云養兒孫傾銀注一作玉瓦

驚人眼共醉終同臥竹根

巢燕養雛渾去盡江花結子已一作也無多黃衫年少來

宜數不見堂前東逝波

野人送朱櫻

西蜀櫻桃也自紅野人相贈滿筠籠數回細寫愁仍破萬顆勻圓訝許同憶昨賜霑門下省退朝擎出大明宮金盤玉筯無消息此日嘗新任轉蓬

即事

百寶裝腰帶真珠絡臂韝笑時花近眼舞罷錦纏頭

贈花卿

錦城絲管日紛紛半入江風半入雲此曲祇應天上有人間能得幾回聞

少年行

馬上一云騎馬誰家薄媚一云白面郎臨堦下馬坐一作踏人牀不通姓

字麤豪甚一云麄疎甚指點銀瓶索酒嘗一云酒未嘗

蕭八明府隄一作實處覓桃栽

奉乞桃栽一百根春前爲送浣花村河陽縣裏雖無數濯錦江邊一作頭未滿園

從韋二明府續處覓綿竹

華軒藹藹他年到綿竹亭亭出縣高江上舍前無此物幸分蒼翠拂波濤

憑何十一少府邕覓榿木栽

草堂塹西無樹林一作木非子誰復見幽心飽聞榿木三年大與致溪邊十畝陰

憑韋少府班覓松樹子

落落出羣非櫸柳青青不朽豈楊梅欲存老蓋千年
意爲覓霜根數寸栽（一云來）

又於韋處乞大邑瓷盌

大邑燒瓷輕且堅扣如哀（一作寒）玉錦城傳君家白盌勝
霜雪急送茅齋也可憐

詣徐卿覓果栽

草堂少花今欲栽不問綠李與黃梅石笋街中却歸
去果園坊裏爲求來

贈別何邕

生死論交地何由見一人悲君隨燕雀薄宦走風塵綿谷元通漢沱江不向秦五陵花滿眼傳語故鄉春

贈別鄭錬赴襄陽

戎馬交馳際柴門老病身把君詩過日念此別驚神一云念別意驚神地闊峨眉晚一作晩晉作遠天高峴首春為於耆舊內試覓姓龐人

重贈鄭絶句

鄭子將行罷使臣囊無一物獻尊親江山路遠羈離日裘馬誰為感激人

杜工部集卷第十一

宋板杜工部集　王原叔洙編次本　第陸册

杜工部集卷第十三

前劍南節度參謀宣義郎檢校尚書工部員外郎賜緋魚袋京兆杜　甫

近體詩一百三首

奉酬嚴公寄題野亭之作一首

中丞嚴公雨中垂寄見憶一絶奉荅絶句二首

謝中丞送青城山道士乳酒一瓶一首

嚴公仲夏枉駕草堂兼攜酒饌一首

嚴公廳宴同詠蜀道畫圖一首

奉送嚴公一首

送嚴侍郎到綿州同登杜使君江樓一首

奉濟驛重送嚴公一首

巴西驛亭觀江漲呈竇使君一首

城上一首　翫月呈漢中王一首

聞官軍收河南河北一首

涪江泛舟送韋班歸京一首

春日梓州登樓二首　遣懷一首

鄭城西原送李判官兄武判官弟赴成都府一首

客夜一首

陪王侍御宴通泉東山野亭一首

客亭一首

行次鹽亭縣聊題奉簡嚴遂州蓬州兩使君

咨議諸昆季一首

倚杖一首

泛江送魏十八倉曹還京寄岑中允參范郎中季明一首

送路六侍御入朝一首　泛江送客一首

上牛頭寺一首　望牛頭寺一首

上兜率寺一首　望兜率寺一首

甘園一首

數陪李梓州泛江有女樂戲爲艷曲二首

登牛頭山亭子一首

陪李梓州王閬州蘇遂州李果州四使君登惠義寺一首

送何侍御歸朝一首

江亭送眉州辛别駕昇之一首

涪城縣香積寺官閣一首

戲題寄上漢中王三首

陪章留後侍御宴南樓一首

臺上一首

送王十五判官扶侍還黔中一首

倦夜一首　悲秋一首

對雨一首　警急一首

王命一首　征夫一首

惠義寺園送辛員外一首

又送一首　　送元二適江左一首

章梓州水亭一首

章梓州橘亭餞成都竇少尹一首

送陵州路使君赴任一首

薄暮一首　　西川三首

薄遊一首

杜工部集卷第十二

近體詩一百三首　在成都又綿漢梓洲作

奉和嚴中丞西城晚眺　十韻

汲黯匡君切廉頗出將頻直詞才不世雄略動一作用如
神政簡移風速詩清立意新層晉作曾城臨暇一云媚景絶
域望餘春旗尾蛟龍會樓頭燕雀馴地平江動蜀天
闊樹浮秦帝念深分閫軍須遠筭緡花羅封蛺蝶瑞
錦送騏驎辭第輸高義觀圖憶古人征南多興緒事
業闇相親

嚴中丞枉駕見過嚴自東川除西川勑令兩川都節制

元戎小隊出郊坰問柳尋花到野亭川合東西瞻使
節地分南北任流一作孫萍鷗舟不獨如張翰白帽應兼
似管寧寂寞一作今日江天雲霧裏何人道有少微星

江畔獨步尋花七絕句

江上被花惱不徹無處告訴只顛狂走覓南鄰愛酒伴經旬出飲獨空牀 斛斯融吾酒徒

稠花亂蘂畏（一作裹）江濱行步欹危實怕春詩酒尚堪驅使在未須料理白頭人

江深竹靜兩三家多事紅花映白花報荅春光知有處應須美酒送生涯

東望少城花滿煙百花高樓更可憐誰能載酒開金盞（一作鎖）喚取佳人舞繡筵

黃師塔前江水東春光懶困倚微風桃花一簇開無

主可愛深紅愛一云映晉作與淺紅

黄四娘家花滿蹊千朶萬朶壓枝低留連戲蝶時時舞自在嬌鶯恰恰啼東坡嘗云齊魯大臣二人而史失其名黄四娘何人乃託杜詩而不朽也世間幸不幸類如此

不是愛花即肯一云欲死一作不是看花即索死只恐花盡老相催繁枝容易紛紛落嫩蘂一作葉商量細細開

春水生二絶

二月六夜春水生門前小灘一作籬渾欲平鸕鷀鸂鶒莫漫喜吾與汝曹俱眼明

一夜水高二尺強數日不可更禁當南市津頭有船賣無錢即買繫籬傍

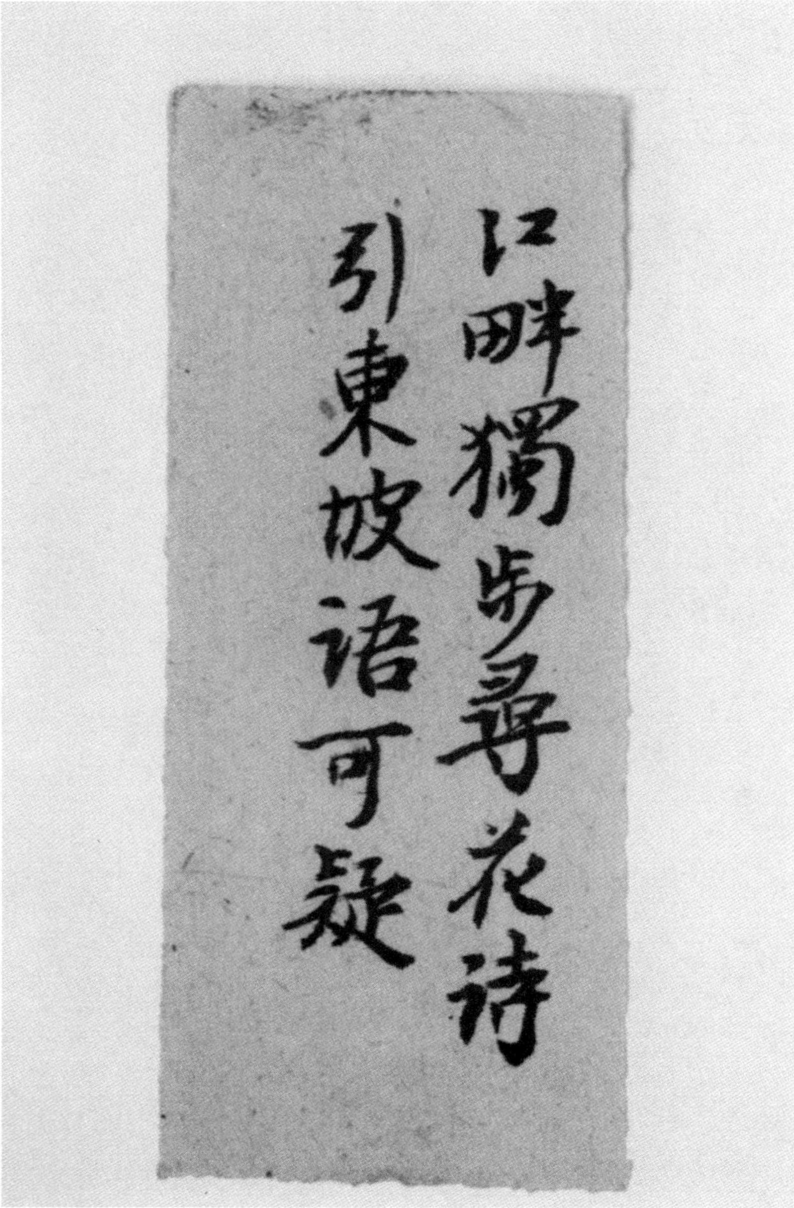
江畔獨步尋花詩
引東坡語可疑

春夜喜雨

好雨知時節當春乃一云及發生隨風潜入夜潤物細無聲野徑雲俱黑江船火獨明曉看紅濕處花重錦官城

江頭五詠丁香

丁香體柔弱亂結枝猶墊細葉帶浮毛踈花披素艶深栽小齋後庶近幽人占晚墮蘭麝中休懷粉身念

麗春

百草競春華麗春應最勝少須晉作頃好顔色多漫枝條剩紛紛桃李枝處處揔能移如何貴此重晉作豨知可貴重却怕有人知

梔子

梔子比衆木人閒誠未多於身色有用與道氣傷和紅取風霜實青看雨露柯無情移得汝貴在映江波

鸂鶒

故使籠寛織須知動損毛看雲莫悵望失水任呼號六翮曾經翦孤飛卒未高且無鷹隼慮留滯莫辭勞

花鴨

花鴨無泥滓堦前一去中庭每緩行羽毛知獨立黑白太分明不覺君羣心妬休牵衆眼驚稻粱霑一作知汝在作意莫先鳴

野望

西山白雪三奇戍南浦清江萬里橋海內風塵諸弟
隔天涯涕淚一身遙唯將遲暮供多病未有消埃荅
聖朝跨馬出郊時極目不堪人事日蕭條

官池春鴈二首

自古稻粱多不足至今鸂鶒亂爲羣且休悵望看春
水更恐歸飛隔暮雲
青春欲盡急還鄉紫塞寧論尚有霜翅在雲天終不
遠力微矰繳絕須防

水檻遣心二首

去郭軒楹敞無村眺望賒澄江平少岸幽樹晚多花細雨魚兒出微風燕子斜城中十萬户此地兩三家

蜀天常夜雨江檻已朝晴葉潤林塘密衣乾枕席清不堪祗老病何得尚（晉作向）浮名淺把消消酒深憑送此生

屏跡二首

用拙存（一云誠）吾道幽居近物情桑麻深雨露燕雀半生成村鼓時時急漁舟箇箇輕杖藜從白首心跡喜雙清

晚起家何事無營地轉幽竹光團（一云圍）野色舍（一作山）影漾江流失學從兒懶長貧任婦愁百年渾得醉一月不梳頭

寄題杜二錦江野亭　嚴武

漫向江頭把釣竿懶眠沙草愛風湍莫倚善題鸚鵡賦何須不著鵕鸃冠腹中書籍幽時曬肘後醫方靜處看興發會能馳駿一云五馬終須晉作當重到使君灘

奉酬嚴公寄題野亭之作

拾遺曾奏數行書懶性從來水竹居奉引濫騎沙苑馬幽棲眞釣錦江魚謝安不倦登臨費阮籍焉知禮法疎枉沐一云何日旌麾出城府草茅無一作荒逕欲教鋤

中丞嚴公雨中垂寄見憶一絶奉荅二絶

雨映行宮辱贈詩元戎肯赴野人期一云元戎欲動野人知江邊老

病雖無力強擬晴天理釣絲
何日雨晴雲出溪白沙青石先（一云洗）無泥只須伐竹開荒
徑拄杖穿花聽馬嘶（一云鳥啼）

謝嚴中丞送青城山道士乳酒一瓶

山瓶乳酒下青雲氣味濃香幸見分鳴鞭走送憐漁
父洗盞開嘗對馬軍（軍州謂為馬軍）

嚴公仲夏枉駕草堂兼携酒饌（得寒字）

竹裏行廚洗玉盤花邊立馬簇金鞍非關使者徵求
急自識將軍禮數寬百年地闢柴門迥五月江深草
閣寒看弄漁舟移白日老農何有罄交歡

嚴公廳宴同詠蜀道畫圖 得空字

日臨公館靜，畫滿一作列地圖雄。劒閣星橋北，松州雪嶺東。華夷山不斷，吳蜀水相通。興與烟霞會，清樽幸不空。

奉送嚴公入朝十韻

鼎湖瞻望遠，象闕憲章新。四海猶多難，中原憶舊臣。與時安反側，自昔有經綸。感激張天步，從容靜塞塵。南圖迴羽翮，北極捧星辰。漏鼓還思畫，宮鶯罷囀春。空留玉帳術，愁殺錦城人。閣道通丹地，江潭隱白蘋。此生那老蜀，不死會歸秦。公若登台輔，臨危莫愛身。

送嚴侍郎到綿州同登杜使君江樓 得心字

野興每難盡江樓延賞心歸朝送使節落景惜登臨
稍稍煙集渚微微風動襟重船依淺瀨輕鳥度曾陰
檻峻背幽谷窗虛交茂林燈光散遠近月彩靜高深
城擁朝來客天橫醉後參窮途衰謝意苦調短長吟
此會共能幾諸孫賢至今不勞朱户閉自待白河沉

奉濟驛重送嚴公四韻

遠送從此別青山空復情幾時杯重把昨夜月同行
列郡謳歌惜三朝出入榮江村獨歸處寂寞養殘生

巴西驛亭觀江漲呈竇使君

宿雨南江漲波濤亂遠峯孤亭凌噴薄萬井逼春容

霄漢愁高鳥，泥沙困老龍。天邊同客舍，攜我豁心胷。

城上

草滿巴西緑，空城白日長。風吹花片片，春動水（一云春送雨）茫茫。八駿隨天子，羣臣從武皇。遥聞出巡守，早晚徧遐荒。

翫月呈漢中王

夜深露氣清，江月滿江城。浮（一作游）客轉危坐，歸舟應獨行。關山同一照，烏鵲自多驚。欲得淮王術，風吹暈已生。

陪王漢州留杜綿州泛房公西湖

舊相恩追後，春池賞不稀。闕庭分未到，舟楫有光輝。豉化蓴絲熟，刀鳴鱠縷飛。使君雙皁蓋，灘淺正相依。

舟前小鵝兒 漢州城西北角官池作

鵝兒黃似酒對酒愛新鵝引頸嗔船逼無行亂眼多翅開遭宿雨力小困滄波客散曾城暮狐狸奈若何

得房公池鵝

房相西亭鵝一羣眠沙泛浦白於如一云雲鳳凰池上應迴首爲報籠隨王右軍

戲作寄上漢中王二首 王新誕明珠

雲裏不聞雙鴈過掌中貪見一珠新秋風嫋嫋吹江漢只在他鄉何處人

謝安舟楫風還起梁苑池臺雪欲飛杳杳東山携漢

岐泠泠脩竹待王歸

投簡梓州幕府兼簡韋十郎官

幕下郎官安穩無從來不奉一行書固知貧病人須棄能使韋郎跡也踈

荅楊梓州

悶到房公池水頭坐逢楊子鎮東州却向青溪不相見迴船應載阿戎游

贈韋賛善別

扶病送君發自憐猶不歸秖應盡客淚復作掩荊扉

江漢故人少音書從此稀往還二十載歲晚寸心違

送李卿曄

王子思歸日，長安已亂兵。霑衣問行在，走馬向承明。暮景巴蜀僻，春風江漢清。晉山雖自棄，魏闕尚含情。

絶句

江邊踏青罷，迴首見旌旗。風起春城暮，高樓鼓角悲。

九日登梓州城

伊昔黄花酒，如今白髮翁。追懽筋力異，望遠歲時同。弟妹悲歌裏，朝廷醉眼中。兵戈與關塞，此日意無窮。

九日奉寄嚴大夫

九日應愁思，經時冒險艱。不眠持漢節，何路出巴山。

小驛香醪嫩，重巖細菊班。遥知簇鞍馬，迴首白雲閒。

巴嶺荅杜二見憶　嚴武

卧向巴山落月時，兩鄉千里夢相思。可但步兵偏愛酒，也知光禄最能詩。江頭赤葉楓愁客，籬外黄花菊對誰。跂馬望君非一度，冷猿秋鴈不勝悲。

懷舊

地下蘇司業，情親獨有君。那因喪一作喪亂後，便有一云更作死生分。老罷知明鏡，悲來望白雲。自從失詞伯，不復更論文。公前名預，緣避御諱，攺為源明

所思　得台州鄭司户虔消息

鄭老身仍竄台州信所（一云始）傳爲農山澗曲卧病海雲邊世已疎儒素人猶乞酒錢徒勞望牛斗無計劚龍泉

不見　近無李白消息

不見李生久佯狂眞可哀世人皆欲殺吾意獨憐才敏捷詩千首飄零酒一杯匡山讀書處頭白好（一云始）歸來

題玄武禪師屋壁

何年顧虎頭滿壁（一云座）畫瀛州赤日石林氣青天江海（一作水）流錫飛常近鶴杯渡不驚鷗似得廬山路眞隨惠遠遊

聞官軍收河南河北（一云收兩河）

劍外忽傳收薊北初聞涕淚滿衣裳却看妻子愁何在漫卷詩書喜欲狂白日放詞須縱酒青春作伴好還鄉即從巴峽穿巫峽便下襄陽向洛陽（余田園在東京）

涪江泛舟送韋班歸京（得山字）

追餞同舟日傷春（一作心）一水間飄零爲客久衰老羨君還花遠（一作雜）重重樹雲輕處處山天涯故人少更益鬢毛斑

春日梓州登樓二首

行路難如此登樓望欲迷身無却少壯跡有但（舊作但有）羈棲江水流城郭春風入鼓鞞雙雙新燕子依舊已銜泥

天畔登樓眼隨春（一作風）入故園戰場今始定移（晉作栘）柳更

能（一云豈）存猷蜀交遊吟思吳勝事繁應須理舟楫長嘯

下荊門

遣懷

闌道花門將論功未盡歸自從收帝里誰復揔戎（一云兵）

機（一云軍麾）蜂蠆終懷毒雷霆可震威莫令鞭血地再濕

漢臣衣

郪城西原送李判官兄武判官弟赴成都府

憑高送所親久坐惜芳辰遠水非無浪他山自有春野

花隨處發官（一云妖）柳著行新天際傷愁別離筵何太頻

客夜

客睡何曾著秋天不肯明卷簾殘月影高枕遠江聲計拙無衣食途窮仗友生老妻書數紙應悉未歸情

陪王侍御宴通泉東山野亭

江水東流去清樽日復斜異方同宴賞何處是京華亭影臨山水村煙對浦沙狂歌過於（一云過形）勝得醉即爲家

客亭

秋窻猶曙色落木更天（一云高）風日出寒山外江流宿霧中聖朝無棄物老病已成（一云衰）翁多少殘生事飄零似轉蓬

行次鹽亭縣聊題四韻奉簡嚴遂州蓬州兩使君咨議諸昆季

馬首見鹽亭高山擁縣青雲溪花淡淡春郭水泠泠全蜀多名士嚴家聚德星長歌意無極好爲老夫聽

倚杖（鹽亭縣作）

看花雖郭內（一作外）倚杖即溪邊山縣早休市江橋春聚船狎（一云野）鷗輕白浪（一云日）歸鴈（一作鳥）喜青（一云清）天物色兼生意淒涼憶去年

泛江送魏十八倉曹還京因寄岑中允參范郎中季明

遟日深春江一作水輕舟送別筵帝鄉愁緒外春色淚痕邊
見酒須相憶將詩莫浪傳若逢岑與范爲報各衰年

送路六侍御入朝

童稚情親四一云三十年中間消息兩茫然更爲後會知
何地忽漫相逢是別筵不分桃花紅勝錦生憎柳絮
白於綿一云如劍南春色還無賴觸忤愁人到酒邊

泛江送客

二月頻送客東津江欲平烟花山際重舟楫浪前輕
淚逐勸盃下愁連吹笛生離筵不隔日那得易爲情

上牛頭寺

青山意不盡袞袞上牛頭無復能拘礙眞成浪出遊
花濃春寺靜竹細野池幽何處鶯啼切移時獨未休

望牛頭寺

牛頭見鶴林梯逕繞幽深一云秀麗一何深春色浮一作流山外天河
宿一作没殿陰傳燈無白日布地有黃金休作狂歌老迴
看不住心

上兜率寺

兜率知名寺眞如會法堂江山有巴蜀棟宇自齊梁
庾信哀雖久何顒好不忘白牛車遠近且欲上慈航

望兜率寺

樹密當山徑江深隔寺門霏霏雲氣重（晉作動）閃閃浪花翻不復知天大空餘見佛尊時應清盥（一云興）罷隨喜給孤園

甘園

春日清江岸千甘二頃園青雲羞葉密白雪避花繁結子隨邊使開筒近至尊後於桃李熟終得獻金門

數陪李梓州泛江有女樂在諸舫戲爲艷曲二首贈李

上客迴空騎佳人滿近船江清歌扇底野曠舞衣前玉袖凌風並金壺隱浪偏競將明媚色偷眼艷陽天（一作年）

白日移歌袖，青霄近笛牀。翠眉縈度曲，雲鬓儼分行。
立馬千山暮，迴舟一水香。使君自有婦，莫學野鴛鴦。

登牛頭山亭子

路出雙林外，亭窺萬井中。江城孤照日，山谷（一作春）遠含風。
兵革身將老，關河信不通。猶殘數行淚，忍對百花叢。

陪李梓州王閬州蘇遂州李果州四使君登惠義寺

春日無人境，虛空不住天。鶯花隨世界，樓閣寄（一作倚）山巔。遲暮身何得，登臨意惘（一云悵）然。誰能解金印，蕭灑共安禪。（一云三車將五馬，若箇合安禪）

送何侍御歸朝　李梓州泛舟蓮上作

舟楫諸侯餞車輿使者歸山花相映發水鳥自孤飛春日垂霜鬢天隅把繡衣故人從此去（一云遠）寥落寸心違

江亭送眉州辛別駕昇之（得蕪字）

柳影含雲幕（一云垂）江波近酒壺異方驚會面終宴惜征途沙晚低風蝶天晴喜浴鳧別離傷老大意緒日荒蕪

涪城縣香積寺官閣

寺下春江深不流山腰官閣迥添愁含風翠壁孤雲細背日丹楓萬木稠小院迴廊春（一云清）寂寂浴鳧飛鷺晚悠悠諸天合在藤蘿外昏黑應須到上頭

戲題寄上漢中王三首（時王在梓州初至斷酒不飲篇有戲述）

西漢親王子成都老客星百年雙白鬢一別五秋螢（一作飛）忍斷杯中物祇看坐右銘不能隨皁蓋自醉逐浮萍

策杖時能出王門異昔遊已知嗟不起未許醉相留蜀酒濃無敵江魚美可求終思一酩酊淨掃鴈池頭

羣盗無歸路衰顔會遠方尚憐詩警策猶記（一云憶）酒顛狂魯衛彌尊重徐陳略喪亡（一云故）空餘枚叟在應念早升堂

陪章留後侍御宴南樓 得風字

絕域長夏晚茲樓清宴同朝廷燒棧北鼓角滿（一作漏）天

東屢食將軍第一云郎仍騎一云驕御史驄本無丹竈術一云訣那
免白頭翁寇盜狂歌外形骸痛飲中野雲低渡水簷
雨細隨風出號江城黑題詩臘炬一云燭紅此身醒復醉
不擬哭途窮

臺上 得涼字

改席臺能迥留門月復光雲霄遺一本作違暑濕山谷進風
涼老去一杯足誰憐屢舞長何須把官燭似惱鬢毛蒼

送王十五判官扶侍還黔中 得開字

大家東征逐子迴風生洲渚[illegible]錦帆開青月青竹筍迎船[illegible]
出日日江魚入饌來離別不堪無限意艱危深仗濟[illegible]

時寸黔陽信使應稀少莫怪頻頻（一云頻頻）勸酒盃

倦夜

竹涼侵卧内野月滿（一作徧）庭隅重露成涓滴稀星乍有無暗飛螢自照水宿鳥相呼萬事干戈裏空悲清夜徂

悲秋

涼風動萬里羣盗尚縱横家遠傳（一作待）書日秋來爲客情愁窺高鳥過老逐衆人行始欲投三峽何由見兩京

對雨

莽莽天涯雨江邊獨立時不愁巴道路恐濕漢旌旗雪嶺防秋急繩橋戰勝遲西戎生甥禮未敢背恩私

警急　時高公適領西川節度

才名舊楚將，妙略擁兵機。玉壘雖傳檄，松州會解圍。和親知拙計，公主漫無歸。青海今誰得，西戎實飽飛。

王命

漢北（一作漢）豺狼滿，巴西道路難。血埋諸將甲，骨斷使臣（一作君）鞍。牢落新燒棧，蒼茫舊築壇。深懷喻蜀意，慟哭望王官（一云京鑾）。

征夫

十室幾人在，千山空自多。路衢唯見哭，城市不聞謌。漂梗無安地，銜枚有荷戈。官軍未通蜀，吾道竟如何。

惠義寺園送辛員外

朱櫻此日垂朱實，郭外誰家負郭田。萬里相逢貪握手，高才仰望足離筵。

又送

雙峯寂寂對春臺，萬竹靑靑照一作送客盃。細草留連侵坐軟，殘花悵望近人開。同舟昨日何由得，並馬今朝未擬迴。直到綿州始分首，江邊樹裏共誰來。

送元二適江左

亂後今相見，秋深復遠行。風塵爲客日，江海送君情。晉室丹楊尹，公孫白帝城。經過自愛惜，取次莫論兵。

元嘗應孫
吳利舉

章梓州水亭　時漢中王兼道士席謙在會同用荷字韻

城晚通雲霧亭深到芰荷吏人橋外少秋水席邊多近屬淮王至高門薊子過荊州愛山簡吾醉亦長歌

章梓州一云使君橘亭餞成都竇少尹　得涼字

秋日野亭千橘香玉杯錦席高雲涼主人送客何所作音左行酒賦詩殊未央衰老應爲難離別一云衰老難爲應離別賢聲此去有輝光預傳籍籍新京尹青史無勞數一云鈫趙張

送陵州路使君赴任

王室比多難高官皆武臣幽燕通使者岳牧用詞人

國待賢良急君當拔擢新偏刀成氣象行蓋出風塵
戰伐乾坤破創痍府庫貧衆寮宜潔白萬役但平均
一云萬物役平均 霄漢瞻佳士 一作樊家事 泥塗任此身秋天正搖落迴首
大江濱

薄暮

江水長流 一云最深 地山雲薄暮時寒花隱亂草宿鳥擇 一作採
深枝舊國見何日高秋心苦悲人生不再好鬢髮白
一作自 成絲

西山三首

夷界荒山頂蕃州積雪邊築城依 一作連 白帝轉粟上青

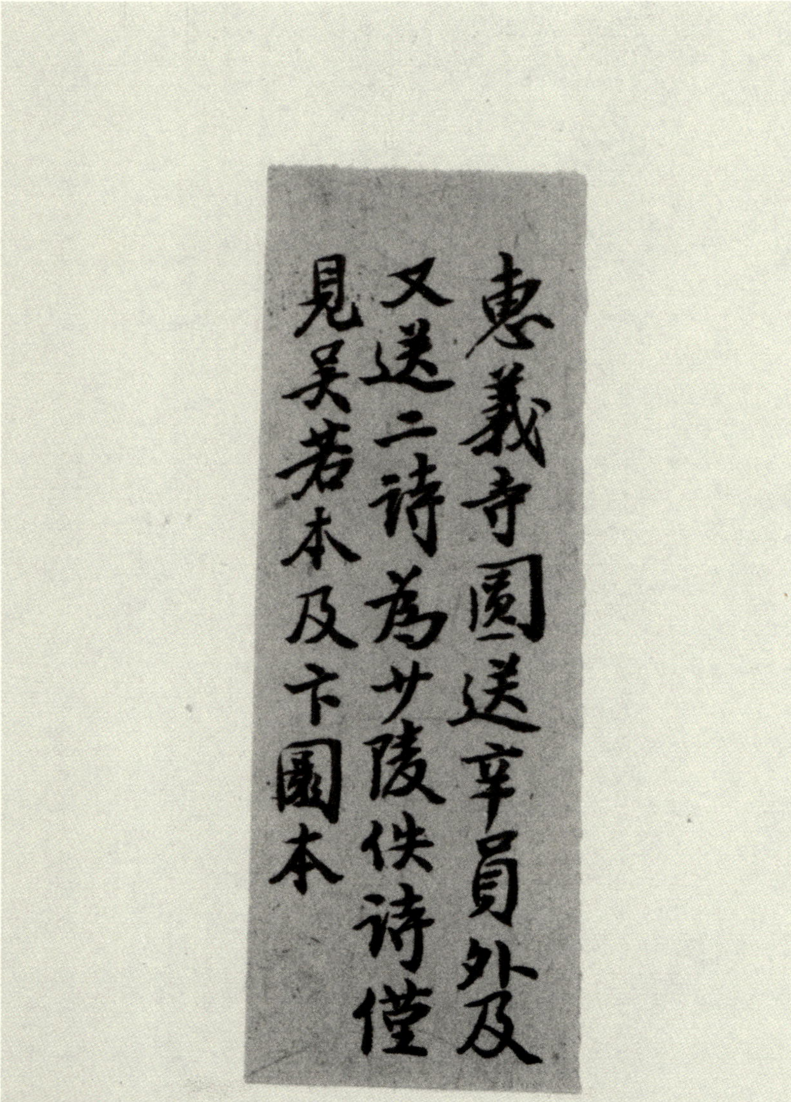
惠義寺園送辛員外及
又送二詩爲少陵佚詩僅
見吳若本及卞圜本

天蜀將分旗鼓羌兵助井泉(一作鎧鋋)西南背和好殺氣日
相纏
辛苦三城戍長防萬里秋烟塵侵火井雨雪閉松州
風動將軍幕(一云蓋)天寒使者裘漫(平聲)山賊營壘(一云壁壘)成迴
首得無憂
子弟猶深入關城未解圍蠶崖鐵馬瘦灌口米船稀
辯士安邊策元戎決勝威今朝烏鵲喜欲報凱歌歸

薄遊

淅淅(一云漸漸)風生砌團團日隱墻遥(一云滿)空秋鴈滅半嶺暮
雲長(一云張)病葉多先墮寒花只暫香巴城添淚(一作月)眼今

杜工部集卷第十三

前劒南節度叅謀宣義郎檢校尚書工部員外郎賜緋魚袋京兆杜　甫

近體詩一百首

送梓州李使君之任一首

王閬州筵奉酬十一舅惜別之作一首

放舡一首　奉待嚴大夫一首

奉寄高常侍一首　奉寄章十侍御一首

將赴荆南寄別李劒州一首

奉寄別馬巴州一首　泛江一首

陪王使君晦日泛江就黄家亭子二首

南征一首　久客一首

春遠一首　暮寒一首

雙鷰一首　百舌一首

地隅一首　遊子一首

歸夢一首

江亭王閬州筵餞蕭遂州一首

絶句二首　滕王亭子一首

王臺觀一首　滕王亭子一首

玉臺觀一首　渡江一首

喜雨一首　送韋郎司直歸成都一首

夕復秋光

第四行杜工部集卷第十二

將赴成都草堂途中有作先寄嚴鄭公五首

別房太尉墓一首

自閬州領妻子却赴蜀山行三首

山館一首　贈王二十四侍御契一首

寄董卿嘉榮一首　寄司馬山人一首

寄李十四員外布一首　歸來一首

王録事許修草堂貲不到聊小詰一首

寄邛州崔録事一首　過故斛斯校書莊二首

立秋日雨院中有作一首　軍城早秋一首嚴武作

奉和軍城早秋一首

院中晚晴懷西郭茅舍一首

到村一首　宿府一首

遣悶奉呈嚴鄭公一首　送舍弟頻赴齊州三首

嚴鄭公堦下新松一首　嚴鄭公宅同詠竹一首

奉觀嚴鄭公廳事岷山沲江畫圖一首

晚秋陪嚴鄭公摩訶池泛舟一首

初冬一首

正月三日歸溪上有作簡院内諸公一首

弊廬遣興奉寄嚴公一首

春江村五首　絶句六首

絶句四首

陪李七司馬皁江上觀造竹橋即日成往來之人免冬寒入水聊題短作簡李公二首

李司馬橋了承高使君自成都迴一首

江上值水如海勢聊短述一首

寄杜位一首　題桃樹一首

舍弟占歸草堂檢校聊示此詩一首

暮登四安寺鍾樓寄裴十一首

觀李固請司馬弟山水圖三首

散愁二首　至後一首

撥悶一首一云贈嚴二別駕　登高一首

九日一首　秋盡一首

野望一首

杜工部集卷第十三

近體詩一百首居閬州及再至成都作

送梓州李使君之任故陳拾遺射洪人也篇末有云

籍甚黃丞相能名自潁川近看除刺史還喜得吾賢五馬何時到雙魚會早傳老思筇竹杖一云筇杖柱冬要錦衾眠不作臨岐恨唯聽舉最先火雲揮汗日山驛醒心泉遇害陳公殞于今蜀道憐君行射洪縣爲我一潸然

王閬州筵奉酬十一舅惜別之作

萬壑樹聲滿千崖秋氣高浮舟一云雲出郡郭別酒寄江濤良會不復乆此生何太勞窮愁但一云唯有骨羣盜尚如毛吾舅惜分手使君寒贈袍沙頭暮黃鶴失侶自一作亦哀號

放船

送客蒼溪縣山寒雨不開直愁騎馬滑故作汎舟廻青惜峯巒過黃知橘柚來江流大自在坐穩興悠哉

奉待嚴大夫

殊方又喜故人來重鎮還須濟世才常怪偏裨終日

待不知旌節隔年迴欲辭巴徼啼鸎合遠下荊門去

鷁催身老時危思會面一生襟（一云懷）抱向誰開

奉寄高常侍（一云寄高三十五大夫）

汶上相逢年頗多飛騰無那故人何揔戎楚蜀應全未方駕（一云價）曹劉不啻過今日朝廷須汲黯中原將帥憶廉頗天涯春色催遲暮别淚遥添錦水波

奉寄章十侍御（時初罷梓州刺史東川留後將赴朝廷）

淮海惟揚一俊人金章紫綬照青春指麾能事迴天地訓練強兵動鬼神湘西不得歸關羽河内猶宜借寇恂朝覲從容問幽仄勿云江漢有垂綸

將赴荆南寄別李劍州

使君高義驅今古寥落三年坐劍州但見文翁能化俗一作蜀焉知李廣未封侯路經灧澦雙蓬鬢天入滄浪一釣舟戎馬相逢更何日春風迴首仲宣樓

奉寄別馬巴州時甫除京兆功曹在東川

勳業終一云真歸馬伏波功曹非復漢蕭何甫曾任華州司功扁舟繫纜沙邊乆南國浮雲水上多獨把漁竿終遠去難隨鳥一作樊鳥翼一相過知君未愛春湖色興在驪駒白玉珂

泛江

方舟不用楫極目揔無波長日容盃酒深江淨綺羅

亂離還奏樂飄泊且聽歌故國流清渭如今花正多

陪王使君晦日泛江就黃家亭子二首

山豁何時斷江平不肯流稍知花改岸始驗鳥隨舟

結束多紅粉歡娱恨白頭非君愛人客晦日更添（一云禁）愁

有徑金沙軟無人碧草芳野畦連蛺蝶江檻俯鴛鴦

日晚煙花亂風生錦繡香不須吹急管衰老易悲傷

南征

春岸桃花水雲帆楓樹林偷生長避地適遠更霑襟

老病南征日君恩北望心百年歌自苦未見有知音

乆客

羇旅知交態淹留見俗情衰顔聊自哂小吏最相輕去國哀王粲傷時哭賈生狐狸何足道豺虎正（一云亂）縱横

春遠

肅肅花絮晚菲菲紅素輕日長唯鳥雀春遠獨柴荆數有關中亂何曾劒外清故鄉（一作園）歸不得地入亞夫營

暮寒

霧隱平郊樹風含廣岸波沉沉春色靜慘慘暮寒多戍鼓猶長擊林鶯遂不歌忽思高宴會朱袖拂雲和

雙鷰

旅食驚雙鷰（一云雙飛鷰）銜泥入此堂應同避燥濕且復過

炎涼養子風塵際來時道路長今秋天地在吾亦離

殊方

百舌

百舌來何處重重秖報春知音兼衆語整翮豈多身

花密藏難見一云難相見枝高聽轉新過時如發口君側有

讒人周公時訓曰反舌有聲讒人在側

地隅

江漢山重阻風雲地一隅年年非故物處處是窮途喪

亂秦公子悲涼一云秋楚大夫平生心已折行路日荒蕪

遊子

巴蜀愁誰語吴門興杳然九江春草外三峽暮帆前

猒就成都卜休爲吏部眠蓬萊如可到衰白問羣仙

歸夢

道路時通塞江山日寂寥偷生惟一老伐叛已三朝

雨急清楓暮雲深黑水遥夢歸歸未得一云夢魂歸亦得不用楚辭招

江亭王閬州筵餞蕭遂州

離亭非舊國春色是他鄉老畏歌聲斷一云短愁從舞曲長

二天開一云悲寵餞五馬爛生光川路風煙接俱宜樊作看

下鳳皇

絶句二首

遲日江山麗春風花草香泥融飛鷰子沙暖睡鴛鴦

江碧鳥逾白山青花欲燃今春看又過何日是歸年

滕王亭子 在玉臺觀內王調露年中任閬州刺史

君王臺榭枕巴山萬丈丹梯尚可攀春日鶯啼脩竹裏仙家犬吠白雲間清江錦一作碧石傷心麗嫩蘂濃花滿目班人到于今歌出牧來遊此地不知還

玉臺觀 滕王作

中天積翠玉臺一作虛遥上帝高居絳節朝遂有馮夷來擊鼓始知嬴女善吹簫江光隱見黿鼉窟石勢參差烏鵲橋更肯一作有紅顏生羽翰便應黃髮老漁樵一云差池

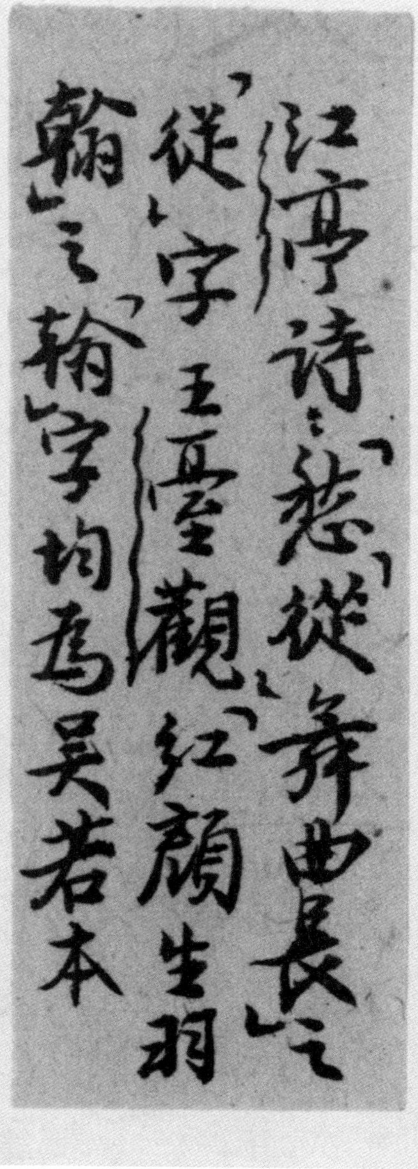
江亭詩「愁」「縱」奔曲長「從」字
玉臺觀「紅顏生羽翰」「翰」字均為吳若本

滕王亭子

寂寞春山路君王不復行古墻猶竹色虛閣自松聲鳥雀荒村暮雲霞過客情尚思歌吹入千騎把霓旌

玉臺觀 滕王造

浩劫因王造（一作起）平臺訪古遊綵雲蕭史駐文字魯恭留宮闕通群帝乾坤到十洲人傳有笙鶴時過此山頭

渡江

春江不可渡二月已風濤舟楫欹斜疾（一作甚）魚龍偃臥高渚花兼（陳作張）素錦汀草亂青袍戲問垂綸客悠悠見（一作是）汝曹

喜雨

南國旱一云早無雨今朝江出雲入空纔漠漠灑迥已紛紛

巢鷰高飛盡林花潤色分晚來聲不絶應得夜深聞

送韋郎司直歸成都

竄身來蜀地同病得韋郎天下兵戈滿江邊歲月長

別筵花欲暮春日鬢俱蒼一云春鬢色俱蒼爲問南溪竹一云筍抽梢

合過墻余草堂在成都西郭

將赴成都草堂途中有作先寄嚴鄭公五首

得歸茅屋赴成都直一云眞爲文翁再剖符但使閭閻還

揖讓敢論松竹久荒蕪魚知丙穴由來美酒憶郫一云䈂

筒不用酤五馬舊曾諳小徑幾迴書札待潛夫

處處青江帶白蘋故園猶得見殘春雪山斥候無兵馬錦里逢迎有主人休怪兒童延俗客不教鵝鴨惱比鄰習池未覺風流盡況復荊州賞更新

竹寒沙碧浣花溪菱刺藤梢咫尺迷過客徑須愁出入居人不自解東西書籤藥裹封蛛網野店山橋送馬蹄豈一云肯藉荒庭春草色先判一飲醉如泥

常苦沙崩損藥欄也從江檻落風湍新松恨不高千尺惡竹應須斬萬竿生理秖憑黃閣老衰顏一云容欲付紫金丹三年奔走空皮骨信有人間行路難

錦官一云館城西生事微烏皮几在還思歸昔去爲憂亂兵入今來已恐鄰人非側身天地更懷古迴首風塵甘息機共説揔戎雲鳥陣不妨遊子芰荷衣

別房太尉墓閬州

他鄉復行役駐馬別孤墳近淚無乾土低空有斷雲對碁陪謝傅把劍覓徐君唯見林花落鶯啼送客聞

自閬州領妻子却赴蜀山行三首

汩汩一作揖揖又作浥浥音蟄避群盜悠悠經十年不成向南國復作遊西川物役水虛照魂傷山寂然我生無倚著盡室畏途邊

長林偃風色迴復（一云首）意猶迷衫裛翠微潤馬銜青草

嘶棧（一云遥）懸斜避石橋斷却尋溪何日兵戈盡飄飄媿

老妻

行色遞隱見人煙時有無僕夫穿竹語稚子入雲呼

轉石驚魑魅抨弓落狖鼯眞供一笑樂似欲慰窮途

山館

南國晝多霧北風天正寒路危行木杪身遠（樊作迥）宿雲

端山鬼吹燈滅厨人語夜闌鷄鳴問前館世亂敢求安

贈王二十四侍御契四十韻

往往雖相見飄飄媿此身不關輕紱冕俱是避風塵

一别星橋夜三移斗柄春敗亡非赤壁奔走爲黄巾子
（一云爾）去何蕭灑余藏異隱淪書成無過鴈衣故有懸鶉
恐懼行裝數伶俜卧疾（一云病）頻曉鸎工迸淚秋月解傷
神會面嗟黧黑含悽話苦辛接輿還入楚王粲不歸
秦錦里殘丹竈花溪得釣綸消（一云宵）中秪自惜晚起索
誰親伏柱聞周史乘槎有漢臣鴛鴻不易狎龍虎未
宜馴客則（一云即）挂冠至交非傾蓋新由來意氣合直取
性情眞浪跡同生死無心恥賤貧偶然存蔗芋幸各
對松筠麤飯依他日窮愁怪此辰女長裁褐穩男大
卷書勻湍口江如練蠶崖雪似銀名園當翠巘野棹没

青蘋屢喜王侯宅時邀（一云逢）江海人追隨不覺晚款曲

動彌旬但使芝蘭秀何煩棟宇鄰山陽無俗物鄭驛

正留賓出入並鞍馬光輝參（一云忝）席珍重遊先主廟更

歷少城闉石鏡通幽魄琴臺隱絳脣送終唯糞土結

愛獨荆榛置酒高林下觀碁積水濱區區甘累趼稍

稍息勞筋網聚粘圓鯽絲繁煮細蓴長（一作慨）歌敲柳癭

小睡凭藤輪農月須知課田家敢忘勤浮生難去食

良會惜清晨列國兵戈暗今王德教淳要聞除猰貐

休作畫麒麟洗眼看輕薄虛懷任屈伸莫令膠漆地

萬古重雷陳

寄董卿嘉榮十韻

聞道君牙帳防秋近赤霄下臨千雪嶺却背五繩橋海内乂戎服京師今晏朝犬羊曾爛熳宫闕尚蕭條猛將宜嘗膽龍泉必在腰黄圖遭汚辱月窟可焚燒會取干戈利無令斥候驕居然雙捕虜自是一嫖姚落日思輕騎高秋一作天憶射鵰雲臺畫形像皆爲掃氛祅

寄司馬山人十二韻

關内昔分袂天邊今轉蓬驅馳不可説談笑偶然同道術曾留意先生早擊蒙家家迎薊子處處識壺公長

嘯峨眉北潛行玉壘東有時騎猛虎虛室使仙童髮少何勞白顏衰肯更紅望雲悲轗軻畢景羨沖融喪亂形仍役淒涼信不通懸旌要路口倚劍短亭中永作殊方客殘生一老翁相哀骨可換亦遺馭清風

寄李十四員外布十二韻 新除司議郎兼萬州別駕雖尚伏枕已聞理裝

名參漢望苑職述景題輿巫峽將之郡荆門好附書遠行無自苦內熱比何如正是炎天闊那堪野館踈黃牛平駕浪畫鷁上凌虛試待盤渦歇方期解纜初悶能過小徑自一作日爲摘嘉蔬渚柳元幽僻村花不掃除宿陰繁素榛晉作桼過雨亂紅蕖寂寂夏先晚泠泠風

有餘江清心可瑩竹冷髮堪一云宜梳直作移巾几秋帆發弊廬

歸來

客裏有所過一云適歸來知路難開門野鼠走散帙壁魚乾洗杓開一云斟新醖低頭拭小盤一云着小冠憑誰給麴蘖細酌老江干

王録事許修草堂貲不到聊小詰

爲嗔王録事不寄草堂貲昨屬愁春雨能忘欲漏時

寄邛州崔録事

邛州崔録事聞在果園坊坊名在成都乆待無消息終朝有

底忙應愁江樹遠怯見野亭荒浩蕩風煙外誰知酒熟香

過故斛斯校書莊二首 老儒艱難時病於庸蜀歎其歿後方授一官

此老已云歿鄰人嗟亦休竟無宣室召徒有茂陵求

妻子寄他食園林非昔遊空堂繐帷在淅淅野風秋

鷰入非傍舍鷗歸祇故池斷橋無復板卧柳自生枝遂有山陽作多慙鮑叔知素交零落盡白首淚雙垂

立秋日雨院中有作

山雲行絶塞大火復西流飛雨動華屋蕭蕭梁棟秋

窮途愧知己暮齒借前籌已費清晨謁那成長者謀

解衣開北户高枕對南樓樹濕風涼進江喧水氣浮
禮寬心有適節爽病微瘳主將歸調鼎吾還訪舊丘

軍城早秋　嚴武

昨夜秋風入漢關朔雲邊雪滿西山更催飛將追驕
虜莫遣（一作放）沙場匹馬還

奉和軍城早秋

秋風嫋嫋動高旌玉帳分弓射虜營已收滴博雲間
戍更奪蓬婆雪外城

院中晚晴懷西郭茅舍

幕府秋風日夜清澹雲疎雨過高城葉心朱實看時

落階面青苔先自生復有樓臺銜暮景不勞鐘鼓報新晴浣花溪裏花饒笑肯信吾兼（一云今）吏隱名

到村

碧澗雖多雨秋沙先（亦作陳）少泥蛟龍引子過荷芰逐花低耄去忝戎幕歸來散馬蹄稻粱須就列榛草即相迷蓄積思江漢頑疎惑町畦斃酬知己分還入故林栖

宿府

清秋幕府井梧（一云桐）寒獨宿江城蠟炬（一云燭）殘永夜角聲悲自語中天月色好誰看風塵荏苒音書絶關塞蕭條行路難已忍伶俜十年事強移栖息一枝安

遣悶奉呈嚴鄭公二十韻

白水魚竿客清秋鶴髮翁胡爲來一云居幕下秖合在舟中
黃卷眞如律青袍也自公老妻憂坐痺幼女問頭風平
地專欹倒分曹失異同禮甘衰力就義忝上官通疇
昔論詩早光輝仗鉞雄寛容存性拙剪拂念途窮露
裛思藤架煙霏想桂叢信然龜觸網直作鳥窺籠西
嶺紆村北南江繞舍東竹皮寒舊翠椒實雨新紅浪
簸船應拆一作折杗乾鼠即空藩籬生野徑斤斧任樵童
束縛酬知己蹉跎効小忠周防期稍稍太簡遂怱怱
曉入朱扉啓昏歸畫角終不成尋別業未敢息微躬

烏鵲愁銀漢鴛鴦怕錦幪會希全物色時放倚梧桐

送舍弟頻赴齊州三首

岷嶺南蠻北徐關東海西此行何日到送汝萬行啼

絶域唯高枕清風獨杖藜危時暫相見衰白意都迷

風塵暗不開汝去幾時來兄弟分離苦形容老病催

江通一柱觀日落望鄉臺客意長東北齊州安在哉

諸姑今海畔兩弟亦山東去傍干戈覓來看道路通

短衣防戰地匹馬逐西風莫作俱流落長瞻碣石鴻

嚴鄭公堦下新松 得霑字

弱質豈自負移根方爾瞻細聲聞一作侵玉帳疎翠近珠簾

未見紫煙集虛蒙清露霑何當一百丈欹蓋擁高簷

嚴鄭公宅同詠竹 得香字

緑竹半含籜新梢纔出牆色侵書帙晚陰過酒樽涼雨洗娟娟淨風吹細細香但令無剪伐會見拂雲長

奉觀嚴鄭公廳事岷山沲江畫圖十韻

沲水流中座岷山到一作對此堂白波吹粉壁青嶂插雕梁直訝杉松冷兼疑菱荇香雪雲虛點綴沙草得微茫嶺鴈隨毫末川蜺飲練光霏紅洲蘂亂拂黛石蘿長暗谷非關雨丹楓不爲霜秋成一云城玄圃外景物洞庭傍繪事功殊絶幽襟興激昂從來謝太傅丘壑道

難忘

晚秋陪嚴鄭公摩訶池泛舟得溪字

湍駛風醒酒舡迴霧起隄高城秋自落雜樹晚相迷

坐觸鴛鴦起巢傾翡翠低莫須驚白鷺爲伴宿青溪

初冬

垂老戎衣窄歸休寒色一作氣深漁舟上急水獵火著高

林日有習池醉愁來梁甫吟干戈未偃息出處遂何心

正月三日歸溪上有作簡院内諸公

野外堂依竹籬邊水向城蟻浮仍臘味鷗泛巳春聲

藥許鄰人斸書從稚子擎白頭趨幕府深覺負平生

弊廬遣興奉寄嚴公

野水平橋路春沙映竹村風輕粉蝶喜花暖蜜蜂喧把酒宜深酌題詩好細論府中瞻暇日江上憶詞源跡忝朝廷舊情依節制尊還思長者轍恐避席爲門

春日江村五首

農務村村急春流岸岸深乾坤萬里眼時序百年心茅屋還堪賦桃源自可尋艱難賤一作淺陳作昧生理飄泊到如今

迢遞來三蜀蹉跎有一作又六年客身逢故舊發興自林泉過懶從衣結頻遊任履穿藩籬無限景陳川本並作頗無限恣

意買一作句江天

種竹交加翠裁桃爛熳紅經心石鏡月到面雪山風赤管隨王命銀章付老翁豈知牙齒落名玷薦賢中

扶病垂朱紱歸休步紫苔郊扉存一云在晚計幕府媿羣材鷰外晴絲卷鷗邊水葉開鄰家送魚鼈問我數能來

群盜哀王粲中年召賈生登樓初有作前席竟爲榮宅入先賢傳才高處士名異時懷二子春日復含情

絶句六首

日出籬東水雲生舍北泥竹高鳴翡翠沙僻舞鵾鷄

藹藹花蘂亂飛飛蜂蝶多幽棲身懶動客至欲如何

鑿井交欆葉開渠斷竹根扁舟輕裊纜小逕曲通村
急雨捎溪足斜暉轉樹腰隅巢黄鳥竝翻藻白魚跳
舍下笋穿壁庭中藤刺一作到簷地晴絲冉冉江白草纖
纖
江動月移石溪虛雲傍花鳥棲知故道帆過宿誰家

絕句四首

堂西長笋别開門塹北行椒却背村梅熟許同朱老
喫松高擬對阮生論朱阮劍外相知
欲作魚梁雲復一作覆湍因驚四月雨聲寒青溪先有蛟
龍窟竹石如山不敢安

兩箇黄鸝鳴翠柳一行白鷺上青天窻含西嶺千秋雪門泊東呉萬里舡西山白雪四時不消

藥條藥甲潤青青色過棕亭入草亭苗滿空山慙取譽根居隙地怯成形

陪李七司馬皁江上觀造竹橋即日成往來之人免冬寒入水聊題短作簡李公二首

伐竹爲橋結構同褰裳不涉往來通天寒白鶴歸華表日落青龍見水中顧我老非題柱客知君才是濟川功合歡却笑千年事驅石何時到海東

把燭成橋一云橋成夜迴舟坐客一云客坐時天高雲去盡江迴月

來遲衰謝多扶病招邀屢有期異方乘此興樂罷不無悲

李司馬橋了承高使君自成都迴

向來江上手紛紛三日成功事出群已傳童子騎青竹總擬橋東待使君

江上值水如海勢聊短述值一作置

爲人性僻耽佳句語不驚人死不休老去詩篇渾漫興春來花鳥莫深愁新添水檻供垂釣故著浮槎替入舟焉得思如陶謝手令渠述作與同遊

寄杜位位京中宅近西曲江詩尾有述

鄧屋并交樓葉絕句六首

吴若本臣交樓若亦并繕也　三之三

集中無此臣

近聞寬法離（一云別）新州想見懷歸尚百憂逐客雖皆萬里去悲君已是十年流干戈况復塵隨眼鬢髮還應雪（一作白）滿頭玉壘題書心緒亂何時更得曲江遊

題桃樹

小徑升堂舊不斜五株桃樹亦從遮高秋總餧貧人實來歲還舒滿眼花簾户每宜通乳鷰兒童莫信打慈鵶寡妻群盜非今日天下車書正一家

舍弟占歸草堂檢校聊示此詩

久客應吾道相隨獨爾來孰知江路近頻爲草堂迴鵝鴨宜長數柴荆莫浪開東林竹影薄臘月更須裁

暮登四（一云西）安寺鍾樓寄裴十迪

暮倚高樓對雪峯僧來不語自鳴鍾孤城返照紅將歛近市浮煙翠且重多病獨愁常闃寂故人相見未從容知君苦思緣詩瘦大（一云太）向交游萬事慵

觀李固請司馬弟山水圖三首

簡易高人意（一云體）匡床竹火爐寒天留遠客碧海挂新圖

雖對連山好貪看絶島孤群仙不愁思冉冉下蓬壺

方丈渾連水天台總映雲人間長見畫老去（一云身老）恨空聞

范蠡舟偏小王喬鶴不群此生隨萬物何路出塵氛

高浪垂翻屋崩崖欲墜床野橋（一作樓）分子細沙岸繞微

茫紅浸珊瑚短青懸薜荔長浮查竝坐得仙老暫相將

散愁二首

久客宜旋旆興王未息戈蜀星陰見少江雨夜聞多百萬傳深入寰區望匪他司徒下燕趙收取舊山河

聞道并州鎮尚書王思禮訓士齊幾時通薊北當日報關西戀闕丹心破霑衣皓首啼老魂招不得歸路恐長迷

至後

冬至至後日初長遠在劍南思洛陽青袍白馬有何意金谷銅駞非故鄉梅花欲開不自覺棣蕚一別永相望愁極本憑詩遣興詩成吟詠轉淒涼

撥悶 一云贈嚴二別駕

聞道雲安麴米春纔傾一盞即醺人乘舟取醉非難事下峽銷愁定幾巡長年三老遥憐汝捩柂開頭一作鳴鐃捷有神已辦青錢防雇直當令美味入吾脣

登高

風急天高猿嘯哀渚清沙白鳥飛迴無邊落木蕭蕭下不盡長江滚滚來萬里悲秋常作客百年多病獨登臺艱難苦恨繁霜鬢潦倒新停濁酒杯

九日

去年登高郪縣北今日重在涪江濵苦遭白髮不相

放羞見黃花無數新世亂鬱鬱久爲客路難悠悠常傍人酒闌却憶十年事腸斷驪山清路塵

秋盡

秋盡東行且未迴茅齋寄在少城隈籬邊老却陶潛菊江上徒逢袁紹盃雪嶺獨看西日落劍門猶阻北人來不辭萬里長爲客懷抱何時得好開一云好一開

野望

金華山北一云南涪水西仲冬風日始淒淒山連越嶲蟠三蜀水散巴渝下五溪獨鶴不知何事舞飢烏似欲向人啼射洪春酒寒仍緑目極傷神誰爲一云欲携

杜工部集卷第十三

（唐）杜甫 撰

宋本杜工部集

第二册

國家圖書館出版社

第二册目録

卷六　古詩四十八首

卷七　古詩五十七首

卷八　古詩四十五首

卷九　近體八十五首

宋板杜工部集　王原叔洙編次本　第叁册

一

杜工部集卷第六

前劍南節度參謀宣義郎檢校尚書工部員外郎賜緋魚袋京兆杜　甫

古詩四十八首

杜鵑一首

引水一首

青絲一首

近聞一首

漁陽一首

黄河二首

自平一首

除草一首

客居一首

客堂一首

石硯詩一首

三韻三篇

柴門一首

貽華陽柳少府一首

同元使君春陵行一首

狄明府一首

韓諫議一首

課伐木一首

園人送瓜一首

信行遠脩水筒一首

槐葉冷淘一首

行官張望補稻畦水歸一首

催宗文樹鷄柵一首

園官送菜一首

上後園山脚一首

驅豎子摘蒼耳一首

昔遊一首

雷一首

火一首

往在一首

七月三日亭午已後校熱退晚加小凉穩睡

有詩因論壯年樂事戲呈元二十一曹長一首

牽牛織女一首

毒熱寄簡崔評事十六弟一首

壯遊一首

阻雨不得歸瀼西甘林一首

雨一首

雨二首

又上後園山脚一首

雨一首

贈李十五丈別一首

贈鄭十八賁一首

殿中楊監見示張旭草書圖一首

楊監又出畫鷹十二扇一首

送殿中楊監赴蜀見相公一首

杜鵑

西川有杜鵑東川無杜鵑涪萬無杜鵑雲安有杜鵑

我昔遊錦城結廬錦水邊有竹一頃餘喬木上參天杜鵑暮春至哀哀叫其間我見常再拜重是古帝魂生子百鳥巢百鳥不敢嗔一作喧仍爲餧其子禮若奉至尊鴻鴈及羔羊有禮太古前行飛與跪乳識序如知恩聖賢古法則付與後世傳君看禽鳥情猶解事杜鵑今忽暮春間值我病經年身病不能拜淚下如迸泉

引水

月峽瞿塘雲作頂亂石崢嶸俗無井雲安沽水奴僕悲魚復移居心力省白帝城西萬竹蟠接筒引水喉不乾人生留滯生理難斗水何直百憂寬

青絲

青絲白馬誰家子麤豪且逐風塵起不聞漢主放妃嬪近靜潼關掃蜂蟻殿前兵馬破汝時十月即爲虀粉期未如面縛歸金闕萬一皇恩下玉墀

近聞

近聞犬戎遠遁逃牧馬不敢侵臨洮渭水逶迤白日淨隴山蕭瑟秋雲高崆峒五原亦無事北庭數有關中使似聞贊普更求親舅甥和好應難弃

漁陽

漁陽突騎猶精銳赫赫雍王都節一作前制猛將飄然恐

後時本朝不入非高計祿山北築雄武城舊防敗走
歸其營繫書請問燕耆舊今日何須十萬兵

黃河

黃河北岸海西軍椎鼓鳴鍾天下聞鐵馬長鳴不知
數胡人高皐動成羣
黃河西岸是吾蜀欲須供給家無粟願驅衆庶戴君
王混一車書弃金玉

自平

自平宮中呂太一收珠南海千餘日近供生犀翡翠
稀復恐征戎干戈密蠻溪豪族小動摇世封刺史非

時朝蓬萊殿前諸主将才如伏波不得驕

除草（去蘞草也蘞音潛山韭）

草有害於人曾何生阻脩其毒甚蜂蠆其多彌道周

清晨步前林江色未散憂芒刺在我眼焉能待高秋

霜露一霑凝（一作衣）蕙葉亦難留荷鋤先童稚日入仍討

求轉致水中央豈無雙鈎舟頑根易滋蔓敢使依舊丘

自茲藩籬曠更覺松竹幽芟夷不可闕疾惡信如讎

客居

客居所居堂前江後山根下塹萬尋岸蒼濤鬱飛翻

葱青衆木梢邪豎雜石痕子規晝夜啼壯士歛精魂

峽開四千里水合數百源人虎相半居相傷終兩存
蜀麻久不來吳鹽擁荊門西南失大將商旅自星奔
今又降元戎已聞動行軒舟子候利涉亦憑節制尊
我在路中央生理不得論卧愁病脚廢徐步視小園
短畦帶碧草悵望思王孫鳳隨其皇去籬雀暮喧繁
覽物想故國十年别荒村日暮歸幾翼北林空自昏
安得覆八溟爲君洗乾坤稷契易爲力犬戎何足吞
儒生老無成臣子憂四番篋中有舊筆情至時復援

客堂

憶昨離少城而今異楚蜀捨舟復深山窅窕一林麓

棲泊雲安縣消中內相毒舊疾甘載來衰年得無足
死爲殊方鬼頭白免短促老馬終望雲南鴈意在北
別家長兒女欲起慙筋力客堂叙節改具物對羈束
石暄蕨芽紫渚秀蘆笋綠巴鶯（一作稼）紛未稀徼麥早
向熟悠悠日動江漠漠春辭木臺郎選才俊自顧亦
已極前輩聲名人埋沒何所得居然綰章紱受性本
幽獨平生憩息地必種數竿竹事業只濁醪營葺但
草屋上公有記者累奏資薄祿主憂豈濟時身遠彌
曠職循文廟筭正獻可天衢直尚想趨朝廷毫髮裨
社稷形骸今若是進退委行色

石硯詩　平侍御者

平公今詩伯秀發吾所羨奉使三峽中長嘯得石硯
巨璞禹鑿餘異狀君獨見其滑乃波濤其光或雷電
聯坳各盡墨多水遞隱見揮洒容數人十手可對面
比公頭上冠正質未爲賤當公賦佳句沉得終清宴
公含起草姿不遠明光殿致于丹青地知汝隨顧眄

三韻三篇

高馬勿唾一作捶面長魚無損鱗辱馬馬毛焦困魚魚
有神君看磊落士不肯易其身
蕩蕩萬斛舡影若揚白虹起檣必椎牛挂席集衆功

自非風動天莫置大水中
列士惡多門小人自同調名利苟可取殺身傍權要
何當官曹清爾輩堪一笑

紫門

泛舟登瀼西迴首望兩崖東城乾旱天其氣如焚柴
長影没窈窕餘光散唅呀大江蟠嵌根歸海成一家
下衝割坤軸竦壁攢鏌鋣蕭颯灑秋色氣一作氛昬霾日
車峽門自此始最窄容浮查禹功翊造化疏鑿就欹
斜巨渠決太古衆水爲長蛇風煙渺吴蜀舟楫通鹽
麻我今遠遊子飄轉混泥沙萬物附本性約身不願

奢茅棟蓋一床清池有餘花濁醪與脫粟在眼無咨嗟山荒人民少地僻日夕佳貧病（一作賤）固其常富貴任生涯差於干戈際宅幸蓬華遮石亂上雲氣杉清延月華賞妍又分外理愜夫何誇足了垂白年敢居高士差書此豁平昔迴首猶暮霞

貽華陽柳少府

繫馬喬木間問人野寺門柳侯披衣笑見我顏色溫並坐石下堂（一云堂下石）俛視大江奔火雲洗月露絕壁上朝暾自非曉相訪觸熱生病根南方六七月出入異中原老少多暍死汗踰水漿翻俊才得之子筋力不

辭煩揞揮當世事語及戎馬存涕淚濺我裳悲氣排
帝閽鬱陶抱長策義仗知者論吾衰臥江漢但媿
識璵璠文章一小伎於道未爲尊起余幸班白因是託
子孫俱客古信州結廬依毀垣相去四五里徑微山
葉繁時危挹佳士況免軍旅喧醉從趙女舞歌鼓秦
人盆子壯顔我傷我驩兼淚痕餘生如過鳥故里今
空村

同元使君舂陵行 并序

覽道州元使君結舂陵行兼賊退後示官吏作二首
志之曰當天子分憂之地效漢官良吏之目今盜賊

未息知民疾苦得結輩十數公落落然參錯天下為邦伯萬物吐氣天下少安可得矣不意復見比興體制微婉頓挫之詞感而有詩增詩卷軸簡知我者不必寄元

遭亂髮盡（一作遽）白轉衰病相嬰沉緜盜賊際狼狽江漢行歎時藥力薄為客羸瘵成吾人詩家秀博采世上名粲粲元道州前聖畏後生觀乎春陵作欻見俊哲情復覽賊退篇結也實國貞賈誼昔流慟匡衡常引經道州憂黎庶詞氣浩縱橫兩章對秋月（一作水）一字偕（一作皆）華星致君唐虞際純朴憶大庭何時降璽

書用爾爲丹青獄訟永衰息豈唯偃甲兵悽惻念誅求薄斂近休明乃知正人意不苟飛長纓涼飈振南岳之子寵若驚色阻金印大興含滄溟一作浪清我多長卿病日夕思朝廷肺枯渴太甚漂泊公孫城呼兒具紙筆隱几臨軒楹作詩呻吟内墨淡字欹傾感彼危苦詞庶幾知者聽

狄明府 博濟

梁公曾孫我姨弟不見十年官濟濟大賢之後竟陵遲浩蕩古今同一體比看叔伯四十人有才無命百寮底今者兄弟一百人幾人卓絶秉周禮在汝更用

文章爲長兄白眉復天啓汝門請從曾翁説太后當
朝多巧詆狄公執政在末年濁河終不汚清濟國嗣
初將付諸武公獨廷諍守丹陛禁中決册請房陵前
（一作滿）朝長老皆流涕太宗社稷一朝正漢官威儀重昭
洗時危始識不世才誰爲荼苦甘如薺汝曹又宜列
土（一云列鼎）食身使門户多旌棨胡爲飄泊岷漢間干謁
王侯頗歷抵況乃山高水有波秋風蕭蕭露泥泥
虎之飢下巉喦蛟之横出清泚早歸來黄土汚衣眼易眯

韓諫議 注

今我不樂思岳陽身欲奮飛病在牀美人娟娟隔秋

水濯足洞庭望八荒鴻飛冥冥日月白青楓葉赤天
雨霜玉京羣帝集北斗或騎麒驎翳鳳皇芙蓉旌旗
煙霧樂影動倒景摇瀟湘星宫之君醉瓊漿羽人稀
少不在傍似聞昨者赤松子恐是漢代韓張良昔隨
劉氏定長安帷幄未改神慘傷國家成敗吾豈敢色
難腥腐飡風香周南留滯古所惜南極老人應壽昌
美人胡爲隔秋水焉得置之貢玉堂

課伐木 并序

課隸人伯夷幸秀信行等入谷斬陰木人日四根止
維條伊校正直挺然晨征暮返委積庭内我有藩

籬是缺是補載伐篠簜伊仗支持則旅次于小安山有虎知禁若恃爪牙之利必昏黒撐突夔人屋壁列一作例樹白菊鏝爲牆實以竹示式遏爲與虎近混淪乎無良賓客戞一作齧害馬之徒苟活爲幸可嘿息已

作詩付宗武誦

長夏無所爲客居課奴僕清晨飯其腹持斧入白谷青冥曾巔後十里斬陰木人肩四根已亭午下山麓尚聞丁丁聲功課日各足蒼皮成積委素節相照燭藉汝跨小籬當仗苦虛竹空荒咆熊羆乳獸待人肉不示知禁情豈唯干戈哭城中賢府主處貴如白屋

蕭蕭理體淨蜂蠆不敢毒虎穴連里閭隄防舊風俗
泊舟滄江岸久客慎所觸舍西崖嶠壯雷雨蔚含蓄
墙宇資屢脩衰年怯幽獨爾曹輕執熱爲我忍煩促
秋光近青岑季月當泛菊報之以微寒共給酒一斛

園人送瓜

江間雖炎瘴瓜熟亦不早栢公鎮夔國滯務兹一掃
食新先戰士共少及溪老傾筐蒲鴿青滿眼顏色好
竹竿接嵌竇引注來鳥道沉浮亂水玉愛惜如芝草
落刃嚼冰霜開懷慰枯槁許以秋蔕除仍看小童抱
東陵跡蕪一作飽絕楚漢休征討園人非故侯種此何草草

信行遠脩水筒

汝性不茹葷凊淨僕夫內秉心識本一云根源於事少滯礙雲端水筒坼林表山石碎觸熱藉子脩通流與厨會往來四十里荒險崖谷大日曛鷩未飡皃赤愧相對浮瓜供老病裂餅常所愛於斯荅恭謹足以殊殿最詎要方士符何假將軍蓋行諸直如筆用意崎嶇外

槐葉冷淘

青青高槐葉采掇付中厨新麵來近市汁滓宛相俱入鼎資過熟加飡愁欲無碧鮮俱照筯香飯兼苞蘆經齒冷於雪勸人投比珠願隨金騕褭走置錦屠蘇

路遠思恐泥與深終不渝獻芹則小小薦藻明區區
萬里露寒殿開冰清玉壺君王納涼晚此味亦時須
行官張望補稻畦水歸
東屯大江北（一枕大江）百頃平若桉六月青稻多千畦碧
泉亂插秧適云已引溜加溉灌更僕往方塘決渠當
斷岸公私各地著浸潤無天旱主守問家臣分明見
溪伴芊芊炯翠羽剡剡生銀漢鷗鳥鏡裏來關山雪
邊看秋菰成黑米精鑿（一作穀）傳白粲玉粒定晨炊紅
鮮任霞散終然添旅食作苦期壯觀遺穗及衆多我
倉戒滋漫

催宗文樹鷄柵

吾衰怯行邁旅次展崩迫愈風傳烏鷄秋卵方漫喫
自春生成者隨母向百翩驅趂制不禁喧呼山腰宅
課奴殺青竹終日憎赤幘踏藉盤桉翻塞蹊使之隅
墻東有隙地可以樹高柵避熱時來歸問兒所爲跡
織籠曹其內令入不得擲稀間可突過觜爪還汚席
我寬螻蟻遭彼免狐貉厄應宜各長幼自此均勍敵
籠柵念有脩近身見一作知損益明明領處分一當剖析
不昧風雨晨亂離減憂慼其流則凡鳥其氣心匪石
倚賴窮歲晏撥煩去一云及冰釋未似尸鄉翁拘留蓋阡陌

園官送菜 并序

園官送菜把本數日闕矧苦苣馬齒掩乎嘉蔬傷時小人妬害君子菜不足道也比而作詩

清晨蒙菜把常荷地主恩守者愆實數略有其名存苦苣刺如針馬齒葉亦繁青青嘉蔬色埋没在中園園吏未足怪世事因堪論嗚呼戰伐久荊棘暗長原乃知苦苣輩傾奪蕙草根小人塞道路爲態何喧喧又如馬齒盛氣擁葵荏昬點涤不易虞絲麻雜羅紈一經器一作氣物内永挂麁䴥刺痕志士採紫芝放謌避戎軒畦丁負籠至感動百慮端

上後園山脚

朱夏熱所嬰凊旭步北林小園背高岡挽葛上嵜崟曠望延駐目飄颻散疏襟潛鱗恨水壯去翼依雲深勿謂地無疆劣於山有陰石槨遍天下水陸兼浮沉自我登隴首十年經碧岑劒門來巫峽薄倚浩至今故園暗戎馬骨肉失追尋時危無消息老去多歸心志士惜白日久客藉黄金敢爲蘇門嘯庶作梁父吟

驅豎子摘蒼耳

江上秋已分林中瘴猶劇畦丁告勞苦無以供日夕蓬莠獨不燋野蔬暗泉石卷耳況療風童兒且時摘

一云童僕先時摘侵星驅之去爛熳任遠適放筐亭午際洗剥相蒙冪登床半生熟下筯還小益加點瓜薤間依俙橘奴跡亂世誅求急黎民糠籺窄飽食復何心荒哉膏粱客富家廚肉臭戰地骸骨白寄語惡少年黃金且休擲

昔遊

昔者與高李高適李白晚登單父臺寒蕪際碣石萬里風雲來桑柘葉如雨飛藿共徘徊清霜大澤凍禽獸有餘哀是時倉廩實洞達寰區一作瀛開猛士思滅胡將帥望三台君王無所惜駕馭英雄材幽燕盛用武供給

亦勞哉吳門轉粟帛泛海陵蓬萊肉食三十萬獵射
起黄埃隔河憶長眺青歲巳摧頽不及少年日無復
故人孟賦詩獨流涕亂世想賢才有能市駿骨莫恨
少龍媒商山議得失蜀主脫嫌猜呂尚封國邑傅說
巳鹽梅景晏楚山深水鶴去低回龐公任本性携子
卧蒼苔

雷

大旱山岳焦密雲復無雨南方瘴癘地羅此農事苦
封内必舞雩峽中喧擊鼓眞龍竟寂寞土梗空俯僂
吁嗟公私病稅斂缺不補故老仰面啼瘡痍向誰數

暴尫或前聞鞭巫非稽古請先偃甲兵處分聽人主
萬邦但各業一物休盡取水旱其數然堯湯免親覩
上天鑠金石羣盜亂豺虎二者存一端愆陽不猶愈
昨宵殷其雷風過齊萬弩復吹霾翳散虛覺神靈
聚氣暍腸胃融汗滋衣裳汚一云腐吾衰尤拙計失望

築場圃

火

楚山經月火大旱則斯舉舊俗燒蛟龍驚惶致雷雨
爆嵌魑魅泣崩凍嵐陰昈羅落沸百泓根源皆萬古
青林一灰燼雲氣無處所入夜殊赫然新秋照牛女

風吹巨焰作河棹騰煙柱勢欲焚崑崙光彌燉洲
渚腥至燋長虵聲吼纏猛虎神物已高飛不見石與土
爾寧要謗讟憑此近熒侮薄關長吏戞甚昧至精主
遠遷誰撲滅將恐及環堵流汗卧江亭更深氣如縷

往在

往在西京時胡來滿彤宮中宵焚九廟雲漢爲之紅
解瓦飛十里繐帷粉曾空疚心惜木主一一灰悲風合
昬排鐵騎清旭散錦驂一云幪賊臣表逆節相賀以成功
是時妃嬪戮連爲糞土叢當宁陷玉座白間剥畫蟲
不知二聖處私泣百歲翁車駕既云還楹角欻穹崇故

差復涕泗祠官樹椅桐宏壯不如初巳見帝力雄前
春禮郊廟祀事親聖躬微軀忝近臣景從陪羣公登
堦捧玉冊峩冕耿一作聆金鍾侍祠恧先露掖垣邇濯龍
天子惟孝孫五雲起九重鏡奩換粉黛翠羽猶蔥
朧前者厭羯胡後來遭犬戎俎豆腐一云臠羶肉罘罳
行角弓安得自西極申命空山東盡驅詣闕下士庶
塞關中主將曉逆順元元歸始終一朝自罪己一云罪己已
萬里車書通鋒鏑供鋤犂征戍聽所從冗官各復業
土著還力農君臣節儉足朝野懽呼一作娛同中興似
國初繼體如太宗端拱納諫諍和風日沖融赤墀櫻

桃枝隱映銀絲籠千春薦陵寢永永垂無窮京都
不再火涇渭開愁容歸號故松栢差去苦飄蓬

七月三日亭午已後校熱退晚加小凉穩睡有詩

因論壯年樂事戲呈元二十一曹長

今茲商用事餘熱亦已末衰年旅炎方生意從此活
亭午減汗流北隣耐人聒晚風爽烏匼筋力蘇摧折
閉目踰十旬大江不止渴退藏恨雨師健步聞旱魃
園蔬抱金玉無以供採掇密雲雖聚散徂暑終衰歇
前聖眘焚巫武王親救暍陰陽相主客時序遞廻斡
灑落唯清秋昏霾一空闊蕭蕭紫塞鴈南向欲行列

欻思紅顏日霜露凍堦闥胡馬挾彫弓鳴弦不虛發
長鈚逐狡兎突羽當滿月惆悵白頭吟蕭條游俠窟
臨軒望山閣縹緲安可越高人鍊丹砂未念將朽骨
少壯跡頗踈歡樂曾倏忽杖藜風塵際老醜難翦拂
吾子得神仙本是池中物賤夫美一睡煩促嬰詞筆

牽牛織女

牽牛出河西織女處其東萬古永相望七夕誰見同
神光意一作竟難候此事終朦朧颯然精靈合何必秋遂
通亭亭新粧立龍駕具曾空世人亦為爾祈請走
兒童稱家隨豐儉白屋達公宮膳夫翊堂殿鳴玉淒

房櫳曝衣遍天下曳月揚微風蛛絲小人態曲綴一作掇
瓜果中初筵褭重露日出甘所終嗟汝未嫁女秉心
鬱忡忡防身動如律竭力機杼中雖無姑舅事敢昧
織作功明明君臣契咫尺或未容義無弃禮法恩始
夫婦恭小大有佳期戒之在至公方圓苟齟齬丈夫
多英雄一云勿替丈夫雄

毒熱寄簡崔評事十六弟

大暑一作火運金氣荆揚不知秋林下有塌翼水中無行
舟千室但埽地閉關人事休老夫轉不樂旅次兼百
憂蝮蛇暮偃蹇空床難暗投炎宵惡明燭況乃懷舊

丘開襟仰内弟執熱露白頭東帶負芒刺接居成阻
倏何當清霜飛會子臨江樓載聞大易義諷興詩家
流藴藉異時輩檢身非苟求皇皇使臣體信是德業
優楚材擇杞梓漢苑歸驊騮短章達我心理爲一云待
識者籌

壯遊

往者十四五出遊翰墨場斯文崔魏徒崔鄭州尚魏豫州啓心以
我似班揚七齡思即壯開口詠鳳皇九齡書大字有
作成一囊性豪業嗜酒嫉惡懷剛腸脱略小時輩結
交皆老蒼飲酣視八極俗物都茫茫東下姑蘇臺已

具浮海航到今有遺恨不得窮扶桑王謝風流遠闔
廬丘墓荒劒池石壁仄長洲荷芰香嵯峨閶門北清
廟映迴塘每趨吳太伯撫事淚浪浪枕戈憶勾踐渡
浙想秦皇蒸魚聞匕首除道哂要章越女天下白鏡
湖五月涼剡溪蘊秀異欲罷不能忘歸帆拂天姥中
歲貢舊鄉氣劘屈賈壘目（一作日）短曹劉牆忤下考工
第獨辭京尹堂放蕩齊趙間裘馬頗清狂春歌叢
臺上冬獵青丘旁呼鷹皂（一作紫）櫪林逐獸雲雪岡射飛
曾縱鞚引（一云跋）臂落鶖鶬蘇侯據鞍喜（監門胄曹蘇預）忽如
攜葛強快意八九年西歸到咸陽許與必詞伯賞（一作貴）

遊實賢王曳裾置醴地奏賦入明光天子廢食召群
公會軒裳脫身無所愛痛飲信行藏黑貂不免弊班
鬢兀稱觴杜曲晚（一云換）着舊四郊多白楊坐深鄉黨
敬日覺死生忙朱門任（一云務）傾奪赤族迭罹殃國馬竭
粟豆（漢有太常三輔粟豆）官鷄輸稻粱舉隅見煩費引古惜興
亡河朔風塵起岷山行幸長兩宮各警蹕萬里遥相
望崆峒殺氣黑少海旌旗黄禹功亦命子涿鹿親戎
行翠華擁英（一云吴）岳螭虎噉豺狼爪牙一不中胡兵
更陸梁大軍載草草凋瘵滿膏肓備員竊補衮憂
憤心飛揚上感九廟焚下憫萬民瘡斯時伏青蒲廷

爭守御床君辱敢愛死赫怒幸無傷聖哲體仁恕宇
縣復小康哭廟灰燼中鼻酸朝未央小臣議論絕老
病客殊方鬱鬱苦不展羽翮困低昂秋風動哀壑碧
蕙捐（一云損）微芳之推避賞從漁父濯滄浪榮華敵勳業
歲暮有嚴霜吾觀鴟夷子才格出尋常群兇逆未定
側佇英俊翔

阻雨不得歸瀼西甘林

三伏適已過驕陽化爲霖欲歸瀼西宅阻此江浦深
壞舟百板坼峻岸復萬尋篙工初一弃恐泥勞寸心
佇立東城隅悵望高飛禽草堂亂玄圃不隔崑崙岑

昬渾衣裳外曠絶同曾陰園甘長成時三寸如黃金
諸侯舊上計厥貢傾千林邦人不足重所迫豪吏侵
客居暫封植日夜偶瑤琴虛徐五株態側塞煩肖襟
焉得輟兩足杖藜出嶇嶔條流數翠實偃息歸碧潯
拂拭烏皮几喜聞樵牧音令兒快搔背脫我頭上簪

雨

峽雲行清曉煙霧相徘徊風吹蒼江樹雨洒石壁來
淒淒生餘寒殷殷兼出雷白谷變氣候朱炎安在哉
高鳥濕不下居人門未開楚宮久已滅幽珮爲誰哀
侍臣書王夢賦有冠古才冥冥翠龍駕多自巫山臺

雨二首

青山澹無姿白露誰能數片片水上雲蕭蕭沙中雨
殊俗狀巢居曾臺俯風渚佳客適萬里沉思情延佇
挂帆遠色外驚浪滿吳楚幺陰蛟螭出冦盜（一云冠蓋）復
幾許

空山中宵陰微冷先枕席迴風起清曙萬象萋已碧
落落出岫雲渾渾倚天石日假何道行雨含長江白
連檣荊州舡有士荷矛戟南防草鎮慘霑濕赴遠役
羣盜下辟山揔戎備強敵水深雲光廓鳴櫓各有適
漁艇息（一云自）悠悠夷歌負樵客留滯一老翁書時記

朝夕

又上後園山脚

昔我遊山東憶戲東嶽陽窮秋立日觀矯首望八一云北荒朱崖著毫髮碧海吹衣裳蓐收困用事玄冥蔚強梁逝水自朝宗鎮石各其方平原獨憔悴農力廢耕桑非關一云北闕風露凋曾是戍役傷於時國用富足以守邊疆朝廷任猛将遠奪戎虜場到今事反覆故老淚萬行龜蒙不復見況乃懷舊鄉肺萎屬久戰骨出熱中腸憂來杖匣劒更上林北岡瘴毒猿鳥落峽乾南日黄秋風亦已起江漢始如湯登高欲有往蕩析

川無梁哀彼遠征人去家死路傍不及父祖塋纍纍
塚相當

雨

山雨不作坙江雲薄爲霧晴飛半嶺鶴風亂平沙樹
明滅洲景微隱見巖姿露拘悶出門遊曠絕經目趣
消中日伏枕卧幺塵及屢豈無平肩輿莫辨望鄉路
兵戈浩未息虵虺反相顧悠悠邊月破鬱鬱流年度
針灸阻朋曹糠粃對童孺一命須屈色新知漸成故
窮荒益自卑飄泊欲誰訴羸愁應接俄頃恐違一云
危迕浮俗何萬端幽人有高步龐公竟獨往尚子終

罕遇宿留洞庭秋天寒瀟湘素杖策可入舟送此齒髮暮

贈李十五丈別

峽人鳥獸居其室附層巔下臨不測江中有萬里舡多病分倚薄少留改歲年絶域誰慰懷開顔喜多賢孤陋忝末親等級敢比肩人生意氣合相與襟袂連一日遣兩僕三日共一筵揚論轉寸心壯筆過飛泉玄成美價存子山舊業傳不聞八尺軀常受衆目憐且爲苦辛行蓋被生事牽北迴白帝棹南入黔陽天汧公制方隅迴出諸侯先封内如太古時危獨蕭然

清高金莖露正直朱絲絃昔在堯四岳今之黃潁川
于邁恨不同所思無由宣山深水增波解榻秋露懸
客遊雖云幺亦思月再圓晨集風渚亭醉操雲嶠篇
丈夫貴知己歡罷念歸旋

贈鄭十八賁

温温士君子令我懷抱盡靈芝冠衆芳安得闕親近
遭亂意不歸竄身跡非隱細人尚姑息吾子色愈謹
高懷見物理識者安肯哂畢飛欲何待捷徑應未忍
示我百篇文詩家一標準羈離交屈宋牢落值顏閔
水陸迷畏途藥餌駐修軫故人日已遠青史自不泯

步趾詠唐虞追隨飫葵堇數盃資好事異味煩縣尹
心雖在朝謁力與願矛盾抱病排金門衰容肯爲敏

殿中楊監見示張旭草書圖

斯人已云亡草聖秘難得及兹煩見示滿目一悽惻
悲風生微綃萬里有古色鏘鏘鳴玉動落落群松直
連山蟠其間溟漲與筆力有練實先書臨池真盡墨
俊拔爲之主暮年思轉極未知張王後誰並百代則
嗚呼東吴精逸氣感清識楊公拂篋笥舒卷忘寢食
念昔揮毫端不得觀酒德

楊監又出畫鷹十二扇

近時馮紹正能畫鷙鳥樣明公出此圖無乃傳其狀殊姿各獨立清絶心有向疾禁千里馬氣敵萬人將憶昔驪山宫冬移含元仗天寒大羽獵此物神俱王當時無凡材百中皆用壯粉墨形似間識者一惆悵干戈少暇日眞骨老崖嶂爲君除狡兔會是翻韝上

送殿中楊監赴蜀見相公

去水絶還波洩雲無定姿人生在世間聚散亦暫時離别重相逢偶然豈定期送子清秋暮風動長年悲豪俊貴勲業邦家頻出師相公鎮梁益軍事無孑遺解榻再令見用才復擇誰況子已高位爲郡得固辭

難拒供給費愼哀漁奪私干戈未甚息紀綱正所持
汎舟巨石橫登陸草露滋山門日昜夂當念居者思

杜工部集卷第六

杜工部集卷第七

前劒南節度叅謀宣義郎檢校尚書工部員外郎賜緋魚袋京兆杜　甫

古詩五十七首

秋行官張望督促東渚耗稻向畢清晨遣女奴阿稽豎子阿段往問

覽柏中允兼子姪數人除官制詞因述父子兄弟四美載歌絲綸

聽楊氏歌

荆南兵馬使太常卿趙公大食刀謌

王兵馬二角鷹

甘林

雨

鄭典設自施州歸

種萵苣并序

秋風二首

乆雨期王將軍不至

別李秘書始興寺所居

縛雞行

負薪行

最能行

寄裴施州

奉酬薛十二丈判官見贈

暇日小園散病將種秋菜督勤耕牛兼書觸目

寫懷二首

可歎

觀孫大娘舞劍器行并序

贈司徒王公思禮

故司徒李公光弼

贈左僕射鄭國公嚴公武

贈太子太師汝陽郡王

贈秘書監江夏李公邕

故秘書少監武功蘇公源明

故著作郎貶台州司户滎陽鄭公虔

故右僕射相國張公九齡

虎牙行

赤霄行

苦寒行四首

晚晴

復陰

夜歸

西閣曝日

寄栢學士林居

水閣朝霽奉簡嚴雲安

寄從孫崇簡

晚登瀼上堂一首

蔛寄族弟唐十八使君一首

李潮八分小篆歌一首

釋悶一首

醉爲馬墜諸公携酒相看一首

別蔡十四著作一首

別李義一首

送高司直尋封閬州一首

遣懷一首

君不見簡蘇徯一首

贈蘇四溪一首

寄薛三郎中一首

大覺高僧蘭若一首

秋行官張望督促東渚耗一作刈稻向畢清晨遣女奴阿稽豎子阿段往問

東渚雨今足佇聞粳稻香上天無偏頗蒲稗各自長人情見非類田家戒其荒功夫競搰搰除草置岸傍穀者命之一云令士本客居安可忘青春具所務勤墾免亂常吴牛力容易並驅去聲動莫當一云紛遊場豐苖亦已穊雲水照方塘有生固蔓延靜一資隄防督領不無人提

携(一作挈)頗在綱荆揚風土暖肅肅候微霜尚恐主守疎

用心未甚臧清朝遣婢僕寄語踰崇岡西成聚必散

不獨陵我倉豈要仁里譽感此亂世忙北風吹蒹葭

蟋蟀近中堂荏苒百工休鬱紆遲暮傷

覽栢中允兼子姪數人除官制詞因述父子兄

弟四美載歌絲綸

紛然喪亂際見此忠孝門蜀中寇亦甚栢氏功彌存

深誠補王室戮力自元昆三止錦江沸獨清玉壘昏

高名入竹帛新渥照乾坤子弟先卒伍芝蘭疊璵璠

同心注師律灑血在戎軒絲綸實具載紱冕已殊恩

奉公舉骨肉誅叛經寒温金甲雪猶凍朱旗塵不翻
每聞戰場説欻激懦氣奔聖主國多盗賢臣官則尊
方當節鉞用必絶祲沴根吾病日迴首雲臺誰再論
作歌挹盛事推轂期孤騫

聽楊氏歌

佳人絶代歌獨立發皓齒滿堂慘不樂響下青虚裏
一作浮雲裏 江城帶素月況乃清夜起老大悲暮年壯士淚
如水玉盃乆寂寞金管迷宫徵勿云聽者疲愚智心
盡死古來傑出士一作事 豈待一知己吾聞昔秦音傾
側天下耳

荆南兵馬使太常卿趙公大食刀歌

太常樓舡聲嗷嘈問兵刮寇趨下牢牧出令奔飛百艘猛蛟突獸紛騰逃白帝寒城駐錦袍玄冬示我胡國刀壯士短衣頭虎毛憑軒拔鞘天爲高翻風轉日木怒號冰翼雪淡傷哀猱鐫錯碧甖鸊鵜膏鋩鍔已瑩虛秋濤鬼物撇捩辭坑壕蒼水使者捫赤條龍伯國人罷釣鼇芮公迴首顔色勞分閫救世用賢豪趙公玉立高歌起攬環結珮相終始萬歲持之護天子得君亂絲與君理蜀江如線如針水荆岑彈丸心未巳賊臣惡子休干紀魑魅魍魎徒爲耳妖腰亂領敢

欣喜用之不高亦不庳不似長劒須天倚吁嗟光祿
英雄弭大食寶刀聊可比丹青宛轉騏驎裏光芒六
合無泥滓

王兵馬使二角鷹

悲臺蕭颯石巃嵸哀壑杈枒浩呼洶中有萬里之長
江迴風滔日孤光動角鷹翻倒壯士臂將軍玉帳軒
翠氣二鷹猛腦絛徐侯䍐目如愁胡視天地杉雞竹兎
不自惜溪虎野羊俱辟易鞲上鋒稜十二翮將軍勇
鋭與之敵將軍樹勳起安西崑崙虞泉入馬蹄白羽
曾肉三狻猊敢決豈不與之齊荆南芮公得將軍亦

如角鷹下翔一云八朔雲惡鳥飛飛啄金屋安得爾輩開其羣驅出六合梟鸞分

甘林

捨舟越西岡入林解我衣青芻適馬性好鳥知人歸晨光映遠岫多露見日晞遲暮少寢食清曠喜荆扉經過倦俗態在野無所違試問甘藜藿未肯羨輕肥喧靜不同科出處各天機勿矜朱門是陋此白屋非明朝步隣里長老可以依時危賦斂數脫粟爲爾揮相携行豆田秋花靄菲菲子實不得喫貨市送王畿盡添軍旅用迫此公家威主人長跪問戎馬何時稀

我衰易悲傷屈指數賊圍勸其死王命慎莫遠奮飛

雨

行雲遞崇高飛雨靄而至潺潺石間溜汩汩松上駛

亢陽乘秋熱百穀皆已弃皇天德澤降燋卷有生意

前雨傷卒暴今雨喜容易不可無雷霆間作鼓增氣

佳聲達中宵所望時一致清霜九月天髣髴見滞穗

郊扉及我私一云裁耘我圃日蒼翠恨無抱甕力庶減臨江

費峽内無井取江水喫

鄭典設自施州歸

吾憐滎陽秀冒暑初有適名賢慎出處不肯妄行役

旅茲殊俗遠音以屢空迫南謁裴施州氣合無險僻
攀援懸根木登頓入天石青山自一川城郭洗憂戚
聽子話此邦令我心悅懌其俗則純朴不知有主客
温温諸侯門禮亦如古昔勑廚倍常羞盃盤頗狼籍
時雖屬喪亂事貴賞（一作當）匹敵中宵愜良會裴鄭非
遠戚羣書一萬卷博涉供務隙他日辱銀鈎森疎見
矛戟倒屣喜旋歸畫地求所歷乃聞風土質又重田
疇闢刺史似寇恂列郡宜競借北風吹瘴癘羸老思
散策渚拂蒹葭塞（一云寒）嶠穿蘿蔦冪此身仗兒僕高興
潛有激孟冬方首路強飯取崖壁歎爾疲駑駘汗溝

血不赤終然備外飾駕馭何所益我有平肩輿前途
猶準的翩翩入鳥道庶脫蹉跌厄

種萵苣并序

既雨已秋堂下理小畦隔種一兩席許萋苣向二旬
矣而苣不甲坼伊人莧青青傷時君子或晚得微祿
轗軻不進因作此詩

陰陽一錯亂驕蹇不復理枯旱於其中炎方慘如燬
植物半蹉跎嘉生將已矣雲雷欻奔命師伯集所使
指麾赤白日澒洞青光起雨聲先已風散足盡西靡
山泉落滄江霹靂猶在耳終朝紓颯沓信宿罷蕭洒

堂下可以畦呼童對經始苣兮蔬之常隨事蓺其子
破塊數席間荷鋤功易止兩旬不甲坼空惜埋泥滓
野莧迷汝來宗生實於此此輩豈無秋亦蒙寒露委
翻然出地速滋蔓戶庭毀因知邪干正掩抑至没齒
賢良雖得禄守道不封己擁塞敗芝蘭衆多盛荆杞
中園陷蕭艾老圃永爲恥登于白玉盤藉以如霞綺
莧也無所施胡顏入筐篚

秋風二首

秋風淅淅吹巫山上牢下牢脩水關吴檣楚柂牽百
丈暖向神都寒未還要路何日罷長戟戰自青羌連

百蠻中巴不曾消息好瞑傳戍鼓長雲間
秋風淅淅吹我衣東流之外西日微天清小城擣練
急石古細路行人稀不知明月爲誰好早晚孤帆他
夜歸會將白髮倚庭樹故園池臺今是非

又雨期王將軍不至

天一云山雨蕭蕭滯一云帶茅屋空山無以慰幽獨銳頭將
軍來何遲令我心中苦不足數看黃霧亂玄雲時
聽嚴風折喬木泉源泠泠雜猿狖泥濘漠漠飢鴻鵠
歲暮窮陰耿未巳人生會面難再得憶爾腰下鐵絲
箭射殺林中雪色鹿前者坐皮因問毛知子歷險人馬

勞異獸如飛星宿落應弦不礙蒼山高安得突騎只
五千崒然眉骨皆爾曹走平亂世相催促一豁明主
正鬱陶憶（一云恨）昔范曽碎玉斗未使吴兵著白袍昏
昬閶闔閉氛祲十月荆南雷怒號

別李秘書始興寺所居

不見秘書心若失及見秘書失心疾安爲動主理信
然我獨覺子神充實重聞西方之觀經老身古寺風
泠泠妻兒待來且歸去他日杖藜來細聽

縛雞行

小奴縛雞向市賣雞被縛急相喧爭家中厭雞食蟲

蟻不知雞賣還遭烹蟲雞於人何厚薄吾叱奴人解其縛雞蟲得失無了時注目寒江倚山閣

負薪行

夔州處女髮半華四十五十無夫家更遭喪亂嫁不售一生抱恨堪咨嗟土風坐男使女立應當門戶女出入十有八九負薪歸賣薪得錢當供給至老雙鬟只垂頸野花山葉銀釵並筋力登危集市門死生射利兼鹽井面粧首飾雜啼痕地褊衣寒困石根若道巫山女麤醜何得此一作北有昭君村

最能行

峽中丈夫絶輕死少在公門多在水富豪有錢駕大舸貧窮取給行艓子小兒學問止論語大兒結束隨商旅欹帆側柂入波濤撇旋捎濆無險阻朝發白帝暮江陵頃來目擊信有徵瞿唐漫天虎鬚一作眼怒歸州長年行最能此鄉之人氣量窄悮競南風疎北客若道土無英俊才何得山有屈原宅

寄裴施州

廊廟之具裴施州宿昔一逢無此流金鍾大鏞在東序冰壺玉衡懸清秋自從相遇感多病三歲爲客寬邊愁堯有四岳明至理漢二千石真分憂幾度寄書

白鹽北苦寒贈我青羔一云絲裘霜雪廻光避錦袖龍

虵動篋蟠銀鉤紫衣使者辟復命再拜故人謝佳政

將老已失子孫憂後來況接才華盛

奉酬薛十二丈判官見贈

忽忽峽中睡悲風方一醒西來有好鳥爲我下青冥

羽毛淨白雪慘澹飛雲汀既蒙主人顧舉翮唳孤亭

持以比佳士及此慰揚舲清文動哀玉見道發新硎欲

學鴟夷子待勒燕山銘誰重斷虵劒一云口重斬邪劒致君君未

聽志在騏驎閣無心雲母屏卓氏近新寡豪家朱門

扃相如才調逸銀漢會雙星客來洗粉黛日暮拾流

瑩不是無膏火勸郎勤六經老夫自汲澗野水日冷
泠我歎黑頭白君看銀印青卧病識山鬼爲農知地
形誰矜坐錦帳苦厭食魚腥東南兩岸拆橫水注蒼
溟碧色忽一云苦惆悵風雷搜百靈空中右一作有白虎赤節
引娉婷自云帝里一作季女噀雨鳳皇翎襄王薄行跡莫
學泠如丁千秋一拭淚夢覺有微馨人生相感動金
石兩青熒丈人但安坐休辨渭與涇龍蚍尚格鬬洒血
暗郊坰吾聞聰明主治國用輕刑銷兵鑄農器今古
歲方寧文王日儉德俊乂始盈庭榮華貴少壯豈食
楚江萍

暇日小園散病將種秋菜督勤耕牛兼書觸目

不愛入州府畏人嫌我眞及乎歸茅宇一云及歸在茅屋旁舍

未曾嗔老病忌拘束應接喪精神江村意自放林木

心所欣秋耕屬地濕山雨近甚匀冬菁飯之半牛力

晚來新深耕種數畝未甚後四隣嘉蔬既不一名數

頗具陳荆巫非苦寒採擷接青春飛來兩白鶴暮啄

泥中芹雄者左翩垂損傷已露一云及筋一步再血流尚

經一作驚矰繳勤三步六號叫志屈悲哀頻鸞鳳皇不相待

側頸訴高旻杖藜俯沙渚爲汝鼻酸辛

寫懷二首

勞生共乾坤何處異風俗冉冉自趨競行行見羈束
無貴賤不悲無富貧亦足萬古一骸骨鄰家遞歌哭
鄙夫到巫峽三歲如轉燭全命甘留滯忘情任榮辱
朝班及暮齒日給還脫粟編蓬石城東采藥山北(一云林)
谷用心霜雪間不必條蔓綠非關故安排曾是順幽
獨達士如弦直小人似鉤曲曲直吾不知負暄候樵牧
夜深坐南軒明月照我膝驚風翻河漢梁棟巳出日
羣生各一宿飛動自儔匹吾亦驅其兒營營爲私實
(一作室)天寒行旅稀歲暮日月疾榮名忽(一云惑)中人世亂如
蟣虱古者三皇前滿腹志願畢胡爲有結繩陷此膠

與漆裼首燧人氏厲階董狐筆君看燈燭張轉使飛
蛾密放神八極外俛仰俱蕭瑟終契如往還（一云終然契眞如）
得匪合（一云金）仙術
可歎
天上浮雲如白衣斯須改變如蒼狗古往今來共一
時人生萬事無不有近者抉眼去其夫（一云眯）河東女兒
身姓柳丈夫正色動引經酆城客子王季友羣書萬
卷常暗誦孝經一通看在手貧窮老瘦家賣屐好事
就之爲携酒豫章太守高帝孫引爲賓客敬頗久聞
道三年未曾語小心恐懼閉其口太守得之更不疑

人生反覆看亦醜明月無瑕豈容易紫氣鬱鬱猶衝
斗時危可杖眞豪俊二人得置君側否太守頃者領
山南邦人思之比父母王生早曾拜顏色高山之外
皆培塿用爲羲和天爲成用平水土地爲厚王也論
道阻江湖李也丞疑曠前後死爲星辰終不滅致君
堯舜焉肯朽吾輩碌碌飽飯行風后力牧長迴首

觀公孫大娘弟子舞劒器行并序

大曆二年十月十九日夔府別駕元持宅見臨潁李
十二娘舞劒器壯其蔚跂問其所師曰余公孫大娘
弟子也開元三載余尚童稚記於郾城觀公孫氏舞

劒器渾脫瀏灕頓挫獨出冠時自高頭宜春梨園二伎坊內人洎外供奉曉是舞者聖文神武皇帝初公孫一人而已玉貌錦衣況余白首今茲弟子亦匪盛顏既辯其由來知波瀾莫二撫事慷慨聊爲劒器行往者吳人張旭善草書書帖數嘗於鄴縣見公孫大娘舞西河劒器自此草書長進豪蕩感激即公孫可知矣

昔有佳人公孫氏一舞劒器動四方觀者如山色沮喪天地爲之久低昂㸌如羿射九日落矯如群帝驂龍翔來如雷霆收震怒罷如江海凝清光絳脣珠袖

兩寂寞況有弟子傳芬芳臨潁美人在白帝妙舞此
曲神揚揚與余問荅既有以感時撫事增惋傷先帝
侍女八千人公孫劒器初第一五十年間似反掌風
塵傾動昏王室梨園弟子散如煙女樂餘姿映寒日
金粟堆南木已拱瞿唐石城草蕭瑟玳筵急管曲復
終樂極哀來月東出老夫不知其所往足繭荒山轉
愁疾

八哀詩 并序

傷時盜賊未息興起王公李公歎舊懷賢終于張相
國八公前後存没遂不詮次焉

贈司空王公思禮

司空出東夷童稚刷勁翮追隨燕薊兒穎鋭（一云脱）物不
隔服事哥舒翰意無流沙磧未甚拔行間犬戎大充
斥短小精悍姿屹然強寇敵貫穿百萬衆出入由咫
尺馬鞍懸將首甲外控鳴鏑洗劍青海水刻銘天山
石九曲非外藩其王轉深壁飛兎不近駕鷙鳥資
遠擊曉達兵家流飽聞春秋癖胷襟日沉靜肅肅
自有適潼關初潰散萬乘猶辟易偏裨無所施元帥
見手格太子入朔方至尊狩梁益胡馬纒伊洛中原
氣甚逆肅宗登寶位塞望勢敦迫公時徒步至請罪

將厚責際會清河公間道傳玉冊（清河公房大尉也）天王拜跪畢讜議果冰釋翠華卷飛雪（一云飛雪中）熊虎亘阡陌屯兵鳳皇山帳殿涇渭闢金城賊咽喉詔鎮雄所搤禁暴清（一作靖）無雙爽氣春淅瀝巷有從公歌野多青青麥及夫哭廟後復領太原役恐懼祿位高悵望王土窄不得見清時嗚呼就窀穸永繫五湖舟悲甚田橫客千秋汾晉間事與雲水白昔觀文苑傳豈述廉藺績嗟嗟鄧大夫士卒終倒戟

故司徒李公光弼

司徒天寶末北收晉陽甲胡騎攻吾城愁寂意不愜

人安若泰山蒯北斷右脅朔方氣乃蘇黎首見帝

業二宫泣西郊九廟起頹壓未散河陽卒思明僞臣妾

復自碣石來火焚乾坤獵高視笑禄山公又大獻捷

異王冊崇勲小敵信所怯擁兵鎮河汴千里初妥帖

青蠅紛營營風雨秋一葉内省未入朝死淚終映睫

大屋去高棟長城掃遺堞平生白羽扇零落蛟龍匣

雅望與英姿惻愴槐里接三軍晦光彩烈士痛稠疊

直筆在史臣將來洗箱篋吾思哭孤冢南紀阻歸楫

扶顛永蕭條未濟失利涉疲苶竟何人灑涕巴東峽

贈左僕射鄭國公嚴公武

鄭公瑚璉器華岳金天晶昔在童子日已聞老成名
嶷然大賢後復見秀骨清開口取將相小心事友生
閱書百紙一云氏盡落筆四座驚歷職匪父任嫉邪常力
爭漢儀尚整肅胡騎忽縱横飛傳自河隴逢人問公
卿不知萬乘出雪涕風悲鳴受詞劒閣道謁帝蕭關
城寂寞雲臺仗飄飖沙塞旌江山少使者笳鼓凝皇
情壯士血相視忠臣氣不平密論貞觀體揮發岐陽
征感激動四極聯翩收二京西郊牛酒再原廟丹青
明匡汲俄寵辱衛霍竟哀榮四登會府地三掌華陽
兵京兆空柳色一云市尚書無履聲群烏自朝夕白馬休

横行諸葛蜀人愛文翁儒化成公來雪山重公去雪
山輕記室得何遜韜鈐延子荆四郊失壁壘虛館開
逢迎堂上指圖畫軍中吹玉笙豈無成都酒憂國只
細傾時觀錦水釣問俗終相并意待犬戎滅人藏紅
粟盈以兹報主願庶或獲一云裨世程烱烱一心在沉沉
二豎嬰顔回亭短折賈誼徒忠貞飛旐出江漢孤
舟轉荆衡虛無馬融笛悵望龍驤塋空餘老賓客身
上媿簪纓

贈太子太師汝陽郡王璡

汝陽讓帝子眉宇眞天人虬鬚似太宗色映塞外春

往者開元中主恩視遇頻出入獨非時禮異見群臣
愛其謹絜極倍此骨肉親從容聽朝後或在風雪晨
忽思格猛獸苑囿騰清塵羽旗動若一萬馬肅駪駪
詔王來射鴈拜命已挺身箭出飛鞚內上又一作入迴翠麟
翻然紫塞翮下拂明月輪胡人雖獲多天笑不為新
王每中一物手自與金銀袖中諫獵書扣馬久上陳
竟無銜橜虞聖聰矧多仁官免供給費水有在藻鱗
匪唯帝老大皆是王忠勤晚年務置醴門引申白賓
道大容無能永懷侍芳茵好學尚正烈義形必沾巾
揮翰綺繡揚篇什若有神川廣不可泝墓久狐兔鄰

宛彼漢中郡（王弟漢中王瑀）文雅見天倫何以開我悲泛舟
俱遠津温温昔風味少壯已書紳舊遊易磨滅衰
謝增酸辛

贈秘書監江夏李公邕

長嘯宇宙間高才日陵替古人不可見前輩復誰繼
憶昔李公存詞林有根柢聲華當健筆灑落富清製
風流散金石追琢山岳銳情窮造化理學貫天人際
干謁走其門碑版照四裔各滿深望還森然起凡例
蕭蕭白楊路洞徹寶珠惠龍宮塔廟湧浩刧浮雲（一云空）
衛宗儒俎豆事故吏去思計眄睞已皆虛跋涉曾不

涅向來映當時豈獨勸後世豐屋珊瑚鈎騏驎織成
罽紫騮隨劒几義取無虛歲分宅脫驂間感激懷未
濟衆歸賙給美擺落多藏穢獨步四十年風聽九臯
唳嗚呼江夏姿亭掩宣尼袂往者武后朝引用多寵
嬖否臧太常議面折二張勢衰俗凛生風排蕩秋旻
霽忠正負冤恨宮闕深旒綴放逐早聯翩低垂困炎
厲日斜鵩鳥入魂斷蒼梧帝榮（一作策）枯走不暇星駕
無安稅幾分漢廷竹夙擁文侯篲終悲洛陽獄事近
小臣敝禍階初負謗易力何深嚌伊昔臨淄亭酒酣
託末契重叙東都別朝陰改軒砌論文到崔蘇指盡

流水逝近伏盈川雄楊烱末甘特進麗李嶠是非張相國燕公說相扼一危脆爭名古豈然鍵捷欻不閉倒及吾家詩曠懷掃氛翳慷慨嗣眞作和李大夫咨嗟玉山桂鍾律儼高懸鯤鯨噴迢遰坡陁青州血蕪沒汶陽瘞哀贈亨蕭條恩波延揭厲子孫存如綫舊客舟凝滯君臣尚論兵將帥接燕薊朗詠六公篇張柬之等五王洎狄相六公憂來豁蒙蔽

故秘書少監武功蘇公源明

武功少也孤徒步客徐兖讀書東岳中十載考墳典時下萊蕪郭忍飢浮雲巘負米晚爲身每食臉必泫

夜字照爇薪垢衣生碧蘚庶以勤苦志報茲劬勞顯

一作顧學蔚醇儒姿文包舊史善灑落辭幽人歸來潛京

輦射君東堂策宗匠集精選制可題未乾乙科已大

闡文章日自負吏祿亦累踐晨趨閶闔內足踏夙昔

趼一麾出守還黃屋朔風卷不暇陪八駿虜庭悲所

遣平生滿樽酒斷此朋知展憂憤病二秋有恨石可

轉肅宗復社稷得無逆順辨范曄顧其兒李斯憶黃

犬秘書茂松意溟漲本末淺青熒芙蓉劍犀兕豈獨

剸反爲後輩褻子實苦懷緬煌煌齋房芝事絕萬手

搴垂之俟來者正始貞勸勉不要懸黃金胡爲投

乳鷇貫結交三十載吾與誰遊衍滎陽復冥寞罪罟已橫羂（鄭詩在後）嗚呼子逝日始泰則終蹇長安米萬錢凋喪盡餘喘戰伐何當解歸帆阻清沔尚纏漳水疾永負萬里餞

故著作郎貶台州司戶滎陽鄭公虔

鶢鶋至魯門不識鍾鼓饗孔翠望赤霄愁思彫籠養滎陽冠衆儒早聞名公賞地崇士大夫況乃氣精爽（往者公在疾蘇許公頲位尊望重素未相識早愛才名躬自哀問後結忘年之契遠邇嘉之）天然生知姿學立游夏上神農極闕漏黃石愧師長藥纂西極名兵流指諸掌（公著薈蕞等諸書之外又撰胡本草七卷）貫穿無遺恨薈蕞何

技癢圭臬星經輿蟲篆丹青廣子雲窺未遍方朔諳
太柱神翰顧不一體變鍾兼兩文傳天下口大字猶
在牓昔獻書畫圖新詩亦俱往滄洲動玉陛宣一作寡
鶴悞一響三絶自御題四方尤所仰嗜酒益踈放彈
琴視天壤形骸實土木親近唯几杖未曾寄官曹突
兀倚書幌晚就芸香閣胡塵昏坱莽反覆歸聖朝點
染無滌盪老蒙台州掾泛泛浙江槳屐穿四明雪飢
拾楢溪橡空聞紫芝謌不見杏壇丈天長眺東南秋
色餘魍魎別離慘至今班白徒懷曩春深秦一作泰山秀
葉墜清渭朗劇談王侯門野税林下鞅操紙終夕酣

時物集遐想詞場竟踈闊平昔濫吹奬百年見存沒

牢落吾安放一云傲蕭條阮咸在出處同世網他日訪江

樓含悽述飄蕩著作與今秘書監鄭君審篇翰齊價譴江陵故有阮咸江樓之句

故右僕射相國張公九齡

相國生南紀金璞無留礦仙鶴下人間獨立霜毛整

矯然江海思復與雲路永寂寞想土一云王階未遑等箕

潁上君白玉堂倚君金華省碣石一作竭力歲崢嶸天地

日蛙黽退食吟大庭何心記榛梗骨驚畏曩哲鬒鬢變

負人境雖蒙換蟬冠右地恧多幸敢忘二踈歸痛迫

蘇耽井紫綬映暮年荊州謝所領庾公興不淺黃霸

鎮每靜賓客引調同諷詠在務屏詩罷地有餘篇終語清省一陽發陰管淑氣含公鼎乃知君子心用才文章壇散帙起翠螭倚薄巫廬並綺麗玄暉擁𢦤誅任昉騁自我一家則未缺隻字警千秋滄海南名繫朱鳥影歸老守故林戀闕悄延頸波濤良史筆蕪絶大庾嶺向時禮數隔制作難上請再讀徐孺碑猶思理煙艇

虎牙行

秋風欻吸吹南國天地慘慘無顏色洞庭揚波江漢迴虎牙銅柱皆傾側巫峽陰岑朔漢氣峯巒窈窕溪

谷黑杜鵑不來猿狖寒山鬼幽憂雪霜逼楚老長嗟憶炎瘴三尺角弓兩斛力壁立石城橫塞起金錯旌竿滿雲直漁陽突騎獵青丘犬戎鏁甲聞丹極八荒十年防盜賊征戍誅求寡妻哭遠客中宵淚霑臆

錦樹行

今日苦短昨日休歲云暮矣增離憂霜凋碧樹行錦樹萬壑東逝無停留荒戍之城石色古東郭老人住青丘飛書白帝營斗粟琴瑟几杖柴門幽青草萋萋盡枯死天馬跛足隨氂牛自古聖賢多薄命姦雄惡少皆封侯故國三年一消息終南渭水寒悠悠五陵

豪貴反顛倒鄉里小兒狐白裘生男墮地要膂力一
生富貴傾家國莫愁父母少黃金天下風塵兒亦得

赤霄行

孔雀未知牛有角渴飲寒泉逢觝觸赤霄玄圃須往
來翠尾金花不辭辱江中淘河嚇飛鸞銜泥却落羞
華屋皇孫猶曾蓮勺困衛莊見貶傷其足老翁慎莫
怪少年葛亮貴和書有篇丈夫垂名動萬年記憶細
故非高賢

前苦寒行二首

漢時長安雪一丈牛馬毛寒縮如蝟楚江巫峽冰入

懷虎豹哀號又堪記秦城老翁荊揚客慣習炎蒸歲絺綌玄冥祝融氣或交手持白羽未敢釋

去年白帝雪在山今年白帝雪在地凍埋蛟龍南浦縮寒刮肌膚北風利楚人四時皆麻衣楚天萬里無晶輝三足之烏足恐斷羲和送將安所歸

後苦寒二首

南紀巫廬瘴不絕太古以來無尺雪蠻夷長老怨苦寒崑崙天關凍應折玄猿口噤不能嘯白鵠翅垂眼流血安得春泥補地裂

晚來江門失大木猛風中夜吹白屋天兵斷斬青海

戎殺氣南行動坤軸不爾苦寒何太酷巴東之峽生凌澌彼蒼迴軒人得知

晚晴

高堂暮冬雪壯哉舊瘴無復似塵埃崖沈谷没白皚皚江石缺裂青楓摧南天三旬苦霧開赤日照耀從西來六龍寒急光徘徊照我衰顔忽落地口雖吟詠心中哀未怪及時少年子揚眉結義黄金臺洎乎吾生何飄零支離委絶同死灰

復陰

方冬合沓玄陰塞昨日晚晴今日黑萬里飛蓬映天

過孤城樹羽揚風直江濤簸岸黄沙走雲雪埋山蒼
兕吼君不見夔子之國杜陵翁牙齒半落左耳聾

夜歸

夜來歸來衝虎過山黑家中已眠卧傍見北斗向江
低仰看明星當空大庭前把燭嗔兩炬峽口驚猨聞
一箇白頭差罷舞復歌杖藜不睡誰能那

寄栢學士林居

自胡之反持干戈天下學士亦奔波歎彼幽栖載典
籍蕭然暴露依山阿青山萬里靜散地白雨一洗空
垂蘿亂代飄零余到此古人成敗子如何荆揚春冬

異風土巫峽日夜多雲雨赤葉楓林百舌鳴黃泥一作花
野岸天雞舞盜賊縱橫甚密邇形神寂寞甘辛苦幾
時高議排金門各使蒼生有環堵

寄從孫崇簡

嵯峨白帝城東西南有龍湫北虎溪吾孫騎曹不騎
馬業學尸鄉多養雞龐公隱時盡室去武陵春樹他
人迷與汝林居未相失近身藥裹酒長携牧豎樵童
亦無賴莫令斬斷青雲梯

西閣曝日

凜冽倦玄冬負暄嗜飛閣羲和流德澤顓頊愧倚薄

毛髮具自和肌膚潛沃若太陽信深仁衰氣欻有託
歘傾煩注眼容易收病脚流離木杪猿翩僊山巔鶴
用知苦聚散哀樂日已作即事會賦詩人生忽如昨
古來遭喪亂賢聖盡蕭索胡爲將暮年憂世心力弱

水閣朝霽奉簡嚴雲安

東城抱春岑江閣鄰石面崔嵬晨雲白朝旭射芳甸
雨檻卧花叢風牀展書卷鈎簾宿鷺起丸藥流鶯囀
呼婢取酒壺續兒誦文選晚交嚴明府矧此數相見

晚登瀼上堂

故躋瀼岸高頗免崖石擁開襟野堂豁繫馬林花動

雉堞粉似雲山田麥無壠春氣晚更生江流靜猶湧
四序嬰我懷羣盗乂相踵黎民困逆節天子渴垂拱
所思注東北深峽轉脩聳衰老自成病郎官未爲冗
凄其望呂葛不復夢周孔濟世數嚮時斯人各枯冢
楚星南天黑蜀月西霧重安得隨鳥翎迫此懼將恐

敬寄族弟唐十八君

與君陶唐後盛族多其人聖賢冠史籍枝派羅源津
在今氣磊落巧僞莫敢親介立寔吾弟濟時肯殺身
物白諱受玷行高無汚眞得罪永泰末放之五溪濱
鸞鳳有鎩翮先儒曾抱麟雷霆霹靂長松骨大却生筋

一失不足傷念子孰自珍泊舟楚宮岸戀闕浩酸辛
除名配清江厥土巫峽鄰登陸將首途筆札枉所申
歸朝跼病肺叙舊思重陳春風洪濤壯谷轉頻彌旬
我能汎中流搪突鼉獺瞋長年已省柁慰此貞良臣

李潮八分小篆歌

蒼頡鳥跡既茫昧字體變化如浮雲陳蒼石鼓又已
訛大小二篆生八分秦有李斯漢蔡邕中間作者寂
不聞嶧山之碑野火焚棗木傳刻肥失眞苦縣光和
尚骨立書（一作畫）貴瘦硬方通神惜哉李蔡不復得吾
甥李潮下筆親尚書韓擇木騎曹蔡有鄰開元已來

數八分潮也奄有二子成三人況潮小篆逼秦相快

劒長戟森相向八分一字直百金一作金蛟龍盤拏肉

屈強吴郡張顛誇草書草書非古空雄壯豈如吾甥

不流宕丞相中郎丈人行巴東一作江逢李潮逾月求我

歌我今衰老才力薄潮乎潮乎奈汝何

釋悶

四海十年不解兵犬戎也復臨咸京失道非關出襄

野揚鞭忽是過胡城豺狼塞路人斷絶烽火照夜屍

縱横天子亦應厭奔走群公固合思升平但恐誅求

不改轍聞道嬖孽能全生江邊老翁錯料事眼暗不

見風塵清

醉爲馬墜諸公携酒相看

甫也諸侯老賓客罷酒酣歌拓金戟騎馬忽憶少年

時散蹄迸落瞿唐石白帝城門水雲外低身直下八

千尺粉堞電轉紫遊韁東得平岡出天壁江村野堂

爭入眼垂鞭嚲鞚凌紫陌向來皓首驚萬人自倚紅

顏能騎射安知決臆追風足朱汗驂驒猶噴玉不虞

一蹶終損傷人生快意多所辱職當憂戚伏衾枕況

乃遲暮加煩促朋知來問腆我顏杖藜強起依僮僕

語盡還成開口笑提携別掃清谿曲酒肉如山又一

時初筵哀絲動豪竹共指西日不相貸喧呼且覆杯
中渌何必走馬來爲問君不見嵇康養生被殺戮

別蔡十四著作

賈生慟哭後寥落無其人安知蔡夫子高義邁等倫
獻書謁皇帝志已清風塵流涕灑丹極萬乘爲酸辛
天地則創痍朝廷當一作多正臣異才復間出周道日惟
新使蜀見知己別顔始一伸主人薨城府撫櫬歸
咸秦巴道此相逢會我病江濵憶念鳳翔都聚散俄
十春我衰不足道但願子意陳稍令社稷安自契魚
水親我雖消渴甚敢忘帝力勤尚思未朽骨復覩耕

桑民積水駕三峽浮龍倚長津揚舲洪濤間仗子濟

物身鞍馬下秦塞王城通北辰玄甲聚不散兵久食

恐貧窮谷無粟帛使者來相因若馮南轅使書札到

天垠

別李義

神堯十八子十七王其門道國洎舒國實惟親弟昆

中外貴賤殊余亦忝諸孫丈人嗣王業之子白玉温

道國繼德業請從丈人論丈人領宗卿肅穆古制敦

先朝納諫諍直氣横乾坤子建文筆壯河間經術存

爾克富詩禮骨清慮不喧洸然遇知己談論淮湖奔

憶昔初見時小穤一作孺繡芳蓀長成忽會面慰我父

疾䰟三峽春冬交江山雲霧昏正宜且聚集恨此當

離罇莫恠執盃遲我衰涕唾煩重問子何之西上岷

江源願子少干謁蜀都足戎軒誤失將帥意不如親

故恩少年早歸來梅花巳飛飜努力愼風水豈惟數

盤飧猛虎卧在岸蛟螭出無痕王子自愛惜老夫困

石根生別古所嗟發聲爲爾吞

送高司直尋封閬州

丹雀銜書來暮棲何鄉樹驊騮事天子辛苦在道路

司直非冗官荒山甚無趣借問泛舟人胡爲入雲霧

與子姻婭間既親亦有故萬里長江邊邂逅一相遇
長卿消渴再公幹沉綿屢清談慰老夫開卷得佳句
時見文章士欣然淡情素伏枕聞別離疇能忍漂寓
良會苦短促溪行水奔注熊羆咆空林游子慎馳騖
西謁巴中侯艱險如跬步主人不世才先帝常特顧
拔爲天軍佐崇大王法度淮海生清風南翁尚思慕
公宮造廣厦木石乃無數初聞伐松栢猶卧天一柱
我瘦一作病書不成成字讀亦誤爲我問故人勞心練
征戍

遣懷

昔我遊宋中惟梁孝王都名今陳留亞劇則貝魏俱
邑中九萬家高棟照通衢舟車半天下主客多歡娛
白刃讎不義黃金傾有無殺人紅塵裏報荅在斯須
憶與高李輩（一作適白）論交入酒壚兩公壯藻思得我色敷
腴氣酣登吹（一作文）臺懷古視平蕪芒碭雲一去鴈鶩空
相呼先帝正好武寰海未凋枯猛將收西域長戟破
林胡百萬攻一城獻捷不云輸組練棄如泥尺土負
（一作勝）百夫拓境功未已元和辭大鑪亂離朋友盡合沓
歲月徂吾衰將焉託存歿再嗚呼蕭條益堪媿獨在
天一隅（一云蕭條病益甚塊獨天一隅）乘黃已去矣凡馬徒區區不復

見顔鮑繫舟卧荆巫臨飱吐更食常恐違撫孤

君不見簡蘇徯

君不見道邊廢弃池君不見前者摧折桐百年死樹中琴瑟一斛舊水藏蛟龍丈夫蓋棺事始定君今幸未成老翁何恨憔悴在山中深山窮谷不可處霹靂魍魎兼一作弁狂風

贈蘇四徯

異縣昔同遊各云厭轉蓬别離已五年尚在行李中戎馬日衰息乘輿安九重有才何棲棲將老委所窮爲郎未爲賤其奈疾病攻子何面黧黑不得豁心胷

巴蜀倦剽刼下愚成土風幽薊已削平荒徼尚彎弓

斯人脫身來豈非吾道東乾坤雖寬大所適裝囊空

肉食哂菜色少壯欺老翁況乃主客間古來偪側同

君今下荆揚獨帆如飛鴻二州豪俠塲人馬皆自雄

一請甘飢寒再請甘養蒙

寄薛三郎中據

人生無賢愚飄飖若埃塵自非得神仙誰免危其身

與子俱白頭役役常苦辛雖爲尚書郎不及村野人

憶昔村野人其樂難具陳藹藹桑麻交公侯爲等倫

天未猒戎馬我輩本常貧子尚客荆州我亦滯江濵

峽中一卧病瘧癘終冬春春復加肺氣此病蓋有因
早歲與蘇鄭痛飲情相親二公化爲土嗜酒不失眞
余今委脩短豈得恨命屯聞子心甚壯所過信席珍
上馬不用扶每（一作忽）扶必怒嗔賦詩賓客間揮灑動
八垠乃知蓋代手才力老益神青草洞庭湖東浮滄
海濱君山可避暑况足采白蘋子豈無扁舟往復江
漢津我未下瞿塘空念禹功勤聽說松門峽吐藥攬
衣巾高秋却束帶鼓枻視清旻鳳池日澄碧濟濟多
士新余病不能起健者勿逡巡上有明哲君下有行
化臣

大覺高僧蘭若 和尚去冬往湖南

巫山不見廬山遠松林蘭若秋風晚一老猶鳴日暮鍾諸僧尚乞齋時飯香爐峰色隱晴湖種杏仙家近白榆飛錫去年啼邑子獻花何日許門徒

杜工部集卷第七

宋板杜工部集
王原叔洙編次本
第肆冊

杜工部集卷第八

前劒南節度叅謀宣義郎檢校尚書工部員外郎賜緋魚袋京兆杜　甫

古詩四十五首

惜昔行一首

魏將軍歌一首

北風一首

客從一首

白馬一首

白凫行一首

蠶穀行一首

折檻行一首

朱鳳行一首

惜别行送向卿進奉端午御衣之上都一首

醉歌行一首

歲晏行一首

夜聞觱篥一首

發劉郎浦一首

暮秋枉裴道州手札率爾遣興寄近呈蘇渙侍御一首

奉贈李十八丈判官一首

別董頲一首

奉送魏六丈佑少府之交廣一首

別張十三建封一首

追酬故高蜀州人日見寄一首并高適詩

蘇大侍御涣肩輿江浦忽訪老夫余請誦近詩肯吟數首彤彤留金石聲賦八韻記異一首

送重表姪王砯評事使南海一首

詠懷二首

送顧八分文學適洪吉州一首

上水遣懷一首

遣遇一首

解憂一首

宿鑿石浦一首

早行一首

過津口一首

次空靈岸一首

宿花石戍一首

早發一首

次晚洲一首

望岳一首

憶昔北壽小有洞洪河怒濤過輕舸辛勤不見華蓋

君艮岑青輝慘幺麼千崖無人萬壑靜三步迴頭五

步坐秋山眼冷魂未歸仙賞心違淚交墮弟子誰依

白茅（一作石）室盧老獨啓青銅鏁巾拂香餘搗藥塵階

（一作前）除灰死燒丹火玄圃滄洲莽空闊金節羽衣飄婀

娜落日初霞閃餘映倏忽東西無不可松風礀水聲

合時青兕黃熊啼向我徒然咨嗟撫遺迹至今夢想

仍猶佐祕訣隱文須內教晚歲何功使願果更討衡

陽董鍊師南浮早鼓瀟湘柂

魏將軍歌

将軍昔著從事衫鐵馬馳突重兩銜被堅執鋭略西極崑崙月窟東嶄巖君門羽林萬猛士惡若哮虎子所監五年起家列霜戟一日過海收風帆平生流輩徒蠢蠢長安少年氣欲盡魏侯骨聳精爽緊華嶽峯尖見秋隼星纒寶校金盤陁夜騎天駟超天河攙搶熒惑不敢動翠蕤雲旓相蕩摩吾爲子起歌都護酒闌插劒肝膽露鈎陳蒼蒼玄武暮萬歲千秋奉明主臨江節士安足數

北風

北風破南極朱鳳日威一作低垂洞庭秋欲雪鴻鴈将安

歸十年殺氣盛六合人煙稀吾慕漢初老時清猶茹芝

客從

客從南溟來遺我泉客珠珠中有隱字欲辨不成書緘之篋笥久以俟公家須開視化爲血哀今徵斂無

白馬

白馬東北來空鞍貫雙箭可憐馬上郎意氣今誰見近時主將戮中夜商（或作傷）於戰喪亂死多門嗚呼淚如霰

白鳧行

君不見黃鵠高於五尺童化爲白鳧似（一作象）老翁故畦遺穗已蕩盡天寒歲（一作日）暮波濤中鱗介腥羶素

不食終日忍飢西復東魯門鶢鶋亦蹭蹬閶道如今猶避風

蠶穀行

天下郡國向萬城無有一城無甲兵焉得鑄甲作農器一寸荒田牛得耕牛盡耕蠶亦成不勞烈士淚滂沲男穀女絲行復歌

折檻行

嗚呼房魏不復見秦王學士時難羨青襟胄子困泥塗白馬將軍若雷電千載少似朱雲人至今折檻空嶙峋婁公不語宋公語尚憶先皇容直臣

朱鳳行

君不見瀟湘之山衡山高山巔朱鳳聲嗷嗷側身長顧求其羣翅垂口噤心甚勞下愍百鳥在羅網黃雀最小猶難逃願分竹實及螻蟻盡使鴟梟相怒號

惜別行送向卿進奉端午御衣之上都

肅宗昔在靈武城指揮猛將收咸京向公泣血灑行殿佐佑卿相乾坤平逆胡冥寞隨烟燼卿家兄弟功名震麒麟圖畫鴻鴈行紫極出入黃金印尚書勳業超千古雄鎮荆州繼吾祖裁縫雲霧成御衣拜跪題封賀端午向卿將命寸心赤青山落日江潮白卿到

朝廷誑老翁漂零已是滄浪客

醉歌行 贈公安顏少府請顧八題壁

神仙中人不易得顏氏之子才孤標天馬長鳴待駕馭秋鷹整翮當雲霄君不見東吳顧文學君不見西漢杜陵老詩家筆勢君不嫌詞翰升堂爲君掃是日霜風凍七澤烏蠻落照銜赤壁酒酣耳熱忘頭白感君意氣無所惜一爲歌行歌主客一本云醉歌行歌主客

歲晏行

歲云暮矣多北風瀟湘洞庭白雪中漁父天寒網罟凍莫徭射鴈鳴桑弓去年米貴闕軍食今年米賤大

傷農高馬達官厭酒肉此輩杼軸茅茨空楚人重魚不重鳥一作肉汝休枉殺南飛鴻況聞處處鬻男女割慈忍愛還租庸往日用錢捉私鑄今許一云來鉛錫和青銅刻泥爲之最易得好惡不合長相蒙萬國城頭吹畫角此曲哀怨何時終

夜聞觱篥

夜聞觱篥滄江上衰年側耳情所嚮鄰舟一聽多感傷塞曲三更欻悲壯積雪飛霜此夜寒孤燈急管復風湍君知天地一作下干戈滿不見江湖一作湘行路難

發劉郎浦

挂帆早發劉郎浦疾風颯颯昏亭午舟中無日不沙
塵岸上空村盡豺虎十日北風風未迴客行歲晚晚
相催白頭厭伴漁人宿黄帽青鞋歸去來

暮秋枉裴道州手札率爾遣興寄近呈蘇涣侍御

久客多枉友朋書素書一月凡一束虚名但蒙寒温
問泛愛不救溝壑辱齒落未是無心人舌存恥作窮
途哭道州手札適復至紙長要自三過讀盈把那須
滄海珠入懷本倚崑山玉撥弃潭州百斛酒蕪没瀟
岸千株菊使我晝立煩兒孫令我夜坐費燈燭憶子
初尉永嘉去紅顔白面花映肉軍符侯印取豈遲紫

鷩緑耳行甚速聖朝尚飛戰鬬塵濟世宜引英俊人
黎元愁痛會蘇息夷狄跛扈徒逡巡授鉞築壇聞意
指頽綱漏網期彌綸郭欽上書見大計劉毅荅詔驚
群臣他日更僕語不淺明公論兵氣益振傾壺簫管
黑一作理白髮儛劒霜雪吹青春宴筵曾語蘇季子後來
傑出雲孫比茅齋定王城郭門藥物楚老漁商市市
北肩輿每聯袂郭南抱瓮亦隱几無數將軍西第成
早作丞相山東起鳥雀苦肥秋粟菽蛟龍欲蟄寒沙
水天下鼓角何時休陣前部曲終日死附書與裴因
示蘇此生已媿須人扶致君堯舜付公等早據要路

思捐軀

奉贈李八丈判官 曛

我丈時英特宗枝神堯後珊瑚市則無騄驥人得有
早年見標格秀氣衝星斗事業富清機官曹正獨守
頃來樹嘉政皆已傳衆口艱難體貴安冗長吾敢取
區區猶歷試烱烱更持乆討論實解頤操割紛應手
篋書積諷諫宮闕限奔走入幕未展材一作懷秉鈞孰爲
偶所親問淹泊汎愛惜衰朽垂白亂南翁委身希北
叟真成窮轍鮒或似喪家狗秋枯洞庭石風颯長沙
柳高興激荆衡知音爲廻首

別董頲

窮冬急風水逆浪開帆難士子甘㫖闕不知道里寒
有求彼樂土南適小長安到我舟檥去覺君衣裳單
素聞趙公節兼盡賓主歡已結門廬望無令霜雪殘
老夫纜亦解脫粟朝未餐飄蕩兵甲際幾時懷抱寬
漢陽頗寧靜峴首試考槃當念著白帽采薇青雲端

奉送魏六丈佑少府之交廣

賢豪贊經綸功成空名垂子孫不振耀一云子孫沒不振歷代
皆有之鄭公四葉孫長大常苦飢衆中見毛骨猶是
麒麟兒磊落貞觀事致君樸直詞家聲蓋六合行色

何其微遇我蒼梧陰忽驚會面稀議論有餘地公侯
來未遲虛思黃金貴一作遺自笑青雲期長卿久病渴
武帝元同時季子黑貂弊得無妻嫂欺尚爲諸侯客
獨屈州縣甲南遊炎海甸浩蕩從此辭窮途仗神道
世亂輕土宜解帆歲云暮可與春風歸出入朱門家
華屋刻蛟螭玉食亞王者樂張游子悲侍婢豔傾城
綃綺輕一作煙霧霏掌中琥珀鍾行酒雙逶迤新歡繼
明燭梁棟星辰飛兩情顧眄合珠碧贈於斯上貴見
肝膽下貴不相一作見疑心事披寫間氣酣達一作遠所爲錯
揮鐵如意莫避珊瑚枝始兼一作無逸邁興終慎賓主儀

戎馬闇天宇嗚呼生別離

別張十三建封

嘗讀唐實録國家草昧初劉裴建首義龍見尚躊躇

秦王撥亂姿一劒總兵符汾晉爲豐沛暴隋竟滌除

宗臣則廟食後祀何蹺蕪彭城英雄種宜膺將相圖

爾惟外曾孫倜儻汗血駒眼中萬少年用意盡崎嶇

相逢長沙亭乍問緒業餘乃吾故人子童丱聯居諸

揮手灑衰淚仰看八尺軀内外名家流風神蕩江湖

范雲堪晚友嵇紹自不孤擇材征南幕湖落回鯨魚

載感賈生慟復聞樂毅書主憂急盗賊師老荒京都

舊丘豈稅駕大厦傾宜扶君臣各有分管葛本時須

雖當霰雪嚴未覺栝栢枯高義在雲臺嘶鳴望天衢

羽人掃碧海功業竟何如

人日寄杜二拾遺　高適

人日題詩寄草堂遥憐故人思故鄉柳條弄色不忍

見梅花滿枝空斷腸身在南蕃無所預心懷百憂復

千慮今年人日空相憶明年人此一作日知何處一卧東

山三十春豈知書劒與差一作風塵龍鍾還忝二千石

媿爾東西南北人

追酬故高蜀州人日見寄　并序

開文書帙中檢所遺忘因得故高常侍適往居在成都時高任蜀州刺史人日相憶見寄詩淚灑行間讀終篇末自枉詩已十餘年莫記存没又六七年矣老病懷舊生意可知今海内忘形故人獨漢中王瑀與昭州敬使君超先在愛而不見情見乎辭大曆五年正月二十一日却追酬高公此作因寄王及敬弟

自蒙蜀州人日作不意清詩久零落今晨散帙眼忽開一作明迸淚幽吟事如昨嗚呼壯士多慷慨合沓高名動寥廓歎我悽悽求友篇感時鬱鬱匡君略錦里春光空爛熳瑶墀侍臣已冥寞瀟湘水國傍黿鼉鄠

杜秋天失鵰鶚東西南北更堪論白首扁舟病獨存
遥拱北辰纒寇盜欲傾東海洗乾坤邊塞西蕃最充
斥衣冠南渡多崩奔鼓瑟至今悲帝子曳裾何處覔
王門文章曹植波瀾闊服食劉安德業尊長笛誰能
一云鄰家亂愁思昭州詞翰與招魂
蘇大侍御渙靜者也旅于江側凡是不交州府
之客人事都絶夂矣肩輿江浦忽訪老夫舟檝
而已茶酒内余請誦近詩肯吟數首才力素壯
詞句動人接對明白憶其湧思雷出書篋几杖
之外殷殷留金石聲賦八韻記異亦記老夫傾

倒於蘇至矣

麗公不浪出蘇氏今有之再聞誦新作突過黃初詩

乾坤幾音泊反覆楊馬宜同時今晨清鏡中勝食齋房

芝余髮喜却變白間生一作添黑絲昨夜舟火滅一作接湘

娥簾外悲百靈未敢散風破一作波寒江遲

送重表姪王砅評事使南海

我之曾老姑爾之高祖母爾祖未顯時歸爲尚書婦

隋朝大業末房杜俱交友長者來在門荒年自餬口

家貧無供給客位但箕箒俄頃羞頗珍寂寥人散後

入怪鬢髮空吁嗟爲之久自陳剪髻鬟鬻市充杯

酒上云天下亂宜與英俊厚向竊窺數公經綸亦俱有
次問最少年虬髯十八九子等成大名皆因此人手
下云風雲合龍虎一吟吼願展丈夫雄得辭兒女
醜秦王時在坐眞氣驚户牖及乎貞觀初尚書踐台
斗夫人常肩輿上殿稱萬壽六宮師柔順法則化妃
后至尊均嫂叔盛事垂不朽鳳鶵無凡毛五色非爾
曹往者胡作逆乾坤沸嗷嗷吾客左馮翊爾家同遁
逃爭奪至徒步塊獨委蓬蒿逗留熱爾腸十里却呼
號自下所騎馬右持胥間刀左牽紫遊韁飛走使我
高苟活到今日寸心銘佩牢亂離又聚散宿昔恨滔

滔水花笑白首春草隨青袍廷評近要津節制收英髦北驅漢陽傳南汎上瀧舠家聲肯墜地利器當秋毫番禹親賢領籌運神功操大夫出盧宋寶貝休脂膏洞主降接武海胡舶千艘我欲就丹砂跋涉覺身勞安能陷糞土有志乗鯨鼇或驂鸞騰天聊作鶴鳴皐

昔鄴下童謡日青青御路楊白馬紫遊韁

詠懷二首

人生貴是男丈夫重天機未達善一身得志行所爲

嗟余亶轗軻將差逢艱危胡鶵逼神器逆節同所歸

河洛化爲血公侯草間啼西京復陷没翠蓋蒙塵飛

萬姓悲赤子兩宮棄紫微倏忽向二紀奸雄多是非
本朝再樹立未及貞觀時日給在軍儲上官督有司
高賢迫形勢豈暇相扶持疲苶苟懷策棲屑無所施
先王實罪己愁痛正爲兹歲月不我與蹉跎病於斯
夜看豐城氣回首蛟龍池齒髮已自料意深陳苦詞
邦危壞法則聖遠益愁慕飄颻桂水遊悵望蒼梧暮
潛魚不銜鈎走鹿無反顧皦皦幽曠心拳拳異平素
衣食相拘閡朋知限流寓風濤上春沙千里浸江樹
逆行少吉日時節空復度井竈任塵埃舟航煩數具
牽纏加老病璅細隘俗務萬古一死生胡爲足名數

多憂汙桃源拙計泥銅柱未辭炎瘴毒擺落跋涉懼
虎狼窺中原焉得所歷住葛洪及許靖避世常此路
賢愚誠等差自愛各馳騖羸瘠且如何䰢奪鍼炙屢
擁滯僮僕慵稽留篙師怒終當挂帆席天意難告訴
南爲祝融客勉強親杖屨結託老人星羅浮展衰步

送顧八分文學適洪吉州

中郎石經後八分蓋憔悴顧侯運鑪錘筆力破餘地
昔在開元中韓擇木蔡有鄰同贔屭玄宗妙其書是以數
子至御札早流傳揄揚非造次三人並入直恩澤各
不二顧於韓蔡内辨眼工小字分日示諸王鉤深法

更秘文學與我遊蕭踈外聲利追隨二十載浩蕩長
安醉高歌卿相宅文翰飛省寺視我揚馬間白首不
相棄驊騮入窮巷必脫黃金轡一論朋友難遲暮敢
失墜古來事反覆相見橫涕泗嚮者玉珂人誰是青
雲器才盡傷形體一作骸病渴汙官位故舊獨依然時
危話顛蹶我甘多病老子負憂世志胡爲困衣食顔
色少稱遂遠作苦辛行順從衆多意舟檝無根蔕蛟
鼉好爲祟況兼水賊繁特戒風飈駃崩騰戎馬際往
往殺長吏子干東諸侯勸勉防縱恣邦以民爲本魚
飢費香餌請哀瘡痍深告訴皇華使使臣精所擇進

德知歷試惻隱誅求情固應賢愚異列士惡苟得俊
傑思自致贈子猛虎行出郊載酸辠

上水遣懷

我衰太平時身病戎馬後蹭蹬多拙爲安得不皓首
驅馳四海内童稚日餬口但遇新少年少逢舊親友
低顏下色地故人知善誘後生血氣豪舉動見老醜
窮迫挫曩懷常如中風走一紀出西蜀于今向南斗
孤舟亂春華暮齒依蒲柳冥冥九疑葬聖者骨亦朽
蹉跎陶唐人鞭撻日月久中間屈賈輩讒毁竟自取
鬱没二悲魂蕭條猶在否崷崒清湘石逆行雜林藪

篙工密逞巧氣若酣盃酒謌謳互激遠回斡明受授
善知應觸類各藉穎脫手古來經濟才何事獨罕有
蒼蒼衆色晚熊挂玄蚰吼黄羆在樹顛正爲羣虎守
羸骸將何適履險顔益厚庶與達者論吞聲混瑕垢

遣遇

磬折辭主人開帆駕洪濤春水滿南國朱崖雲日高
舟子寢廢食飄風爭所操我行匪利涉謝爾從者勞
石間采蕨女鬻菓(一作市)菜輸官曹丈夫死百役暮返空村
號聞見事略同刻剥及錐刀貴人豈不仁視汝如莠
蒿索錢多門户喪亂紛嗷嗷奈何黠吏徒漁奪成逋

逃自喜遂生理花時甘縕袍

解憂

減米散同舟路難思共濟向來雲濤盤衆力亦不細呀坑一作帆瞥眼過飛櫓本無蔕得失瞬息間致遠宜恐泥百慮視安危分明曩賢計茲理庶可廣拳拳期勿替

宿鑿石浦

早宿賓從勞仲春江山麗飄風過無時舟檝敢不繫回塘澹暮色日没衆星嘒缺月殊未生青燈死分翳窮途多俊異亂世少恩惠鄙夫亦放蕩草草頻卒歲斯文憂患餘聖哲垂彖繫

早行

歌哭俱在曉行邁有期程孤舟似昨日聞見同一聲
飛鳥數求食潛魚亦獨驚前王作網罟設法害生成
碧藻非不茂高帆終日征干戈未揖讓崩迫開其情

過津口

南岳自兹近湘流東逝深和風引桂楫春日漲雲岑
回首過津口而多楓樹林白魚困密網黄鳥喧嘉音
物微限通塞惻隱仁者心甕餘不盡酒膝有無聲琴
聖賢兩寂寞眇眇獨開襟

次空靈岸

法法逆素浪落落展清眺幸有舟檝遲得盡所歷妙

空靈霞石峻楓栝一作枯隱奔峭青春猶無私白日亦偏照

可使營吾居終焉託長嘯毒瘴未足憂兵戈滿邊徼

嚮者留遺恨恥爲達人誚迴帆覬賞延佳處領其要

宿花石戍

午辭空靈岑夕得花石戍岸疎開闢水一作山木雜今古

樹地蒸南風盛春熱西日暮四序本平分氣候何迴

互茫茫天造間理亂豈恒數繫舟盤藤輪杖策古

樵路罷人不在村野圃泉自注柴扉雖蕪没農器尚

牢固山東殘逆氣吳楚守王度誰能扣君門下令減征賦

早發

有求常百慮斯文亦吾病以兹朋故多窮老驅馳併早行篙師怠席挂風不正昔人戒垂堂今則奚奔命濤翻黒蛟躍日出黄霧映煩促瘴豈侵頽倚睡未（一作還）醒僕夫問盥櫛暮顔（一作未）醜青鏡隨意簪葛巾仰慙林花盛側聞夜來寇幸喜囊中淨艱危作遠客干請傷直性薇蕨餓首陽粟馬資歷聘賤子欲適從疑悮此二柄

次晚洲

參錯雲石稠坡陁風濤壯晚洲適知名秀色固異狀

棹經垂裱把身在度鳥上擺浪散帙妨危沙折花當
羇離暫愉悅贏差反惆悵中原未解兵吾得終踈放

望岳

南岳配朱鳥秩禮自百王欻吸領地靈澒洞半炎方
邦家用祀典在德非馨香巡守何寂寥有虞今則亡
洎吾隘世網行邁越瀟湘渴日絕壁出漾舟清光旁
祝融五峯尊峯峯次低昂紫蓋獨不朝爭長業相望
恭聞魏夫人羣仙夾翶翔有時五峯氣散風如飛霜
牽迫限脩途未暇杖崇岡歸來覬命駕沐浴休玉堂
三嘆問府主曷以贊我皇牲璧忍衺俗神其思降祥

湘江宴餞裴二端公赴道州

白日照舟師朱旗散廣川羣公餞南伯肅肅秩初筵鄙人奉末眷佩服自早年義均骨肉地懷抱罄所宣盛名富事業無取愧高賢不以喪亂嬰保愛金石堅計拙百寮下氣蘇君子前會合苦不久哀樂本相纏交遊颯向盡宿昔浩茫然促觴激萬慮掩抑淚潺湲熱雲集曛黑缺月未生天白團爲我破華燭蟠長煙鴟鶚催明星解袂從此旋上請減兵甲下請安井田永念病渴老附書遠山巔

題衡山縣文宣王廟新學堂呈陸宰

旄頭彗紫微無復俎豆事金甲相排蕩青衿一憔悴
嗚呼已十年儒服弊于地征夫不遑息學者淪素志
我行洞庭野欻得文翁肆侁侁冑子行若舞風雩至
周室宜中興孔門未應棄是以資雅才渙然立新意
衡山雖小邑首唱恢大義因見縣尹心根源舊宫閟
講堂非曩構大屋加塗墍下可容百人墻隅亦深邃
何必三千徒始壓戎馬氣林木在庭户密幹疊蒼翠
有井朱夏時轆轤凍堦戺耳聞讀書聲殺伐災髣髴
故國延歸望衰顔減愁思南紀改波瀾西河共風味
采詩倦跋涉載筆尚可記一云當記異高歌激宇宙凡百慎

失墜

入衡州

兵革自久遠興衰看帝王漢儀甚照耀胡馬何猖狂
老將一失律清邊生戰場君臣忍瑕垢河岳空金湯
重鎮如割據輕權絶紀綱軍州體不一寬猛性所將
嗟彼苦節士素於圓鑿方寡妻從爲郡兀者安短墻
凋弊惜邦本哀矜存事常旌麾非其任府庫實過防
恕己獨在此多憂增内傷偏裨限酒肉卒伍單衣裳
元惡迷是似聚謀洩康莊竟流帳下血大降湖南殃
烈火發中夜高煙燋上蒼至今分粟帛殺氣吹沅湘

福善理顛倒明徵天莽茫銷魂避飛鏑累足穿豺狼
隱忍枳棘刺遷延胝趼瘡遠歸兒侍側猶乳女在旁
幺客幸脫免暮年慙激昂蕭條向水陸汩沒隨魚商
報主身已差入朝病見妨悠悠委薄俗鬱鬱回剛腸
參錯走洲渚春容轉林篁片帆左郴岸通郭前衡陽
華表雲鳥埤名園花草香旗亭壯邑屋烽櫓蟠城隍
中有古刺史盛才冠巖廊扶顛待柱石獨坐飛風霜
昨者間瓊樹高談隨羽觴無論再繾綣已是安蒼黃
劇孟七國畏馬卿四賦良門闌蘇生在蘇生侍御渙勇銳白
起強問罪富形勢凱歌懸否臧氛埃期必掃蚊蚋焉

能當橋（一作繑）井舊地宅仙山引舟航此行猒暑雨厥

土聞清涼諸舅剖符近開緘書札光頻繁命屢及磊

落字百行江總外家養謝安乗興長下流匪珠玉擇

木羞鸞凰我師嵇叔夜世賢張子房（彼掾張勸）柴荆寄樂

土鵬路覲翱翔

風雨看舟前落花戲爲新句

江上人家桃樹枝春寒細雨出踈籬影遭碧水潛勾

引風妬紅花却倒吹吹花困癲傍舟楫水光風力俱

相怯赤憎輕薄遮入懷珍重分明不來接（一作折）濕乆

飛遲半欲高縈沙惹草細於毛蜜蜂胡蝶生情佳偷

眼蜻蜓避伯勞

清明

著處繁花務是日長沙千人萬人出渡頭翠柳艷明眉爭道朱蹄驕齧膝此都好遊湘西寺諸將亦自軍中至馬援征行在眼前葛強親近同心事金鐙下山紅粉日一作晚牙檣捩柂青樓遠古時喪亂皆可知人世悲歡暫相遣弟姪雖存不得書干戈未息苦離居逢迎少壯非吾道況乃今朝更祓除

岳麓山道林二寺行

玉泉之南麓山殊道林林壑爭盤紆寺門高開洞庭

野殿脚插入赤沙湖五月寒風冷佛一作拂骨六時天樂
朝香爐地靈步步雪山草僧寶人人滄海珠塔劫宫
墻壯麗敞香厨松道清涼俱蓮花一作池交響共命鳥
金牓雙迴三足烏方丈涉海費時節玄圃尋河知有
無暮年且喜經行近春日兼蒙暄暖扶飄然班白身
奚適傍此煙霞茅可誅桃源人家易制度橘洲田土
仍膏腴潭府邑中甚淳古太守庭内不喧呼昔遭衰
世皆晦跡今幸樂國養微軀依止老宿亦未晚富貴
功名焉足圖久爲野客尋幽慣細學何顒免興孤一
重一掩吾肺腑仙鳥仙花吾友于宋公放逐曾題壁

物色分留與（一作待）老夫

舟中苦熱遣懷奉呈陽中丞通簡臺省諸公

娵隅爲湖外客看此戎馬亂中夜混黎甿脱身亦奔竄平生方寸心反掌帳下難嗚呼殺賢良不叱白刃散吾非文人特没齒埋冰炭恥以風病辭胡然泊湘岸入舟雖苦熱垢膩可溉灌痛彼道邊人形骸改昏旦中丞連帥職封内權得按身當問罪先縣實諸侯半士卒既輯睦啓行促精悍似聞上游兵稍逼長沙館隣好彼克脩天機自明斷南圖卷雲水北拱戴霄漢美名光史臣長策何壯觀驅馳數公子咸願同伐叛

聲節哀有餘夫何激褒懦偏裨表三上鹵莽同一貫
始謀誰其間回首增憤惋宗英李端公守職甚昭煥
變通迫脅地謀畫焉得算王室不肯微凶徒畧無憚
此流須卒斬神器資強幹扣寂豁煩襟皇天照嗟歎
聶耒陽以僕阻水書致酒肉詩得代懷至

縣呈聶一首

耒陽馳尺素見訪荒江眇義士烈女家風流吾賢紹
昨見狄相孫許公人倫表前期翰林後屈跡縣邑小
知我礙湍濤半旬獲浩溔麾下殺元戎湖邊有飛旐
孤舟增鬱鬱僻路殊悄悄側驚猿猱捷仰羨鸛鶴矯

禮過宰肥羊愁當置清醥人非西喻蜀興在北坑趙

方行郴岸靜未話長沙擾崔師乞已至澧卒用矜少

問罪消息眞開顔憩亭沼

杜工部集卷第八

杜工部集卷第九

前劍南節度參謀宣義郎檢校尚書工部員外郎賜緋魚袋京兆杜　甫

近體八十五首

謁玄元皇帝廟

行次昭陵

贈韋左丞文濟

投贈哥舒開府翰二十韻

上韋左相二十韻

奉贈太常張卿二十韻

敬贈鄭諫議十韻

奉贈鮮于京兆二十韻

贈特進汝陽王二十韻

重經昭陵

鄭附馬宅飲洞中

李監宅

重題鄭氏東亭

題張氏隱居

天寶初南曹小司寇舅於我太夫人堂下壘

土爲山一匱盈尺以代彼朽木承諸焚香瓷

甌旁植慈竹蓋茲數峯嶔岑娟娟而作是詩

龍門

奉寄河南韋尹夫人

贈李白

與任城許主簿簿遊南池

登兗州城樓

劉九法曹鄭瑕丘石門宴集

暫如臨邑至䃪山湖亭奉懷李員外

對雨書懷走邀許十一簿公

巳上人茅齋

房兵馬胡馬詩

畫鷹

與李十二白同尋范十隱居

臨邑舍第書至苦雨黃河泛溢隄防之患簿領所憂因寄此詩用寬其意

過宋貟外之問舊莊

夜宴左氏莊

送蔡希魯都尉還隴右因寄高三十五書記

春日憶李白

贈陳二補闕

寄高三十五書記適

送裴二虬作尉永嘉一首

城西陂泛舟一首

贈田九判官一首

贈獻納使起居田舍人一首

送韋書記赴安西一首

陪鄭廣文遊何將軍山林十首

重過何氏五首

冬日有懷李白一首

杜位宅守歲一首

與鄠縣源大少府宴渼陂一首

崔駙馬山亭宴集一首
九日楊奉先會白水崔明府一首
贈翰林張四學士一首
送張二十參軍赴蜀州因呈楊五侍御一首
陪諸貴公子丈八溝攜妓納凉晚際遇雨二首
白水明府舅宅喜雨一首
陪李金吾花下飲一首
贈高式顔一首
贈比部蕭郎中十兄一首
九日曲江一首

官定後戲贈一首
承沈八丈東美除膳部員外阻雨未遂馳賀
奉寄此詩一首
奉留贈集賢院崔于二學士一首
故武衛將軍挽詞三首
九日藍田崔氏莊一首
崔氏東山草堂一首
對雪一首
月夜一首
遣興一首

元日一首

春望一首

憶幼子一首

一百五日夜對月一首

大雲寺贊公房二首

喜聞官軍已臨賊寇一首

冬日洛城北謁玄元皇帝廟 廟有吴道子畫五聖圖

配極玄都閟憑高禁禦長守祧嚴具禮掌節鎮非常

碧瓦初寒外金莖一氣旁山河扶繡户日月近雕梁

仙李盤根大猗蘭奕葉光世家遺舊史道德付今王

畫手看前輩，吳生遠擅場。森羅移地軸，妙絕動宮牆。
五聖聯龍袞，千官列鴈行。冕旒俱秀發，旌旆盡飛揚。
翠栢深留景，紅梨迥得霜。風筝吹玉柱，露井凍銀牀。
身退卑周室，經傳拱漢皇。谷神如不死，養拙更何鄉（一作方）

行次昭陵

舊俗疲庸主，群雄問獨夫。讖歸龍鳳質，威定虎狼都。
天屬尊堯典，神功協禹謨。風雲隨絕足，日月繼高衢。
文物多師古，朝廷半老儒。直詞寧戮辱，賢路不崎嶇。
往者災猶降，蒼生喘未蘇。指麾安率土，盪滌撫洪鑪。
壯士悲陵邑，幽人拜鼎湖。玉衣晨自舉，鐵馬汗常馳。

松栢瞻虛一作靈殿塵沙立暝途寂寥開國日流恨滿山隅

贈韋左丞文濟

左轄頻虛位今年得舊儒相門韋氏在經術漢臣須時議歸前列天倫恨莫俱鴒原荒宿草鳳沼接亨衢有客雖安命衰容豈壯夫家人憂几杖甲子混泥途不謂矜餘力還來謁大巫歲寒仍顧遇日暮且踟躕老驥思千里飢鷹待一呼君能微感激亦足慰榛蕪一云折骨效區區

投贈哥舒開府翰二十韻

今代麒麟閣何人第一功君王自神武駕馭必英雄

開府當朝傑論兵邁古風先鋒百勝一作戰在略地兩隅
空青海無傳箭天山早挂弓廉頗仍走敵魏絳已和
戎每惜河湟弃新兼節制通智謀垂睿想出入冠諸
公日月低秦樹乾坤繞漢宫胡人愁逐北宛馬又從
東受命邊沙一作軍麾遠歸來御席同軒墀曾寵鶴畋獵
舊非熊茅土加名數山河誓始終策行遺戰伐契合
動昭融勳業青冥上交親氣槩中未爲珠履客已見
一作是白頭翁壯節初題柱生涯獨轉蓬幾年春草歇
今日暮途窮軍事留孫楚行間識呂蒙一云鄉曲輕周處將軍拔呂蒙
防身一長劒將欲倚崆峒一作防身有長劒聊欲倚崆峒

上韋左相二十韻見素相公之先人遺風餘烈至今爲故云丹青憶老臣公時兼兵部尚書故云聽履上星辰

鳳曆軒轅紀龍飛四十春八荒開壽域一氣轉洪鈞
霖雨思賢佐丹青憶老臣應圖求駿馬驚代得騏驎
沙汰江河濁調和鼎鼐新韋賢初相漢范叔已歸秦
盛業今如此傳經固絕倫豫樟深出地滄海闊無津
北斗司喉舌東方領搢紳持衡留藻鑒聽履上星辰
獨步才超古餘波德照鄰聰明過管輅尺牘倒陳遵
豈是池中物由來席上珍廟堂知至理風俗盡還淳
才傑俱登用愚蒙但隱淪長卿多病久子夏索居頻

廻首驅流俗生涯似衆人巫咸不可問鄒魯莫容身
感激時將晚蒼茫興有神爲公謌此曲涕淚在衣巾

奉贈太常張卿二十韻 垍

方丈三韓外崑崙萬國西建標天地闊詣絶古今迷
氣得神仙迥恩承雨露低相門清議衆儒術大名齊
軒冕羅天（一作高）闕琳琅識介珪伶官詩必誦夔樂典
猶稽健筆凌鸚鵡銛鋒瑩鸊鵜友于皆挺拔公望各
端倪通籍踰青瑣亨衢照紫泥靈虬傳夕箭歸馬散
霜蹄能事聞重譯嘉謨及遠黎弼諧方一展班序更
何躋適越空顛躓遊梁竟慘悽謬知終畫虎微分是

醯雞萍泛無休日桃陰想舊蹊吹噓人所羨騰躍事仍睽碧海眞難涉青雲不可梯顧深慙鍛鍊才小辱提携檻束哀猿叫一作功枝驚夜鵲棲幾時陪羽獵應指釣璜溪

敬聽鄭諫議十韻

諫官非不達詩義早知名破的由來事先鋒孰敢爭思飄雲物外一作動律中鬼神驚毫髮無遺恨波瀾獨老成野人寧得所天意薄浮生多病休儒服冥搜信客旌築居仙縹緲旅食歲崢嶸使者求顏闔諸公厭禰衡將期一諾重欻使寸心傾君見途窮哭宜憂阮步兵

奉贈鮮于京兆二十韻

王國稱多士賢良復幾人異才應間出爽氣必殊倫始見張京兆宜居漢近臣驊騮開道路鵰鶚離風塵侯伯知何筭文章實致身奮飛超等級容易失沈淪脫略磻溪釣操持郢匠斤雲霄今已逼台衮更誰親鳳穴雛皆好龍門客又新義聲紛感激敗績自逡巡途遠（一作永）欲何向天高難重陳學詩猶孺子（一云子夏）鄉賦忝嘉賓不得同鼂錯吁嗟後郄詵計踈疑翰墨時過憶松筠獻納紆皇眷中間謁紫宸且隨諸彥集方覬薄才伸破膽遭前政陰謀獨秉鈞微生霑

忌刻萬事益酸辛交合丹青地恩傾雨露辰有儒
愁餓死早晚報平津

贈特進汝陽王二十韻

特進群公表天人夙德升霜蹄千里駿風翮九霄鵬
服禮求毫髮惟忠忘寢興聖情常有眷朝退若無憑
仙醴（一作醞）來浮蟻奇毛或賜鷹清關塵不雜中使日
相乘晚節嬉遊簡平居孝義稱自多親棣萼誰敢
問山陵學業醇儒富辭華哲匠能筆飛鸞聳立章
罷鳳騫騰精理通談笑忘形向友朋寸長（一作腸）堪繾綣
一諾豈驕矜已忝歸曹植何知對李膺招要恩屢

至崇重力難勝披霧初歡夕高秋爽氣澄樽罍臨極

浦鳧鴈宿張燈花月窮遊宴炎天避鬱蒸硯寒金井

水簷動玉壺冰瓢飲唯三逕巖栖在百層且持蠡測

海況挹酒如澠鴻寶寧全祕丹梯庶可凌淮王門有

客終不媿孫登 一作下

重經昭陵

草昧英雄起謳謌歷數歸風塵三尺劒社稷一戎衣

翼亮正文德丕承戢武威聖圖天廣大宗祀日光輝

陵寢盤空曲熊羆守翠微再窺松栢路還見五雲飛

鄭駙馬宅宴洞中

主家陰洞細煙霧留客夏簟清琅玕春酒盃濃琥珀
薄冰漿椀碧馬腦寒〻悮疑茅堂一云屋過江麓巴入風磴
霾雲端自是秦樓壓鄭谷時聞雜佩聲珊珊

李監宅

尚覺王孫貴豪家意頗濃屏開金孔雀褥隱繡芙蓉
且食雙魚美誰看異味重門闌多喜色女壻近乘龍

重題鄭氏東亭在新安界

華亭入翠微秋日亂清輝崩石欹山樹清漣曳水衣
紫鱗衝岸躍蒼隼護巢歸向晚尋征路殘雲傍馬飛

題張氏隱居二首

春山無伴獨相求伐木丁丁山更幽澗道餘寒歷冰
雪石門斜日到林丘不貪夜識金銀氣遠害朝看麋
鹿遊乘興杳然迷出處對君疑是泛虛舟
之子時相見邀人晚興留霽潭鱣發發春草鹿呦呦
杜酒偏勞勸張梨不外求前村山路險歸醉每無愁

天寶初南曹小司寇舅於我太夫人堂下壘土
爲山一匱盈尺以代彼朽木承諸焚香瓷甌甌
甚安矣旁植慈竹蓋兹數峯嵚岑嬋娟宛有塵
外數致乃不知興之所至而作是詩

一匱功盈尺三峯意出羣望中疑在野幽處欲生雲

慈竹春陰覆香爐曉勢分惟南將獻壽佳氣日氛氳

龍門

龍門橫野斷驛樹出城來氣色皇居近金銀佛寺開往還時屢改川水日悠哉相閱征途上生涯盡幾迴

奉寄河南韋尹丈人甫敝廬在偃師承韋公頻有訪問故有下句

有客傳河尹逢人問孔融青囊仍隱逸章甫尚西東鼎食爲門戶詞場繼國風尊榮瞻地絕疏放憶途窮濁酒尋陶令丹砂訪葛洪江湖漂短一作裋褐霜雪滿飛蓬牢落乾坤大周流道術空謬慙知薊子真怯笑揚雄盤錯神明懼謳謌德義豐尸鄉餘土室難說祝雞

翁一云誰話鶗鴂雞翁

贈李白

秋來相顧尚飄蓬未就丹砂愧葛洪痛飲狂歌空度日飛揚跋扈爲誰雄

與任城許主簿遊南池

秋水通溝洫城隅集小船晚涼看洗馬森木亂鳴蟬菱熟經時雨蒲荒八月天晨朝降白露遥憶舊青氈

登兖州城樓

東郡趨庭日南樓縱目初浮雲連海岱平野入青徐孤嶂秦碑在荒城魯殿餘從來多古意臨眺獨躊躇

劉九法曹鄭瑕丘石門宴集

秋水清無底蕭然靜客心掾曹承逸興鞍馬去相尋

能吏逢聯璧華筵直一金晚來橫吹好泓下（一云到荒林）

亦龍吟

暫如臨邑至䂬山湖亭奉懷李員外率爾成興

野亭逼湖水歇馬高林間鼉吼風奔浪魚跳日映山

暫遊阻詞伯却望懷青關靄靄生雲霧唯應促駕還

對雨書懷走邀許十一簿公

東岳雲峯起溶溶滿太虛震雷翻幕鷰驟雨落河（一作溪）

魚座對賢人酒門聽長者車相邀愧泥濘騎馬到堦除

巳上人茅齋

巳公茅屋下可以賦新詩枕簟入林僻茶瓜留客遲江蓮搖白羽天棘夢青絲空忝許詢輩難酬支遁詞

房兵曹胡馬詩

胡馬大宛名鋒稜瘦骨成竹批雙耳峻風入四蹄輕所向無空闊眞堪託死生驍騰有如此萬里可橫行

畫鷹

素練風一作如霜起蒼鷹畫作 攫身思狡兔側目似愁胡絛鏇光堪擿軒楹勢可呼何當擊凡鳥毛血灑平蕪

與李十二白同尋范十隱居

李侯有佳句往往似陰鏗余亦東蒙客憐君如弟兄
醉眠秋共被携手日同行更想幽期處還尋北郭生
入門高興發侍立小童清落景聞寒杵屯雲對古城
向來吟橘頌誰欲討蓴羹不願論簪笏悠悠滄海情

臨邑舍弟書至苦雨黄河泛溢隄防之患簿領
所憂因寄此詩用寬其意

二儀積風雨百谷漏波濤聞道洪河坼遥連滄海高
職司憂悄悄郡國訴嗷嗷舍弟卑棲邑防川領簿曹
尺書前日至版築不時操難假黿鼉力空瞻烏鵲毛
燕南吹畎畝濟上没蓬蒿螺蚌滿近郭蛟螭乗九皐

徐關深水府碣石小秋毫白屋留孤樹青天（一作雲）失萬艘吾衰同泛梗利涉想蟠桃賴（一作却）倚天涯釣猶能掣巨鼇

過宋貞外之問舊莊（貞外季弟執金吾見知於代故有下句）

宋公舊池館零落守（一云首）陽阿枉道祇從入吟詩許更過淹留問耆老寂寞向山河更識將軍樹悲風日暮多

夜宴左氏莊

風林纖月落衣露淨琴張暗水流花徑春星帶草堂檢書燒燭短看（一作說）劒（一云煎茗）引盃長詩罷聞吴詠扁舟意不忘

送蔡希魯都尉還隴右因寄高三十五書記

時哥舒入奏勒蔡子先歸

蔡子勇成癖彎弓西射胡健（一作男）兒寧鬭死壯士耻爲儒官是先鋒得材緣挑戰須身輕一鳥過槍急萬人呼雲幕隨開府春城赴（一作入）上都馬頭金匼帀駞背錦模糊咫尺雪山路歸飛青海隅上公猶寵錫突將且前驅漢使黄河遠涼州白麥枯因君問消息好在阮元瑜

春日憶李白

白也詩無敵（一作數）飄然思不群清新庾開府俊逸鮑叅軍渭北春天樹江東日暮雲何時一樽酒重與細論文

贈陳二補闕

世儒多汨没夫子獨聲名獻納開東觀君王問長卿
皁鵰寒始急天馬老能行自到青冥裏休看白髮生

寄高三十五書記適

歎惜高生老新詩日又多美名人不及佳句法如何
主將收才子崆峒足凱歌聞君已朱紱且得慰蹉跎

送裴二虯作尉永嘉

孤嶼亭何處天涯水氣中故人官就此絶境與誰同
隱吏逢梅福遊山憶謝公扁舟吾已就一作具把釣待秋風

城西陂泛舟

青蛾皓齒在樓船橫笛短簫悲遠天春風自信牙檣動遲日徐看錦纜牽魚吹細浪摇歌扇鷰蹴飛花落舞筵不有小舟能盪槳百壺那送酒如泉

贈田九判官 梁丘

崆峒使節上青霄河隴降王款聖朝宛馬總肥春苜蓿將軍只數漢（一作霍）嫖姚陳留阮瑀誰爭長京兆田郎早見招麾下賴君才並入獨能無意向漁樵

贈獻納使起居田舍人 澄

獻納司存雨露邊地分清切任才賢舍人退食收封事宮女開函近御筵曉漏追趨青瑣闥晴窗點檢白

雲篇楊雄更有河東賦唯待吹噓送上天

送韋書記赴安西

夫子欻通貴雲泥相望懸白頭無籍在朱紱有哀憐
書記赴三捷公車留二年欲浮江海去此別意蒼然

陪鄭廣文遊何將軍山林十首

不識南塘路今知第五橋名園依緑水野竹上青霄谷
口舊相得濠梁同見招平生爲幽興未惜馬蹄遥
百頃風潭上千重夏木清卑枝低結子接葉暗巢鸎鮮
鯽銀絲鱠香芹碧澗羹翻疑柂樓底晚飯越中行
萬里戎王子何年別月支異花開絶域滋蔓匝清池漢

使徒空到神農亭不知露翻兼雨打開拆漸離披
旁舍連高竹踈籬帶晚花碾渦深没馬藤蔓曲藏虵
詞賦工無益山林跡未賒盡拈書籍賣來問爾東家
剩水滄江破殘山碣石開緑垂風折笋紅綻雨肥梅銀
甲彈箏用金魚換酒來興移無灑埽隨意坐莓苔
風磴吹陰雪雲門吼瀑泉酒醒思卧簟衣冷得裝綿野
老來看客河魚不取錢秖疑淳朴處自有一山川
棘樹寒雲色茵蔯春藕香脆添生菜美陰益食單涼野
鶴清晨出一作至山精白日藏石林蟠水府百里獨蒼蒼
憶過楊柳渚走馬定昆池醉把青荷葉狂遺白接䍦刺

船思郢客解水乞吴兒坐對秦山晚江湖興頗隨

床上書連屋階前樹拂雲將軍不好武稚子總能文醒

酒微風入聽詩靜夜分絺衣挂蘿薜涼月白紛紛

幽意忽不愜歸期無奈何出門流水住迴首白雲多（一作雜花多）

自笑燈前舞誰怜醉後歌秖應與朋好風雨亦來過

重過何氏五首

問訊東橋竹將軍有報書倒衣還命駕高枕乃吾廬

花妥鶯捎蝶溪喧獺趁魚重來休沐地眞作野人居

山雨樽仍在沙沉榻未移犬迎曾宿客鴉護落巢兒

雲薄翠微寺天清黄子陂向來幽興極步屧（一作屧）過東籬

落日平臺上春風啜茗時石欄斜點筆桐葉坐題詩
翡翠鳴衣桁蜻蜓立釣絲自今幽興熟來往亦無期
頗怪朝參懶應耽野趣長雨拋金瑣甲苔卧緑沈槍
手自移蒲柳家纔足稻粱看君用幽意白日到羲皇
到此應常宿相留可判年蹉跎暮容色悵望好林泉
何路霑微禄歸山買薄田斯遊恐不遂把酒意茫然

冬日有懷李白

寂寞書齋裏終朝獨爾思更尋嘉樹傳不忘角弓詩
裋褐風霜入還丹日月遲未因乘興去空有鹿門期

杜位宅守歲

守歲阿戎家椒盤已頌花盍簪喧櫪馬列炬散林鴉
四十明朝過飛騰暮景斜誰能更拘束爛醉是生涯

與鄠縣源大少府宴渼陂 得寒字

應爲西陂好金錢罄一餐飯抄雲子白瓜嚼水精寒
無計迴舡下空愁避酒難主人情爛熳持荅翠琅玕

崔駙馬山亭宴集

蕭史幽棲地林閒踏鳥毛洑流何處入亂石閉門高
客醉揮金椀詩成得繡袍清秋多宴會終日困香醪

九日楊奉先會白水崔明府

今日潘懷縣同時陸浚儀坐開桑落酒來把菊花枝

天宇清霜淨公堂宿霧披晚酣留客舞鳧舄共差池

贈翰林張四學士

翰林逼華蓋鯨力破滄溟天上張公子宮中漢客星賦詩拾翠殿佐酒望雲亭紫誥仍兼綰黃麻似六經内分金帶赤恩與荔枝青無復隨高鳳空餘泣聚螢此生任春草垂老獨漂萍儻憶山陽會悲謌在一聽

送張二十參軍赴蜀州因呈楊五侍御

好去張公子通家別恨添兩行秦樹直萬點蜀山尖御史新驄馬參軍舊紫髯皇華吾善處於汝定無嫌

陪諸貴公子丈八溝携妓納涼晚際遇雨二首

落日放舡好，輕風生浪遲。竹深留客處，荷淨納涼時。公子調冰水，佳人雪藕絲。片雲頭上黑，應是雨催詩。

雨來霑席上，風急（一作惡）打舡頭。越女紅裙濕，燕姬翠黛愁。纜侵隄柳繫，幔卷浪花浮。歸路翻蕭颯，陂塘五月秋。

白水明府舅宅喜雨 得過字

吾舅政如此，古人誰復過。碧山晴又濕，白水雨偏多。精禱既不昧，歡娛將謂何。湯年旱頗甚，今日醉絃歌。

陪李金吾花下飲

勝地初相引，余（一作徐）行得自娛。見輕吹鳥毳，隨意數花鬚。細草稱偏坐，香醪懶再沽。醉歸應犯夜，可怕李金吾。

贈高式顔

昔別是人一作何處相逢皆老夫故人還寂寞削跡共艱虞自失論文友空知賣酒壚平生飛動意見爾不能無

贈比部蕭郎中十兄甫從姑子也

有美生人傑由來積德門漢朝丞相系梁日帝王孫蘊藉爲郎久魁梧秉哲尊詞華傾後輩風雅藹孤騫宅相榮姻戚兒童惠討論見知眞自幼謀拙媿諸昆漂蕩雲天闊沈埋日月奔致君時巳晚懷古意空存中散山陽鍛愚公野谷村寧紓長者轍歸老任乾坤

九日曲江

綴席茱萸好浮舟菡萏衰季秋時欲半一作百年秋已半九日意

兼悲江水清源曲荊門此路疑晚來高興盡摇蕩菊花期

官定後戲贈時免河西尉爲右衛率府兵曹

不作河西尉淒涼爲折腰老夫怕趨走率府且逍遥

耽酒須微禄狂謌託聖朝故山歸興盡迴首向風飈

承沈八丈東美除膳部員外阻雨未遂馳賀奉寄此詩

今日西京掾多除南省郎府掾四人同日拜郎通家惟沈氏謁

帝似馮唐詩律羣公問儒門舊史長清秋便寓直列

宿頓輝光未暇申宴慰含情空激揚司存何所比膳

部默悽傷甫大父昔任此官貧賤人事略經過霖潦妨禮同

諸父長恩豈布衣忘天路牽騏驥雲臺引棟梁徒懷
貢公喜颯颯鬢毛蒼

奉留贈集賢院崔于二學士 國輔 休烈

昭代將垂白途窮乃叫閽氣衝星象表詞感帝王尊
天老書題目春官驗討論倚風遺鶂路隨水到龍門
竟與蛟螭雜寧一作空無鷰雀喧青冥猶契闊陵厲不
飛飜儒術誠難起家聲庶已存故山多藥物勝槩憶
桃源欲整還鄉斾長懷禁掖垣謬稱三賦在難述二
公恩 甫獻三大禮賦出身二公常謬稱述

故武衛將軍挽詞三首

嚴警當寒夜前軍落大星壯夫思感決哀詔惜精靈
王者今無戰書生已勒銘封侯意疎闊編簡爲誰青
舞劒過人絶鳴弓射獸能銛鋒行愜順猛噬失蹻騰
赤羽千夫膳黃河十月冰横行沙漠外神速至今稱
哀挽青門去新阡絳水遥路人紛雨泣天意颯風飈
部曲精仍鋭匈奴氣不驕無由覩雄略大樹日蕭蕭

九日藍田崔氏莊

老去悲秋強自寛興來今日盡君歡羞將短髮還吹
帽笑倩傍人爲正冠藍水遠從千澗落玉山高竝兩
峯寒明年此會知誰健醉把茱萸子細看

崔氏東山草堂

愛汝玉山草堂靜高秋爽氣相鮮新有時自發鐘磬響落日更見漁樵人盤剥白鴉谷口栗飯煮青泥坊底芹何爲西莊王給事柴門空閉鎖松筠王維時被張通儒禁在東山北寺有所歎惜故云

對雪

戰哭多新鬼愁吟獨老翁亂雲低薄暮急雪舞迴風瓢弃樽無綠爐存火似紅數州消息斷愁坐正書空

月夜

今夜鄜州月閨中只獨看遥憐小兒女未解憶長安

香霧雲鬟濕清輝玉臂寒何時倚虛幌雙照淚痕乾

遣興

驥子好男兒前年學語時問知人客姓誦得老夫詩
世亂憐渠小家貧仰母慈鹿門攜不遂鴈足繫難期
天地軍麾滿山河戰角悲儻歸免相失一云鹿門攜有處烏道去無期
見日敢辭遲一作爾

元日

近聞韋氏妹迎在漢鍾離郎伯殊方鎮京華舊國移

春望

春城廻北斗郢樹發南枝不見朝正使啼痕滿面垂

國破山河在城春草木深感時花濺淚恨別鳥驚心
烽火連三月家書抵萬金白頭搔更短渾欲不勝簪

憶幼子 字驥子時隔絶在鄜州

驥子春猶隔鶯歌暖正繁別離驚節換聰慧與誰論
澗水空山道柴門老樹村憶渠愁只睡炙背俯晴軒

一百五日夜對月

無家對寒食有淚如金波斫却月中桂清光應更多
仳離放紅蕊想像嚬青娥牛女漫愁思秋期猶渡河

大雲寺贊公房二首 本四首二首在前卷

心在水精域衣霑春雨時洞門盡徐步深院果幽期

到扉開復閉撞鐘齋及兹醍醐長發性飲食過扶衰
把臂有多日開懷無媿詞黄鸝度結構紫鴿下芳菲
愚意會所適花邊行自遲湯休起我病微笑索題詩
細軟青絲履光明白氎巾深藏供老宿取用及吾身
自顧轉無趣交情何尚新道林才不世惠遠德過人
雨瀉暮簷竹風吹青（一作春）井芹天陰對圖畫最覺潤龍鱗

喜聞官軍已臨賊寇二十韻

胡虜（一作騎）潛京縣官軍擁賊壕鼎魚猶假息穴蟻欲
何逃帳殿羅玄冕韝門照白袍秦山當警蹕漢苑入
旌旗路失（一作濕）羊腸險雲横雉尾高五原空壁壘八

水散風濤今日看天意遊魂貸爾曹乞降那更得尚

詐莫徒勞元帥歸龍種司空握豹韜前軍一作旌蘇武節

左將呂虔刀兵氣回飛鳥威聲沒巨鼇戈鋋開雪色

弓矢向秋毫天步艱方盡時和運更遭誰云遺毒螫

已是沃腥臊睿想一作思丹墀近神行羽衛牢花門騰絕

漠拓羯渡臨洮此輩感恩至羸俘何足操鋒先衣染

血騎突劍吹毛喜覺都城動悲連子女號家家賣釵

釧只待獻春醪

杜工部集卷第九